深圳经济特区建立40周年改革创新研究特辑

赖明明　陈能军　等　著

深港合作40年

Forty-year Cooperation of
Shenzhen and Hong Kong

中国社会科学出版社

图书在版编目（CIP）数据

深港合作40年／赖明明等著．—北京：中国社会科学出版社，2020.10（2021.1重印）

（深圳经济特区建立40周年改革创新研究特辑）

ISBN 978-7-5203-7217-6

Ⅰ.①深… Ⅱ.①赖… Ⅲ.①区域经济合作—研究—深圳、香港 Ⅳ.①F127.65

中国版本图书馆CIP数据核字（2020）第175321号

出 版 人	赵剑英
项目统筹	王 茵
责任编辑	马 明
责任校对	王福仓
责任印制	王 超

出　　版	中国社会科学出版社
社　　址	北京鼓楼西大街甲158号
邮　　编	100720
网　　址	http://www.csspw.cn
发 行 部	010-84083685
门 市 部	010-84029450
经　　销	新华书店及其他书店
印刷装订	北京君升印刷有限公司
版　　次	2020年10月第1版
印　　次	2021年1月第2次印刷
开　　本	710×1000 1/16
印　　张	20
字　　数	298千字
定　　价	128.00元

凡购买中国社会科学出版社图书，如有质量问题请与本社营销中心联系调换

电话：010-84083683

版权所有　侵权必究

赖明明

经济学博士，深圳技术大学副教授；深圳市科技创新委员会专家，广东省社会政策研究会特约研究员（专家会员），中国人民大学世界经济研究中心特约研究员。研究领域为政治经济学、中国特色社会主义经济理论、国家治理现代化、文化创意产业、粤港澳大湾区、深港合作等。

主持与参与多项哲学与社会科学规划课题，发表包括 CSSCI 在内学术论文多篇，出版著作和教材合计十三部，专著《香港转口贸易》《内容营销》《中国智慧》《和职工朋友们谈谈中国智慧》等。其中，《双赢的未来》获教育部第七届高等学校科学研究优秀成果奖（人文社会科学）成果普及奖。

陈能军

中国人民大学经济学博士，上海交通大学应用经济学博士后，对外经济贸易大学深圳研究院特聘研究员，国家金融与发展实验室文化金融研究中心特聘研究员。主要从事产业经济、文化经济与国际经贸等领域的研究。

公开发表论文三十余篇，出版著作和教材六部，主持或参与国家社科基金重大项目、省级社科基金项目、中国博士后科研基金项目和市级重大研究项目等各类课题二十余项，多项研究成果获广东省或深圳市优秀社会科学成果奖。

深圳经济特区建立 40 周年
改革创新研究特辑
编 委 会

顾　　　问：王京生　李小甘
主　　　任：王　强　吴以环
执 行 主 任：陈金海　吴定海
主　　　编：吴定海
编委会成员：（以姓氏笔画为序）

王为理　王世巍　刘婉华　李凤亮
杨　建　肖中舟　何国勇　张玉领
陈少兵　罗　思　赵剑英　南　岭
袁易明　袁晓江　莫大喜　黄发玉
黄　玲　曹天禄　谢志岿　谭　刚
魏达志

总　　序

　　先进的文化，来自对先进的生产方式和生活方式的能动反映；先进的生产力，来自对生产前沿审时度势的探索。40多年来，深圳一直站在生产力和生产关系新模式探索的最前沿，从生产实践，到制度建立，再到观念更新，取得了系统的、多层次的成果，为改革开放全面成功推广，提供一整套系统的观念与经验。当然，深圳的改革历程，是一个步步为营的过程。如果说，改革开放之初所取得的成功，主要在于以一系列惊心动魄的实践，按照市场经济发展规律，循序渐进地突破制度的坚冰，在摸索中逐步确立社会主义市场经济的新制度、新机制、新关系，形成新的发展模式；那么，在完成试验田式的探索之后，深圳取得的新突破，则是在国内经济转型和国际新经济背景之下，结合自身优势而完成的产业升级和观念升级。在升级换代过程中，深圳已经取得开阔的国际视野，在国际上也形成自身的影响力，在国内则拥有党中央强有力的支持和更成熟的制度后盾。

　　在这个过程中，深圳作为探索者、排头兵所探索出来的一系列成功经验，已经成为社会主义市场经济体制的基本构成部分；在这个过程中，深圳人为社会主义市场经济模式的建立与繁荣，做出系列有利于国、有益于民的大胆探索，其间所形成的开拓进取精神，已经凝聚成为一种可以叫作"深圳精神"的东西。正如习近平总书记在深圳考察时说的："如果说，深圳是中国改革开放的一本样板书，那这本书上，给人留下印象最深刻的两个字，就是'敢闯'！"同时，深圳的系列探索实践，也是对党的老一辈革命家改革开放、发展生产力理想的具体实践。从全国来看，改革开放40余年，在我国沿海、沿江、沿线甚至内陆地区建立起国家级或省市级高新区、开发区、自贸区、保税区等，形成了类型众多、层次多样的多元化改革发展新格局。

党的十八大以来，中央对深圳提出的新要求，正体现着这种一贯思路的延续和战略高度的提升。深圳的拓荒意义不但没有过时，而且产生了新的内涵。深圳被赋予了中国特色社会主义先行示范区的新角色，从改革开放试验田，到社会主义先行示范区，这种身份的转变，是新时代进一步深化改革开放的新成果，也是深圳作为中国这个世界第二大经济体经济发展的重要驱动力在国际经济新格局中扮演的新角色。在习近平新时代中国特色社会主义思想指导下继续解放思想、真抓实干，改革开放再出发，在新时代走在前列，在新征程勇当尖兵，是新时代赋予深圳的新任务。在深化改革的过程中，不论是国家，还是以北京、上海、广州、深圳为代表的大城市所面对的国际政治形势和经济形势，比以往都要复杂很多，需要我们做出更睿智和更高瞻远瞩的决策，以应对更复杂的产业形势和政治形势。从这个角度看，新时代深圳改革开放、开拓进取的任务不是轻了，而是更重了；需要的勇气和毅力不是少了，而是更多了。

习近平新时代中国特色社会主义思想，是我们继续深化改革的指导思想和行动指南。在以习近平同志为核心的党中央的坚强领导下，因世界大势，应国内态势，以满足人民不断增长的物质文化生活需求为动力，在经济特区已有的经验基础上，围绕新时代经济特区发展进行深入理论思考和实践探索，完成城市发展与国家发展的统一，完成继承与创新的统一，为习近平新时代中国特色社会主义思想增添新的生动范例，为践行中国特色社会主义理论提供新的经验，推进新时代经济特区在经济、政治、文化、社会和城市生态等方面实现更高层次的发展，是新时代赋予深圳的新使命。

新时代推动新实践，新实践催生新思想，新思想呼唤新理论。讲好深圳故事既是时代所需，也是中国学者的责任。为了总结深圳经济特区建立40年来改革探索的经验，为深圳改革探索提供学者的观察和视角，深圳市社科院组织市内外的专家学者对深圳经济特区40年经济社会发展的路径进行了深入研究，形成了十部著作，作为《深圳改革创新丛书》的特辑出版。《深圳改革创新丛书》作为深圳推进哲学社会科学发展的重要成果,此前已经出版了六个专辑,在国内引起了一定的关注。这套《深圳经济特区建立40周年改革创新研究特辑》,既有对改革开放40多年来深圳发展历程的回顾,也有结合新使命而做的新探索。希望这些成果,为未来更深入和更高层面的研究,提供新的理论资源。这套丛书也是学界和中国社会科学出版社对深圳经济特区建立40周年的一份献礼。

编写组

2020年6月

目 录

导　言 ………………………………………………………… (1)

第一章　深港合作的历史背景 …………………………… (6)
　　第一节　深港的区位特点及优势 ……………………… (7)
　　第二节　改革开放开启深港合作 ……………………… (22)
　　第三节　深港合作中的角色与优势 …………………… (31)
　　第四节　香港在历史上的贡献与中央对港立场 ……… (51)

第二章　深港合作的时光年轮 …………………………… (65)
　　第一节　深港合作起步探索阶段 ……………………… (66)
　　第二节　深港合作转型升级阶段 ……………………… (93)
　　第三节　深港合作创新驱动发展阶段 ………………… (123)

第三章　深港合作模式及主要领域 ……………………… (137)
　　第一节　深港合作的模式演变 ………………………… (138)
　　第二节　深港合作的主要领域 ………………………… (146)
　　第三节　深港区域创新合作的展望 …………………… (175)

第四章　深港合作机制及政策引领 ……………………… (178)
　　第一节　深港合作机制协调创新 ……………………… (179)
　　第二节　深港合作政策渐进整合 ……………………… (197)
　　第三节　机制特点及政策引领 ………………………… (208)

第五章　深港合作的定位、启示及价值 ………………… (216)
　　第一节　深港合作的战略定位 ………………………… (217)

第二节　深港合作的经验启示 …………………………………（240）
　　第三节　深港合作的当代价值 …………………………………（254）

第六章　深港合作的新态势、新动向及展望 ……………………（265）
　　第一节　新时代深港合作面对的新态势 ………………………（266）
　　第二节　粤港澳大湾区背景下深港合作新动向 ………………（276）
　　第三节　"先行示范区"背景下深港合作新动向 ………………（286）
　　第四节　深港合作展望 …………………………………………（292）

参考文献 …………………………………………………………（303）

后　记 ……………………………………………………………（310）

导　　言

1980年8月26日，在新中国的历史上，在改革开放的历史上，在深港合作的历史上，都一定是刻骨铭心的日子。这一天，被称为"深圳生日"，中国改革史上第一个特区——深圳经济特区登上了历史舞台。

40年前的8月26日，深圳经济特区设立，如今，小渔村跃升为中国首屈一指的经济特区；2019年8月18日，《中共中央国务院关于支持深圳建设中国特色社会主义先行示范区的意见》公布。深圳在未来30年将向中国更高水平更高层次改革开放的新窗口而行，建成全球瞩目的标杆城市。

一

深圳经济特区的创立，是中国改革开放吹响的"集结号"。

深圳经济特区的创立标志着现代意义的深港合作起航。南中国最具魅力的两个城市——香港与深圳，先后在历史转折点上闪亮登场。

1840年鸦片战争之后，香港见证了西方列强的船坚炮利在中国横行霸道的侵略史，见证了近代史大清每战必败、每败必割地赔款的国运衰败史，见证了中国人被视为"东亚病夫"、中华民族被看成"一盘散沙"的屈辱史。

1949年，中国人民"站起来"了。1949年10月1日，毛泽东主席在庄严肃穆的天安门城楼上正式宣布："中华人民共和国中央人民政府成立了！"这个洪亮的声音震撼了北京城，震撼了全中国，震撼了全世界，开创了中华民族的新世纪。

1978年，中国人民开始踏上"富起来"的道路。1978年，党的十一届三中全会作出改变中国命运的重大决定——改革开放。这一伟大抉择开启我国经济社会发展中最具历史性的转折，创立深圳经济特区就是这次历史性转折的直接产物。

1980年，深圳创立，具有现代意义的深港合作正式拉开序幕，深港是历史的见证者，更是历史的参与者。

深港合作的历史，是深圳学习香港、服务香港的历史，是深圳从小渔村建成大都市的历史，是深圳探索建立社会主义市场经济体系、建设全国性经济中心城市和国家创新型城市的历史，也是深圳肩负"先行示范区"使命探索全面深化改革、加快建成现代化国际化城市、推进新时代中国特色社会主义现代化建设事业的历史。

深港合作的历史，是香港投资深圳、建设深圳的历史，是香港从加工贸易城市发展成为国际大都会的历史，是香港以现代服务业经济继续在国际分工体系中占据关键位置的历史，也是香港背靠祖国、沟通中西、扮演超级联系人的历史。

深港合作的历史，是改革开放推动国家迈向现代化历史的缩影，是"一国两制"从构想到现实、香港顺利回归祖国怀抱历史。

深港合作的历史，是区域经济创新合作的历史。人类历史上任何一次发展，最终都是经济的发展，经济发展的力量是最重要的推动力量。深港合作模式、合作关系的直接推力是经济，必要条件是地理位置临近，决定性因素是改革开放国策。深港合作40年共同构建出了世界上最具特色的区域经济合作模式——"一国两制"制度下深港形成"你中有我，我中有你"跨境产业格局与融合经济布局。

深港合作是双赢的合作，是共享式合作。深圳的发展会跨境转化为推动香港的发展，香港的发展又会反过来跨境转化为带动深圳的发展；深圳改革开放与发展过程中创造的商机同样是香港的商机，香港现代服务业平台与发展过程中形成的商机也同样是深圳的商机。在全球化浪潮下，深港面对的外来冲击是相同的，面对的经济发展是关联的，因此，更需要通过加强深港共商、共治、共享，携手应对危机，协同推动发展。

深港合作不是零和博弈，不是"你输我赢"。深港产业之间并非没有竞争。但是，这种竞争的性质不是恶性竞争，而是"竞合"关系，最终目的是通过竞争提高生产效率，促进经济发展。那种认为深圳发展造成香港落后的狭隘情绪，本质上是"零和博弈"定式思维。深港合作创造的是经济增量，而不是围绕经济存量而进行零和博弈。深港在产业结构存在差异状态下的合作，符合传统要素禀赋与分工理论。深港在产业结构相似状态下的合作，符合产业内贸易理论。

二

深圳的命运从来与改革开放的命运紧密相连。邓小平指出："如果现在再不实行改革，我们的现代化事业和社会主义事业就会被葬送。"创立深圳经济特区有其历史发展的必然性，但人的因素是很重要的。深圳经济特区从创立到发展的历史显示，只要把握住历史发展机遇，顺应历史发展大势，开拓进取，敢闯敢干，经济就能发展，民生就能改善，社会就能和谐，国泰民安、小康之家就不再是中国人心中的梦想。深圳改革开放是中国改革开放史的重要组成部分，它为中国特色社会主义事业的伟大飞跃作出了一个城市应有的贡献。

香港的命运从来与祖国繁荣发展的势头紧密相连。深圳是香港与祖国联系的第一个节点，深港合作是香港与内地合作的第一个圈层。香港继续保持繁荣稳定，香港民众享有比历史上任何时候更广泛的自由和民主。面对亚洲金融危机、"非典"疫情、国际金融海啸等一系列外来冲击，背靠祖国的香港总能逢凶化吉、转危为安，国际金融中心、国际商贸中心、国际航运中心地位牢固。

深港合作40年，是开拓创新的40年，携手双赢的40年，披荆斩棘的40年。深港合作绘就一幅地缘相邻、人缘相亲、习性相近、改革创新、扩大开放、奋斗拼搏、共创繁荣的历史画卷。

深港合作既推动两个城市的发展，创造两个城市的繁荣，又辐射到周边、带动了周边。深港合作是深港双赢的合作，也是深港与周边城市共赢的合作。

三

穿越40年，你会看到在改革开放历史大潮下深港合作既波澜壮阔，又平静如水的发展历程。

《深港合作40年》一书，将深港合作放置在改革开放大背景下，从经济、文化、社会、民生等方面梳理合作发展的历史，研究合作模式的变化，透视合作关系的本质，展望合作关系的前景。本书一方面分析深港合作对于深圳创办特区、先行先试、建立社会主义市场经济体制，以及创新驱动发展的推动作用；另一方面分析深港合作对于香港经济发展、转口贸易、金融市场、民生福利等方面的推动作用。

深港合作需要"寻根"。现代意义上的深港合作从1980年深圳经济特区创立开始。本书的叙述并不是从1980年开始。唯物史观认为，任何一次重大历史决策，都有一个酝酿与准备的阶段；任何一次伟大的变革，都离不开自下而上、解放思想、实事求是的调研与探索。伟大的时代形成伟大的思想，但是，伟大的思想并不总是在伟大时代崛起之后才出现的，往往在伟大时代的开端，就已经孕育伟大的思想。在深圳经济特区创立之前，广东省为解决"逃港潮"而提出在边界设立"自由贸易区"是深圳经济特区创办前的先声，孕育特区发展思路。

深港合作需要"展望"。面向未来的深港合作，需要继续坚持和完善"一国两制"制度体系，保持香港长期繁荣稳定；需要坚持开放式发展，坚持对外开放，形成全方位、多层次、宽领域的全面开放新格局；需要坚持包容式发展，支持和推动香港更好融入国家发展大局，让香港同胞与祖国人民共担民族复兴的历史责任，分享国家发展的红利，推动深港合作与粤港澳大湾区规划结合、与"一带一路"倡议接轨，推动深港合作对接国家发展战略。

未来的深港合作将是一个"立足深港，又跳出深港"的合作，是在粤港澳大湾区规划发展背景下的深港合作，是在国家走进世界舞台中央过程中的深港合作，是双赢的合作。

四

40年很长，在改革开放的历史过程中，深港合作筚路蓝缕，砥砺前行。40年很短，如今回头，浑然不觉，深港合作已融入深圳经济特区发展过程中，融入深港市民日常生活中。

这是一个充满机遇的时代，也是一个危机四伏的时代；是光明的季节，也是黑暗的季节；是希望的春天，也是失望的冬日。品味狄更斯这句名言，我们惊讶地发现，即便深港合作40年过去了，当今的深港依然站在狄更斯式的十字路口，深港的明天有赖于我们今天的选择。

当我们将目光回溯到深港合作的起点，用心去品味40年的发展与变化，无不得出一个共同的结论，那就是深港的命运与国家的命运紧密联系在一起。

深圳经济特区创立之初，基础差、底子薄，面对着重重困难，谁都没有料到昔日小渔村会发展成为如今现代化大都市。经过40年改革开放，沧海桑田，旧貌换新颜。我们有信心期待，有将改革开放进行到底的决心，有对美好生活永恒不渝的追求，有对"四个自信"持之以恒的理想，有对中华民族伟大复兴中国梦坚定不移的信念，中华民族将创造更辉煌的奇迹，深港合作将讲好新故事，谱写新乐章。

艾伯特·史怀哲这样评价世人：乐观者一路只看到绿灯，悲观者一路只看到红灯，而真正的智者是色盲。从这个意义上讲，40年以来深港合作的开拓者、推动者、呐喊者、思考者、质疑者、批评者，他们都是智者。

一个伟大的时代正在开启，那就是深港合作与粤港澳大湾区良性互动的时代。光荣属于过去，梦想属于未来。让我们共同期待明天更美好。

第一章 深港合作的历史背景

五千年的风和雨啊
藏了多少梦
黄色的脸　黑色的眼
不变是笑容
八千里山川河岳像是一首歌
不论你来自何方
将去向何处
一样的泪　一样的痛
曾经的苦难
我们留在心中
一样的血　一样的种
未来还有梦
我们一起开拓
手牵着手　不分你我
昂首向前走
让世界知道
我们都是中国人
——《中国人》，李安修作词，陈耀川作曲，刘德华演唱

深港区位临近，山水相连，语言相通，人文相亲，往来密切，互补性强，相得益彰。

考古发掘证实香港与深圳历史文化同宗同源，属于同一个文化系统。在新石器时代中期就有土著居民繁衍生息在深港这片土地上。在香港岛的春坎湾、南丫岛的大湾与深湾、大屿山的蟹地

湾、长洲的西湾，出土的彩陶与深圳大梅沙和小梅沙、东莞万福庵、增城金岚寺的出土彩陶非常近似，证明深港地区土著居民之间自古就互相往来、交流合作。

居住在深港地区的远古居民被称为百越人。"百越"这个称谓是先秦古籍对南方沿海一带古越部族的统称。据《汉书·地理志》中记载，"百越"的分布"自交趾至会稽七八千里，百越杂处，各有种姓"。公元前214年，秦始皇在百越地区设置四郡，其中，番禺郡的管辖范围包括现在的深港地区。深港地区属于番禺管辖的时间长达500年。1955年，香港深水埗发现李郑屋邨古墓，古墓的墓砖上刻有"番禺大治历""大吉番禺"等字体，证实香港属于番禺管辖。331年，东晋设立东莞郡宝安县管辖深港地区，东莞郡的郡治和宝安县的县治均设在深圳的南头。733年，唐设屯门军镇，负责香港及周边海防。1521年，明在深圳的南头设置新安县，管辖范围包括香港地区。

深港共同拥有6700多年的人类活动史，1700多年的郡县史，600多年的南头城史与大鹏城史，300多年的客家人移民史，170多年的香港城市发展史与40多年的深圳城市发展史。

从万里云层之上俯瞰，深港是地球上夜晚中灯光最亮的地区之一。《创意经济》作者、美国著名学者弗罗里达比把深圳和香港视为一个"连体都市群落"，并为这个特大城市取了一个名字——"香圳"；但是，深港两个城市不会融合为一个城市。深港注定永远是两个独具特色的城市，也注定永远会长期合作共荣。

第一节　深港的区位特点及优势

在经济发展理论中，西方地理环境决定论盛行一时，该学说认为，地理环境、自然条件是决定社会发展的根本因素。居民的身心素质，种族的优劣高低，文化的成熟发展，国家的强弱繁荣，均由地理环境和自然条件支配。法国著名思想家孟德斯鸠在《论法的精神》中进一步阐释地理环境决定论,他认为"气候王国才是一切王国的第一位",地处热带的区域通常被专制主义统治,而温带地区更容易形成强盛与自由的民族特性。

事实上,地理环境绝不会是经济与社会发展的决定性因素;但是,包括区位、气候在内的地理环境一定会对经济与社会发挥作用。只不过这种作用不应被冠以"决定性作用",而是具有"作用,或者重要作用"。没有海港优势,不可能建成转口贸易港;没有深港的区位毗邻,不可能有深港合作。

一 深港的区位特性与共性

深港在地理上毗邻,均位于珠江出海口东岸,面向南中国海。从世界地图上看,深港是南中国海边的两个城市,是中国地图中的一个点。

(一) 深港区位的特性

1. 深圳的区位

深圳的地名始见于明永乐八年(1410年),清朝初年建立集市。"圳"顾名思义是指田野间的水沟,"深圳"寓意水泽密布。深圳发展的历史拐点是改革开放。1979年7月,中共中央决定在深圳、珠海、汕头、厦门四个城市建立特区。1979年11月,中共广东省委决定将深圳改为地区一级的省辖市,设龙岗、葵涌、龙华、罗湖、南头、松岗6个管理区。1980年8月26日,第五届全国人民代表大会常务委员会第十五次会议中通过由国务院提出的《广东省经济特区条例》,批准将深圳设置为经济特区。1980年8月26日被称为"深圳生日"。深圳因改革开放而正式登上了历史舞台。

深圳的区位特点是毗邻香港。从地图上看,深圳位于香港北面,呈长条形,与香港山水相连,海天相接,唇齿相依。

深圳位于北回归线以南,东经113°43′至114°38′,北纬22°24′至22°52′之间。地处广东省南部,珠江口东岸,东临大亚湾和大鹏湾;西濒珠江口和伶仃洋;南边深圳河与香港相连;北部与东莞、惠州两城市接壤。

深圳陆地面积1997.47平方公里，境内流域面积大于1平方公里的河流共有310条，分属九大流域。深圳海洋水域总面积1145平方公里。深圳辽阔海域连接南海及太平洋，海岸线总长260公里，拥有大梅沙、小梅沙、西冲、桔钓沙等知名沙滩，大鹏半岛国家地质公园、深圳湾红树林、梧桐山郊野公园、内伶仃岛等自然生态保护区。

图1-1 深圳40年城市建设突飞猛进，深圳市民中心
建筑外型像大鹏展翅飞翔（李文豪 摄）

2. 香港的区位

香港的得名与香料贸易有关，自明朝开始因转运东莞的香料而出名，被称为"香港"。虽然后来香料贸易逐渐没落，但是"香港"这个名称沿用至今。

第一次鸦片战争是香港近代发展的历史拐点。1842年8月29日，英国迫使清政府签订中英《南京条约》，香港沦为英国的殖民地，从此香港脱离大清管辖。在第二次鸦片战争至1898年期间，英国相继迫使清政府签订《北京条约》和《展拓香港界址专条》，原属新安县的3076平方公里土地中，有1055.61平方公里脱离其管辖。

从地图上看，香港位于深圳的南面，香港新界中部的落马洲、罗湖、沙头角与深圳陆路相连，香港新界东部的西贡与深圳盐田港隔着大鹏湾相望，香港新界西部的天水围、屯门与深圳蛇口隔着后海相望。

香港位于东经114°15′，北纬22°15′，地处华南沿岸，在珠江口以东，北连深圳，向南面对南中国海。香港管辖总面积2755.03平方公里，其中，陆地面积1104.32平方公里，香港岛约81平方公里，九龙半岛约47平方公里，新界及262个离岛共约976平方公里。

香港极具亚热带气候特征，冬天凉爽干燥，夏天炎热潮湿。全年雨量充沛，每年5月至9月间多雨，7月至9月是台风多发季节，台风吹袭经常导致山洪倾泻、斜坡坍塌、交通中断、人员伤亡。香港自然资源匮乏，60%以上食用淡水依靠广东省供给，仅有少量铁、铝、锌、钨、绿柱石、石墨等矿藏，唯有渔业资源得天独厚。

图1-2　香港维多利亚港（赖明明　摄）

(二) 深港区位的共性

1. 深港同属海洋型气候

深港同属海洋型气候,共同的气候条件是由相同的地理区域所决定的。从深港的地理区域看:(1) 深港都位于北纬22°,深港的纬度差异可以忽略不计,深圳位于北纬22°24′至22°52′,香港位于北纬22°15′;(2) 深港都位于华南一隅,面向太平洋,气候受到北太平洋季风的影响。

深港海洋型气候适合人居,特别是春秋冬季节,深港温暖的气候形成了独特自然优势,是最佳旅游目的地之一。深港的暖冬与迷人的海港风光是独特的自然禀赋,吸引生活在寒带的人士来旅游、生活和投资。香港美丽的港湾、郁郁葱葱的郊野公园、千姿百态的离岛吸引大批欧美人士来港长期工作生活定居。与港岛隔海相望的南丫岛,就是外国人最偏爱的一个岛屿。南丫岛不仅有开通香港仔的航线,而且通往南丫岛的航线在香港中环有一个专门的码头——中环四号码头。

在相同气候条件下,深港的植被、林相、农作物,以及农业生产自然具有相似之处。甚至面对的自然灾害,深港也具有相似之处。由于深港地势多为山地,夏季台风来袭,往往造成山泥倾泻,因此,台风与斜坡安全成为共同自然灾害及安全问题。

2. 深港同在东八时区

从经度上看,深圳位于东经113°43′至114°38′,香港位于东经114°15′,深港同属于东八区,采用的都是"北京时间"。

纬度与经度比较,显然纬度对气候的影响大,经度对气候不产生影响。尽管经度对气候没有影响,但是,将深港所处的经度与所在的时区放在全球化及国际金融的背景下,经度的重要性便凸显出来。

位于东八区的香港,与伦敦、纽约时差8小时,香港股市的收市恰是伦敦股市的开市,伦敦股市的收市恰是纽约股市的开市,纽约股市的收市恰是香港股市的开市,"纽伦港"共同构成环球金融24小时市场。香港之所以成为国际金融中心,与香港所处的时区也有关联。

3. 深港共饮东江水

靠水而居。这不仅是古代城镇选址的主要依据，也是现代大都市发展的重要条件。虽然，自来水是现代都市人用水的来源；但是，自来水最终还是源自天然水源，没有丰富的河流湖泊与地下水资源，城市的自来水就是"无源之水"。

深港虽然位于珠江口东岸，却均位于珠江口入海附近，咸淡相交的珠江水并不能直接作为饮用水的来源。深港没有其他庞大的水系，吃水主要看天，共同面临水资源短缺的问题。随着城市扩容，人口增加，供水问题成为制约城市发展的瓶颈。

香港开埠之初是一个小渔村，1840年居住在港岛的渔民大约4000人，人数不多，还能够靠天吃饭。随着城市发展，人口增加，吃水靠天行不通了。19世纪下半叶开始，香港相继建立多个"水塘"（水库），逐步建起自来水系统，暂时缓解城市供水问题。进入20世纪后，香港的缺水问题再次上升为主要矛盾。1902年与1929年香港爆发两次严重的水荒，应对措施唯有控制居民用水。第二次世界大战之后，随着内地移民大量涌入，香港人口出现爆炸式增长，从1945年的60万增至1963年的350万人。而这段时间，又是香港本土经济蓬勃发展的时期，工业用水猛增，民用与工业用水骤增，控水措施已经失效。

港英政府不是没有想过海水淡化。问题是一来海水淡化成本高昂，二来淡化水供应量根本无法满足香港350万人口的日常用水，这就是为何香港转向从内地寻求供水的缘由。1960年11月15日，港英政府与广东政府就供水问题达成协议。1961年2月1日，深圳水库正式向香港供水。由于深圳水库的供港水量不大，"北水"只占香港供水的极小部分。从1962年底开始，香港出现自1884年有气象记录以来的最严重干旱，并一直持续到1963年。香港采取限时段供水措施，开始每天供水4个小时，后来每4天供水4小时。缺水问题不仅严重威胁香港经济发展，而且严重影响居民生活。港英政府实在没有办法，再次派出代表来到广东，协商取水供港。1965年3月1日，在中央的支持下东深供水工程正式向香港供水，第一年的供水量就相当于当时香港所有水库水容量的2倍。从20世纪70年代开始,东深供水工程耗资76亿元,进行4次大规模改扩建工程,供水能力提高到目前的24.23亿立方米,每年供港水量为8.2亿立方米。截至2017年12月,累计对港供水240亿立方米,占香港总用水需求的75%。

图1-3 香港的水塘(水库)(冯敬时 摄)

二 深港的区位优势

深港各自的优势因区位相邻而叠加形成规模效应优势。这种新优势,不是建立在消除两个城市差异的基础上,反而因两个城市的不同而更加精彩。

(一)深港区位的自然优势

自然禀赋是指由自然资源和先天优势等决定因素构成的条件。深港区位的自然禀赋优势,在不同的时代,以不同的视角观察,对深港区位的评级是不同的。

在农耕文明及自给自足时代,深港区位没有优势可言。深港区位虽然位于珠三角,却偏安岭南,远离中原地区,区域位置并不重要。另外,深港地域狭小,山地多,灌溉用水资源不足,并不适合农作物生长,农业生产每年夏天均会面临台风吹袭这类天灾。

在工业文明及全球化时代,深港区位优势凸显。自大航海时代之后,资本主义生产方式逐步取代封建自然经济,工业文明逐步取代农耕文明,贸易成为全球化的重要手段,海上运输取代陆上运输成为主要运输方式,港口成为贸易的重要节点。因此,港口城市无论发展规模还是速度都大大超过内陆城市,曾经辉煌而灿烂的内陆城市文明却黯然失色,近现代以来城市发展之光一直驻留在沿江沿海,拥有丰富海洋资源的深港在近现代史中的区位优势凸显。

1. 深港的海港优势

海港资源在明清"海禁"时代毫无价值,位于珠江口内的广州远较位于珠江口外的香港地理位置优越;但是,在经济全球化的时代,由于香港与广州比较距海更近,在国际贸易与经济中,香港与广州在近代经济发展史中的位置发生互换。"香港的优势被发掘始自鸦片战争之后被纳入了英国主导的19世纪全球化进程。香港成为英国在远东的据点及对华转口港,正是这样的定位,香港的区位及海港资源优势才得以发扬光大。"①

在近现代香港海港优势被发掘并充分展示出来相当长的一段时间,深圳只是一个小渔村,深圳的区位优势与海港优势并没有转化为经济优势。深港的海港优势具有相同与相似之处,深港的海洋资源优势主要体现在如下两个方面。

(1) 深港拥有众多优良的避风港与深水港

香港拥有世界级的天然良港。香港的水域面积1650.64平方公里。九龙及香港岛之间的维多利亚港被誉为世界三大天然良港之一。20世纪70年代,香港的海运逐渐离开维多利亚港中心地带转向西九龙,建成的葵涌及青衣集装箱码头被誉为世界上最繁

---

① 赖明明:《香港转口贸易》,经济日报出版社2016年版,第122页。

忙的集装箱码头之一，合计有9个码头和24个泊位，深水岸线总长7694米，超过14.5米的水深能够满足世界上最大的集装箱船的停泊，9个码头的总处理能力约1800万个标准集装箱单位。

深圳因现代建造能力而打造出世界级港口。深圳天然的避风港与深水港资源较香港为少；但是，现代建造技术的提升可以改变劣势，也可以通过大规模建设而改变自然禀赋的劣势，使之具备优势。

深圳西部的赤湾港原本并非深水港，通过疏通航道与改造港口而建成了国际级深水港。赤湾港伫立于深圳西部的南头半岛顶端，位于珠江口东岸，东经113°53′，北纬22°28′附近，距香港20海里。其三面环山，呈"U"形港湾，紧临水深航道，多式联运俱全，是一个内河船舶和远洋水深巨轮均能靠泊的河口良港。

深圳东部的盐田港原本并非避风港，通过修改防波堤与改造港口而建成了国际级避风港。盐田港位于深圳南大鹏湾北岸，西临沙头角，毗邻香港特别行政区。1988年6月15日盐田港开工建设，到1989年12月竣工投入使用，成为我国重要的国际中转深水港之一，也是重要的集装箱运输港。

（2）深港集"远航海运，沿海航运，内河航运"于一体

首先，深港背靠内陆腹地，面向南中国海，东南连太平洋，西南接印度洋，处于中国与世界"交往，交流，交通，交易"的节点，深港航运具有对华南地区、东南沿海、东南亚及欧美澳的辐射功能。另外，远洋货轮经马六甲海峡抵达中国沿海，深港是最近的港口。

其次，深港的航运北上可抵达厦门、泉州、宁波、上海、青岛、天津、大连等沿海城市，可以将珠江、闽江、长江水系的航运连接起来；位于珠江口东侧的深港，扼守珠江出海口要冲，内河航运位置优势，海运物质抵达深港后，经珠江内河航运可以转运到广东、广西内陆腹地。

2. 深港的腹地优势

如果仅拥有海港优势，而没有内陆腹地经济带的纵深，那么

海港优势并不一定能转化为经济优势。世界上拥有优良海港资源的城市不少，东南沿海也不仅只有深港拥有海港优势，为何深港的海港优势能转化成经济优势？关键在于有两个原因：（1）深港具有开放的制度优势。香港开埠之初就确定了自由港的发展定位，深圳是经济特区，改革开放的窗口。（2）深港拥有内陆腹地优势。深港海港优势与内陆腹地经济带纵深优势叠加在一起，深港促进内陆腹地的经贸发展，带动内陆腹地经济带对外贸易与转口贸易的发展。同时，内陆腹地大批进出口货物经过深港出口，又反过来促进深港港口航运的繁荣与发展。

1943年德国学者高兹提出海港优势论，认为海港城市在近代城市与经济发展中具有较内陆城市更大的优势。值得注意的是，在《海港区位论》中，高兹把海港优势与内陆腹地经济带的优势结合起来表述。他认为，海港的优势不仅取决于海港的自然禀赋，而且取决于海港同内陆腹地建立的经济联系，也即内陆腹地通过海港的进出口货物量与海港的发展成正比，内陆腹地的经济体量决定海港的发展规模。另外，铁路运输是内陆腹地与海港货物往来的主要运输工具，因而，铁路网络的密度、运载能力对于海港的发展起着关键作用。

（1）珠三角是深港第一圈层的腹地经济带

"珠三角"区域概念由"小珠三角"和"大珠三角"两个区域概念共同构成。小珠三角是地理概念，具体指广州、深圳、珠海、佛山、江门、东莞、中山、惠州、肇庆9个城市形成的类似于三角形的地理区域。大珠三角是经济地理概念，是指上述这9个城市，再加上香港特别行政区和澳门特别行政区形成的经济区域。2009年，广东省住房和城乡建设厅、香港发展局和澳门运输工务司三方首次合作开展区域规划研究，发布《大珠江三角洲城镇群协调发展规划研究》报告。

珠江三角洲拥有全球影响力的先进制造业基地和现代服务业基地，是参与经济全球化的重要地区，也是科技创新与技术研发重要基地，对外开放的南大门。根据2015年世界银行发布的《东亚变化中的都市景观》报告显示，珠江三角洲区域已经超越日本东京,成为全世界拥有人口和面积最大的城市群。

(2)"泛珠三角"是深港第二圈层的腹地经济带

"泛珠三角"是经济地理概念,具体包括福建、广东、广西、贵州、海南、湖南、江西、四川、云南、香港和澳门特别行政区。2003年7月,广东省倡导提出"泛珠三角"概念。值得注意的是,"泛珠三角"的"9+2"与珠三角的"9+2"不同,前者的"9"是指9个省(市、区),后者的"9"是指广东省内的9个城市。

"泛珠三角"地区陆地面积为199.45万平方公里,人口4.46亿人,占全国面积的20.78%,人口的34.76%。这些地区直接或间接地与珠三角经济圈在经贸、投资、产业、市场等方面有较强的互补性,构成我国最大的区域经济合作区。

(二)深港区位的人文优势

香港与深圳是移民城市。移民是香港、深圳人口的主体。香港一直以来都是一个华洋共居的城市。20世纪早期,外国人在港总人口中所占比例基本稳定在2.3%—3.3%之间,1941年该比例降至1.6%。[1] 由于地缘关系,香港成为广东、福建民众移居海外的首选之地。近代以来,香港华人中,广东人占绝大多数,福建人居于次席。深圳是最典型的移民城市。1980年,深圳人口只有33万,2018年末常住人口增加到1302.66万。[2]

新移民的文化与城市的文化是相互影响的。一方面,移民要融入城市,就要改变过往的生活方式而主动适应城市发展的节奏;另一方面,城市的文化或多或少受到新移民生活习俗的影响。城市文化的特质与移民群体的人数成正比。

相关链接:香港"叮当车"

电车行驶中司机时常用脚触动挂在车下的脚钟,发出"叮当、叮当"的声响,因而被香港人称为"叮当车"(见图1-4)。

---

[1] 刘蜀永:《简明香港史》,南方出版传媒、广东人民出版社2019年版,第183页。
[2] 2019年10月11日,深圳统计(http://tjj.sz.gov.cn/ztzl/zt/sjfb/)。

"叮当车"的平均时速仅35公里,不求"快"只求"慢"。与香港人工作与生活的快节奏形成鲜明对比,"叮当车"的慢,体现的是另一种生活方式。早在1904年,"叮当车"就开始穿梭于香港岛,搭乘"叮当车"是一种情怀,是一种怀旧,也是香港游的传统节目。

"叮当车"从后门上车,前门下车,下车时投币或刷卡,十分便利。它行驶在港岛最繁华的地段,途经铜锣湾、跑马地、中环等,平均250米一个车站。

图1-4 行驶在西环码头的"叮当车"(陈舒琦 摄)

1. 岭南文化是深港共同文化的底色

香港虽受外来文化的影响，但是，岭南文化深入其骨髓。

首先，从岭南文化覆盖的地区看，岭南文化是香港、广东以及其他一些地区所共同拥有的文化基础，也是这些地区人们身份意识的观念基础。① 岭南文化是中华文化的一个重要组成部分，作为七大方言之一的粤语较完整地保留了古代汉语的语音，保存相当一部分古语词，堪称是古代汉语的活化石。② 岭南文化分为广东文化、桂系文化和海南文化三大块。其中，广东文化又分为广府文化、潮汕文化、客家文化。

其次，从香港人口的籍贯看，华人占港人的比率为94%，港人中60%是广府人，来源地主要包括南番顺、东莞、四邑、香山、高明、三水、鹤山、四会等珠江三角洲地区，其余人数较多的分别为潮州人、客家人、福建人，以及1949年以前从上海以及内地来香港定居的人士。粤语是港人的日常通用语言，粤曲、粤菜、饮茶、天后崇拜、北帝崇拜、黄大仙崇拜、长洲太平清醮……中华传统文化与岭南文化已经融入香港市民的日常生活方式中，这一切都说明香港与内地文化同源，人脉同宗，血浓于水。

深圳人来自"五湖四海"，既带来多元的文化属性，也创造"特区文化"，这是一种内地文化与岭南文化、传统文化与时代精神交融形成的文化新业态。

在"特区文化"中依然有大量岭南文化的元素，这也是推动深港合作的文化基础。首先，深圳本地方言依然是粤语，主要分为西部和南部的宝安粤语、北部和东部的龙岗客语、东南部的粤客混合语（大鹏话）三大块。其次，深圳原居民保留较多的岭南民间习俗，划龙舟、大盆菜、妈祖诞庆、坪山打醮、大鹏凉帽遮羞……无不散发着岭南文化的特色风味。最后，向海而生的岭南

---

① 邢立军、徐海波：《论岭南文化精神与港人国民意识的建构》，《广西师范大学学报》2015年第4期，第20—27页。

② 黄智艺：《古代汉语活化石——浅谈粤语对古音和古语词的保留》，《今日南国》（中旬刊）2010年第9期，第96—97页。

文化孕育开放兼容、敢于冒险、勇于创新的精神气质。岭南传统文化与开拓进取的时代精神之间不仅没有不可逾越的鸿沟，反而有着内在精神品质的传承。

2. 开拓进取是深港文化的时代特质

深港两个城市的传统文化叠加，两个城市的时代精神相同。

香港人从来不缺少开拓精神、创业精神、企业家精神。"香港精神是一种刻苦耐劳、勤奋拼搏、开拓进取、灵活应变、自强不息的精神。"① 香港精神被誉为"狮子山精神"，老一代香港人白手起家，历尽千辛万苦，发挥聪明才智，赢得自己的财富，也创造香港的辉煌。2002年11月19日，时任国务院总理的朱镕基，赴香港出席第16届世界会计师大会。正值亚洲金融危机的爆发，朱镕基总理在香港特区政府的欢迎晚宴上，吟诵《狮子山下》的歌词，勉励港人在经济困境中咬紧牙关，互相关爱，共同奋斗。

2017年6月30日，习近平总书记在香港特区政府欢迎晚宴上致辞时指出："香港从一个默默无闻的小渔村发展成为享誉世界的现代化大都市，是一代又一代香港同胞打拼出来的。香港同胞所拥有的爱国爱港、自强不息、拼搏向上、灵活应变的精神，是香港成功的关键所在。我要特别指出的是，香港同胞一直积极参与国家改革开放和现代化建设，作出了重大贡献。对此，中央政府和全国人民从未忘记。香港同胞不仅完全有能力、有智慧把香港管理好、建设好、发展好，而且能够继续在国家发展乃至世界舞台上大显身手。"②

在改革开放进程中形成的深圳精神，是民族精神与时代精神共同铸造的当代中国精神的重要组成部分。深圳借助改革开放的东风而立市，也伴随改革开放而繁荣富强。改革开放是深圳文化的基因。20世纪80年代，深圳的蛇口工业区率先竖起深圳口号"时间就是金钱，效率就是生命"。"空谈

---

① 胡洁：《香港精神是港人财富》，《华人世界》2008年第7期，第76—77页。
② 《习近平在香港特别行政区政府欢迎晚宴上的致辞》，2017年7月1日，人民网（http://jhsjk.people.cn/article/29376124）。

误国，实干兴邦"是"发展就是硬道理"的深圳诠释，它倡导新的价值观和发展观。1992年，《深圳经济特区报》结合邓小平视察深圳期间的重要讲话，结合深圳改革开放的实践，以"猴年八评"和"八论敢闯"的社论形式连续发表，提倡"敢为天下先""先走一步""敢闯敢试"等深圳精神。2005年3月，中共深圳市委工作会议提出"改革创新是深圳的根、深圳的魂"。深圳精神是深圳40年开拓进取的文化印记，总体上可以概括为"开放兼容，开拓进取，诚信竞争，团结奉献"[①]四个方面。

"开拓进取"既是香港精神与深圳精神的共同点，又是两座城市共有的文化特质。这种城市精神与时代特质体现"劳动创造价值""创新创造价值""奋斗创造价值"的发展理念。城市文化共有的基因令深港沟通更为畅顺、交流更为务实，合作更为深入。经济基础决定上层建筑，而上层建筑也会反作用于经济发展。深港经济合作与文化交融相得益彰，不断推动深港合作迈上新的台阶。

相关链接："时间就是金钱，效率就是生命"标语牌

1981年底，一块写着"时间就是金钱，效率就是生命"的巨型标语牌第一次矗立在蛇口工业区最显眼的地方。这句今天看起来很平常的口号，但在当时对国人产生了巨大影响。如今，在蛇口码头靠近南海大道的路旁依然竖立着一块写着"时间就是金钱，效率就是生命"的招牌。当年那块立在蛇口工业区马路边的标语牌，已被送进博物馆，成为历史的见证和一代人的记忆。

---

① 于晓峰：《深圳文化精神略论》，《社会科学论坛：学术研究卷》2007年第1期，第102—106页。

图 1-5　深圳蛇口竖立的标语牌（赵玲　摄）

第二节　改革开放开启深港合作

改革开放是深港合作的开端，也是最大的催化剂。深港分别在近现代史的不同重要节点登上历史舞台，深港在历史上一直保持着友好往来。

改革开放之后，以广州—香港为核心的珠江入海口东部地区的经济开始复苏。曾经是珠三角经济最为落后，但也是计划经济最为薄弱的深圳，凭借靠近香港的区位优势，抓住深港合作的契机，发展加工贸易，从"前店后厂"模式开始，不断拓展合作空间，创新合作方式，逐步从一个小渔村发展成为现代化大都市。珠三角东部地区从"广州—香港"经济带演变成"广州—深圳—香港"。由于深港区位更为靠近，隔水相望，"深圳—香港"经济带，无论是经济发展速度，还是发展质量，不仅明显优越于其他地区，而且在亚太区域经济合作中也处于领先位置。香港是亚太重要的金融、贸易、航运中心，深圳是重要的航运、科创、5G技术及高端制造业中心。

深港合作是全球化背景下区域经济一体化理论的创新探索。之所以说它是创新探索，是因为这是全球第一次在"一国两制"制度下探索两个城市之间的合作。

区域经济一体化的理论是由德国经济学家 Herbert Gaedicke 和 Gert Von Eynern 在《欧洲的生产—经济一体化：一项关于欧洲国家对外贸易关联性的考察》一文中首次提出的。经济一体化并不是指两个不同的经济体融合为一个经济体，而是反映着两个经济体之间的经济关联性（Inter—Relations）。区域经济合作与一体化通常需要具备以下6个具体条件：（1）地理上毗邻；（2）产业机构与经济结构互补；（3）临近港口或者码头；（4）属于外向型经济；（5）进出口贸易占有相当大的比重；（6）完善的金融体系与法制体制。

在改革开放之前，深港不存在区域经济层面的合作。香港具备如上6个条件，深圳只具备1个条件，即条件（1）。至于条件（3），深圳只是拥有海港资源，而这些资源并没有转化为港口或者码头资源。改革开放让深圳逐步具备了条件（2）（3）（4）（5）（6）。

一 创办经济特区与深港合作关系

深圳经济特区开启深港合作新历程。深圳经济特区1980年设立，经过40年的发展，在"学习香港，服务香港"中不断发展壮大，创造了举世瞩目的"深圳速度"，发展成为国际化城市，已成为华南金融中心、信息中心、商贸中心，以及高新技术产业基地，建立了外向型经济与完善的金融与法治体系。

如果说区位临近是深港合作的必要条件，那么，改革开放就是深港合作的充分条件。改革开放的过程，就是深圳从完全不具备与香港合作的条件到深港合作条件逐步具备并完善的过程。正是因为有了改革开放才开启了深港合作，深港合作也随着改革开放的深入而不断推进。改革开放是深港合作的决定性因素。深港合作的成功实践，不仅缘自区域经济合作的动因，而且开启了"一国两制"城市间合作的历史，成为"一国两制"伟大实践成功探索的典范。

（一）创办经济特区的"初心"

1. 改革开放"试验田"

深圳经济特区肩负着两个特殊功能，第一个功能就是作为改革开放的"试验田"，引进港资，发展经济，解决就业，促进民生。

1979年，时任广东省委第一书记习仲勋在中央工作会议上提出在毗邻港澳边界的深圳、珠海与重要的侨乡汕头设立"贸易合作区"，为港澳同胞和外商提供投资场所。邓小平十分赞同这个创意，建议改名为"特区"。

1984年，邓小平第一次视察深圳并肯定了深圳经济特区的成绩，为深圳题词："深圳的发展和经验证明，我们建立经济特区的政策是正确的。"

1992年，邓小平第二次到深圳并发表重要讲话指出，市场经济不姓"资"，计划经济不姓"社"。"南方谈话"为改革开放注入了新动力，点燃了新希望，深圳再次成为解放思想、先行先试、敢为天下先的引领者。

相关链接：邓小平第一次"南方之行"背后的故事

1984年邓小平"南方之行"深圳即将结束时，深圳政府准备了上好的宣纸，可是直到邓小平离开深圳，这张纸依旧是一片空白。之后，邓小平乘船去珠海继续考察，在珠海挥毫写下了"珠海经济特区好"，这让深圳方面更加感到了压力。

随即，深圳市委、市政府派人到广州，希望得到邓小平对深圳的评价。卓琳、邓榕答应帮忙做工作。在大年三十，邓小平挥笔为深圳题词："深圳的发展和经验证明，我们建立经济特区的政策是正确的。"落款日期是他离开深圳的日子——1月26日。

邓小平之所以在1984年首先为珠海而不是为深圳题词，正说明了这位政治家的慎重,他先到深圳看,又到珠海看,感觉都不错才放了心,在调研后更加确定了改革开放与兴办经济特区是正确的,于是才爽快地答应了题词的要求。

还有这么一件事情。邓小平在1984年"南方之行"抵达中山视察时,曾登上中山温泉后面的猴山,但说什么他也不肯从原路下山,硬是选了另一条陡峭的路返回,并且坚定地说:"我不走回头路!"一语双关!人们似乎从这句话中品出了一些味道——这一小插曲,不仅是对建立经济特区政策的肯定,也是对要坚持把改革开放道路走下去的一种暗示。

2. 维护香港繁荣稳定

深圳经济特区肩负着第二个功能就是为香港经济提供纵深发展空间,让港人更多地返回内地了解祖国,从而更直接地、有效地保障香港顺利回归。

香港回归以来,先后遭到亚洲金融风暴、"非典"疫情、国际金融海啸的连番冲击。尽管如此,香港却依然屹立不倒。这一方面有赖港人的努力与智慧;另一方面有赖中央的支持与帮助,以及深圳合作对香港带来的实际利益。

2003年"非典"疫情之后,香港采取了一系列措施开放香港市场,吸引人流、物流、资金流,以便繁荣经济,摆脱困境。2003年,在中央的大力支持下,《内地与香港关于建立更紧密经贸伙伴关系的安排》(简称"CEPA"协议)签署,其中,深港的全面合作被寄予厚望。那一年,内地游客香港自由行率先在深圳实行。

2009年,《深圳综合配套改革总体方案》确定的六大重点改革项目之一就是"推进深港紧密合作"。

2012年,国务院批复《支持前海深港现代服务业合作区》,标志着深港在金融、高科技、服务业等全方位开展合作。

(二) 深港合作关系的内涵

香港的命运和祖国的命运是紧密联系且无法分割的。香港回

图 1-6　远处为香港会展中心，香港回归仪式在此举行（李静　摄）

归之初，香港特首董建华提出："香港好、祖国好，祖国好、香港更好。"他用这句浅显易懂的话，诠释了香港与祖国、香港与内地的关系。

香港回归以来，仍然是全球经济持续发展最快的地区之一；面对亚洲金融风暴与国际金融海啸，也是经济恢复最快的地区之一，这一切都离不开祖国的坚强支持，内地是香港保持繁荣稳定的强大支柱。香港受惠于"一国"带来的经济增长，"两制"让香港保持原有生活方式。"一国两制"制度安排让香港保持独特的魅力，一方面可以以独立关税区名义参与区域与国际合作，另一方面能够以特别行政区名义参与"一带一路"等国家主导的区域发展，在对接国家发展规划中实现自身可持久的发展。

深圳的发展与香港的发展是紧密联系在一起的。"香港对深圳建设世界创新中心的作用不可以被低估。"[①] 深圳未来建成中国特色社会主义先行示范区，将更有助于香港保持繁荣稳定；反过来，香港的繁荣稳定也有助于增加深圳学习香港的信心。

[①] 袁易明：《深圳—香港经济发展关系的历史演变与未来》，《中国经济特区研究》2018 年第 1 期（总第 11 期）。

1. 深港双赢关系

深港关系不是"零和"关系,而是双赢关系。一方面,香港的发展可以为深圳发展创造更大的空间;另一方面,深圳的发展为香港的发展提供更多的商机。

按照赫克歇尔·俄林的要素禀赋说,相同产品在不一样地区的不同价格差是两地开展贸易的直接基础,而价格差异的存在是由于不同地区的要素禀赋不同。深港之所以能够持续合作双赢,既与深港具有相同要素有关,也与深港具有不同禀赋有关。深港区位毗邻决定合作的交通成本较其他地区低,深圳被确定为经济特区令深港合作的政策成本较其他地区低,经济全球化与区域经济合作趋势使得深港合作成为珠三角跨境区域合作内的首选。

2009年1月,国家发改委公布《珠江三角洲地区改革发展规划纲要(2008—2020年)》。2009年5月,国务院审批通过《深圳综合配套改革总体方案》。这两份文件都明确要求深港错位发展,从而实现功能互补,产业结构与经济结构的差异化有助于推动深港建立更为稳定、持久的合作关系。

不可否认,深港之间存在竞争;但是,深港之间的竞争是良性循环的竞争,而不是恶性竞争。这种良性循环的竞争是建立在合作基础上的,因此,深港竞争关系的本质是"竞合"关系。深港这种"竞合"关系具有"一荣俱荣"与"一损俱损"的联动性特点,却不具有"此消彼长"的反向联动性特点。也即香港的"荣"与"损"会分别成为深圳的"荣"与"损",反之亦然;但是,香港的"损"不是深圳的"荣",深圳的"荣"也不是香港的"损"。

正是由于深港"竞合"关系的如上特殊性,决定深港合作40年以来,双方从合作中获得了推动自身发展的更大动力。深港合作形成了更大的市场,推动了资金、人力等资源在深港大市场实现更有效的配置,从而提高生产效率,创造更多财富。

2. 深港互补关系

深港关系是互补关系,体现于深港产业结构存在互补,市场结构存在互补,制度存在互补。

深港的国际大都市发展之路,并不是谋求同城化,而是谋求在保持制度差异化基础上资源更优配置。

对于深圳而言,深港互补关系体现于深圳始终将"学习香港,服务香港"作为处理深港关系的基本原则。在深圳还是一个小渔村的40年前,深圳从学习香港起步,如今已经发展成为粤港澳大湾区中心城市之一的深圳,仍然"不忘初心",一如既往将"学习香港,服务香港"作为推动深港合作关系的基本原则。20世纪80年代,深圳主要是学习香港;90年代,深圳主要是借鉴香港;如今,深圳主要是服务香港。但是,要更好地服务香港,依然离不开学习与借鉴香港。

二 深港合作关系的演变及特点

40年前深港合作是一个大都市与一个正在小渔村之间的合作,40年后深港合作是两个大都市之间的合作。

在深港合作初期,产业链与贸易链的对接是关键;在深港合作现阶段,深港合作领域覆盖基建、经贸、金融、投资、科技、旅游、民生等多个领域,深港合作既有市场层面的利益分配问题,又有政府层面的机制协调问题。

在深港合作初期,深港两个城市的GDP,以及产业结构差距大,按照传统贸易理论,禀赋差异推动建立贸易关系、投资关系、经济关系。在深港合作现阶段,深港两个城市的GDP,以及产业结构的差距缩小,相似点增多。按照新贸易理论——产业内贸易理论,深港合作关系不仅不会弱化,而且会进一步巩固与扩展。

改革开放40年,深港合作由早期的"前店后厂"产业、经贸合作,到当前共建粤港澳大湾区,合作关系不断深化,合作机制不断完善,合作范围由"点"到"面"不断扩大,合作层次由"低"到"高"不断升级,合作深度由"浅"到"深"不断拓展。

(一)企业主导的深港合作关系

在1997年香港回归之前,深港合作集中在加工工业与经贸合作领域，合作主体主要是民间与企业。市场经济这只"无形的手"在这一时期的深港合作中发挥着重要作用；但是，这并不是否认政府的作用。1978年国家计委和外经贸部的《港澳经济考察报告》、1980年《广东省经济特区条例》是指导深港合作的纲领性文件，这些文件是由内地政府部门制定的。这一时期，深港双方政府层面还没有建立直接的协商机制与合作关系。

改革开放政策推出后，香港制造业逐步北迁，深圳是香港制造业北迁的第一站。香港与珠江三角洲形成了"前店后厂"的贸易与产业格局，香港"接单""下单"，负责安排销售、运输、结汇等国家贸易相关环节，内地负责招工、生产。"前店后厂"格局是"比较优势"贸易理论推动而形成的。通过这种模式，香港发挥了资金、市场、管理方面的优势，深圳与内地发挥了土地、劳动力、优惠政策的优势。推动深港合作的主要动力来自通过经贸合作实现深港"双赢"。一方面，深圳借助港资与香港转口贸易港，可以进入国际产业分工链条，融入全球经济一体化的进程；另一方面，港资投资深圳可以降低港产品的成本与占有内地市场，实现资本利益最大化，推动香港经济转型升级。1979—1996年，港商在深圳实际投资额高达77亿美元。

20世纪80年代，深港合作的主要内容在生产与贸易领域。合作的主体是企业，合作的主要方向是港资投入深圳，合作的主要形式是"三来一补"、三资企业，以及深圳的产品经过香港转口贸易。

香港在深港合作中完成加工产业整体北迁，香港经济结构成功完成从制造业向现代服务业的转型升级。港资在内地的生产规模在20世纪80年代最终超过港产品生产。港产品出口被来自内地的转口贸易反超，香港与内地转口贸易自此一直是香港最主要的贸易形式。转口贸易的持续增长与繁荣，推动了香港经济向现代服务业转型升级，推动了香港港口、航运、物流、金融业的持续发展。

在经济转型升级的大背景下，深港关系乃至香港与内地的关系，也从最初的经贸关系转型升级到金融、现代服务业的关系，两地在资本市场、货币市场上的合作拓展了香港金融发展的空间，展示了香港金融市场所依托的独特制度优势。1995年，香港制造业占GDP的比例为8.3%，而1980年则占23.7%。香港回归前的1996年，深圳对港进出口总额分别占深圳进出口总额的88%和70%。20世纪90年代，金融、航运、高科技开始成为深港合作的新内容。特别是金融和航运物流业成为深港合作的主要桥梁。

深圳在深港合作中集中精力学习与借鉴香港在市场经济运作、企业管理、城市管理，以及国际贸易方面的经验，推动建立和完善社会主义市场经济体系，经济规律与经济质量不断创出新高。

(二) 政府主导的深港合作关系

1997年香港回归之后，深港开始全方位、深层次、多领域的合作。其实，在"九七"回归初期，相对于深圳对深港合作的热情，香港的态度显得迟缓。2003年香港遭遇SARS，香港开始重视寻求内地支持。2008年，香港首次将深港合作与粤港合作并列，深港合作范围向金融、科技、旅游、教育、文化等纵深领域发展，合作主体也逐步由民间转向政府。

1997年香港回归以来，香港与广东省建立政府层面的协商合作机制。1997年，第一任香港特首董建华提议建立"粤港合作联席会议"制度，自此，香港与广东省政府层面间的合作开始。

由于深港合作频密，人员往来增多，罗湖口岸的通关能力已经无法满足日益增长的两地人员、车辆往来需求。2003年，深圳皇岗口岸实现24小时开放通关。2007年，深圳福田口岸开通。2007年，深圳湾口岸开通。深港通关口岸逐年增多，通关能力不断提升。

深港跨境基础设施建设，除了口岸建设之外，涉及跨境交通交涉、港口码头建设，以及跨境金融基础设施建设等多个方面。2000年，盐田港二期工程交付开始进行试运营。2003年，深圳的银联与香港银行结算体系联网，实现两地资金结算即时到账。

深港跨境基建合作又推动深港两地政府加快建立协商机制。

2004年,深港签署《加强深港合作的备忘录》,正式建立深港合作会议机制。自此,深港每年轮流主办,组织召开一次会议,香港特首与深圳市长从未缺席,共同研究深港重大合作事项及统筹推进工作。2005年,深圳创新性地提出"深港创新圈"概念。2007年,深港签署《深港创新圈合作协议》,提出大力推动深港科研机构和高校交流合作,推动科研成果产业化,不断提高两地自主创新能力。2009年,广东省委、省政府印发《关于推进与港澳紧密合作的决定》,提出"到2020年,推动我省与港澳进一步融合发展,实现区域内要素流动快速化、产业结构高级化、运行机制市场化、区域经济国际化"的目标。2010年,国务院牵头,由广东省政府与香港特区政府签署的《粤港合作框架协议》确定将粤港合作提升到国家发展战略层面。2011年,国家正式将深圳前海开发区作为"粤港澳合作重大项目",首次纳入"十二五"规划纲要。

2012年,香港特首梁振英提议合作开放深港"边境禁区",主张两地深度合作。

第三节 深港合作中的角色与优势

跨越横跨深港的罗湖桥只要5分钟时间,深港一衣带水,区位相连。

"为什么英国选择了香港,中央选择了深圳?"[1] 这是由于深港在经济地理学上具有不可取代的独特位置,深港可以实现优势互补,增进双方利益。深圳之所以发展到今天,离不开香港;深圳的发展又反过来更好地服务香港。

一 深港合作中深圳的角色与优势

改革开放40年来,深圳很好地扮演了连接内地与香港的窗

---

[1] 张军:《深圳奇迹》,东方出版社2019年版,第109页。

口角色。1980—1981年先后四个沿海城市被批准设立特区。分别是1980年8月26日深圳经济特区，1980年8月26日珠海经济特区，1980年10月7日厦门经济特区，1981年10月16日汕头经济特区。深圳靠近香港，珠海靠近澳门，厦门靠近台湾，汕头籍海外华侨华人遍布东南亚、港澳台。从经济地理学的视角看，深圳最大的优势就是临近香港，可以通过学习与借鉴香港，探索改革开放的道路。

（一）"改革开放窗口"角色

深圳在深港合作中的角色有一个变迁的过程。深圳经历了从学习香港到服务香港的角色转变过程。学习香港与服务香港是相辅相成的。首先，学习香港是为了借鉴香港先进的企业管理经验、市场运作经验、城市管理经验，最终更好地为香港提供服务，这就是所谓"干中学"，在学习香港的过程中服务香港。其次，服务香港的基础是学习与借鉴香港，也只有在持续学习与借鉴香港的过程中才能为香港提供更好的服务，在服务香港的过程中需要学习香港。

1. 学习香港角色

从深圳经济特区成立到香港回归之前这段时间，深港合作中深圳的主要角色是学习香港。深圳在学习香港的过程中也逐步发展与完善城市服务香港的功能。

深圳学习香港的角色地位主要体现在如下几个方面：

（1）深圳的企业管理从学习香港起步

在经济体制下，企业的管理体制可以形容为"大锅饭""铁饭碗"。经济改革的第一个重要目标就是建立社会主义市场经济体制，而建立社会主义市场经济体制的关键在于企业。只有建立具有现代企业法人制度，让企业成为自负盈亏的独立经济单位，才能发挥市场经济对价格的调控，从而建立以市场经济为主体的充满活力的经济运行机制。

深圳蛇口工业区，在改革开放中迎来了第一批港资企业。作为早已加入全球经济大循环体系的香港，面对香港狭小的发展空间、不断高涨的人工成本，将企业转移到生产成本低廉的深圳及珠三角地区,这符合产业梯级转移理论与雁行模型。

"当地政府(深圳)颇有远见地通过'三来一补'形式,将电子、机械、五金、化工、塑料、纺织、服装、玩具、食品等香港主要制造业部门悉数吸纳,为经济腾飞奠定了基础性作用。1985—1995年的数字显示,香港每年在珠三角投资于制造业的资金由5亿美元增至58亿美元,年均增长达到27.5%,劳动密集型生产加工工序和生产线转移比例高达70%—90%。"[1] 深圳不仅在与香港合作中服务了香港,而且完成了"资本原始积累"过程。同时,学习了香港的企业管理制度。1983年,深圳分别出台改革劳动用工制度的两份文件,即《深圳实行劳动合同制暂行办法》和《深圳实行社会劳动保险暂行规定》。深圳成为内地首个全面实行劳动用工合同制及社会劳动保险制度的城市。

(2)深圳的土地财政改革从学习香港起步

深圳设立经济特区之后,迎来的第一场大雨,在两个小时之内就让罗湖变成了一片汪洋。时任深圳市委第一书记吴南生让城建部门估算根治罗湖水患的投入,结果仅第一期4平方公里的改造就需要投入高达20亿元。这样庞大的投入是当时深圳财政无法承受之重。

矛盾是推动经济发展的动力。正是由于有资金压力,更增强深圳向香港学习与借鉴的动力。1986年10月,深圳市成立调研组组织研究如何更好更快地推进土地使用制度改革。"香港人启发了我们,香港财政收益三成以上都来自土地拍卖。于是我们就想到了租地的方法,用土地换资金。"[2] 调研的结论是借鉴香港做法用地换钱。1987年12月1日,深圳土地使用权拍卖的"第一槌"正式拉开深圳政府财政改革的序幕。深圳的做法不单开启了新中国成立以来国有土地使用权有偿转让的首例,同时,带动财政体制、金融改革与城市化的配套改革。1988年宪法修正案中关于用法律形式来确认土地使用权的提案,就是从深圳的实践演

---

[1]《香港与深圳的"三十年河东,三十年河西"》,2019年10月18日,观察者网(http://baijiahao.baidu.com/s?id=1647685657102949108&wfr=spider&for=pc)。

[2] 同上。

化而来的。

2. 服务香港角色

自从香港回归以来，深港合作中深圳的主要角色是服务香港。随着深圳经济的发展及城市功能的完善，深圳进入全面服务香港的阶段。

其实，深圳经济特区创立以来，深圳发挥着服务香港的功能。首先，深圳成为香港创业向北转移的第一站，深圳为香港提供廉价的土地与劳动力，推动香港完成从加工工业的产业结构向现代服务业的经济结构转型升级。其次，在深港合作之初，深圳发挥社会主义经济集中力量办大事的制度优势，提前规划对经济发展具有长远战略价值，且投资额巨大、科技含量高的大型基建项目——核电。1980年前后，香港的电力供应曾一度紧张，兴建大亚湾核电站提上议事日程。广东核电集团与香港中华电力公司合资建设的大亚湾核电站于1987年8月开工建设。按照合营合同，大亚湾核电站合营期内大亚湾核电站70%的电量输送香港，输港电量占香港社会总用电量的1/4。

深圳服务香港的角色地位与作用主要体现在如下几个方面：

（1）深圳为香港经济发展提供纵深空间

20世纪80年代，深圳对香港的服务，主要体现在提供廉价的土地与劳动力。随着深圳经济的发展，深圳自身用地趋紧张，港资从主要投资深圳转向投资珠三角地区。深圳服务香港的内容发生变化。

深圳港口成为港资内地企业进出口货物的"备胎"。在香港葵青货柜码头成本居高不下、港口一直没有铁路接驳的状况下，深圳盐田港为内地港资企业进出口提供多一个选择。1989年12月，盐田港竣工投入使用。2008年，盐田港每周航线超过100条，欧美航线占60%。2013年1月8日，盐田国际集装箱码头正式迎来开港后累计的第一亿个标准箱。2018年，盐田港大型集装箱深水泊位已经达到16个。

深圳为香港科技发展提供落地与科技转化生产力的机会。1987年，深圳政府出台全国首个《关于鼓励科技人员兴办民间科技企业的暂行规定》，用法律法规形式鼓励高科技人员以技术专利、管理等要素入股。随着深圳改革开放的深化，深圳民营高科技经济逐步发展壮大起来。截至2017年，深圳国家级高科技企业有1.12万家，全年高科技产业增加值7359亿元，占GDP的32%。在高科技产业的每个行业，深圳涌现了一批领军企业，如华为、腾讯、比亚迪、大疆。其中，大疆是汪滔在香港科技大学读研究生之时与其导师李泽湘教授共同创立的。《时代周刊》盘点2018年十大最佳电子产品，大疆是唯一上榜的国产品牌，在无人机行业的这个"独角兽"带着香港基因。

在深圳发展壮大的高科技企业首选港交所上市，为香港经济发展注入持久动力。《深圳上市公司发展报告（2018）》显示，2017年底深圳境内外上市企业总数达到367家，其中香港上市企业达94家，占上市总数的逾1/4。[①] 2004年6月16日，腾讯在港交所上市。截至2019年6月底，腾讯市值高达29531亿元，超过工商银行、建设银行和中国平安三大金融企业，位居港股榜首。

（2）深圳为香港居民提供多彩的城市服务

深圳成立之初，便确定服务香港的城市发展规划方向。深圳首先发展起来的是距离香港最为接近的罗湖区，围绕罗湖口岸而布局深圳的城市功能。随着深圳城市功能的完善，特别自香港回归后，深港居民之间往来的增多，深圳为香港居民提供多彩的城市生活。罗湖与皇岗口岸率先形成口岸商贸圈与生活圈，为港人提供多彩的城市服务，餐饮、购物、美容、美发、歌舞厅等休闲娱乐设施应有尽有。深圳龙岗、宝安、盐田、大鹏也为港人提供高尔夫、游艇、登山等户外运动服务。

港英政府由于对香港岛、九龙、新界采用不同的发展策略，令香港城市布局在三个不同地区存在明显差异。香港城市服务的中心区域集中在香港岛与尖沙咀。而靠近深圳的大片新界土地则被划为"边境禁区"或者"郊野公园"，长期搁置没有开发。

---

① 《深圳94家企业香港上市　占上市公司总数逾1/4》，2018年11月27日，大公网（http://www.takungpao.com.hk/finance/text/2018/1127/212011.html）。

正是由于深港不同的城市规划与发展政策，形成了当前深港接合部，在深圳一侧高楼林立，一派现代大都市的城市面貌；在香港一侧，土地多处于待开放的状态，俨然一幅乡村与田园景象。

随着深港合作范围不断扩大，产业、经贸、投资合作继续深化，金融、科技、旅游、基建合作成为新亮点，特别是深圳经济发展所需要的现代服务业，为港资提供了更多的商机，正好是港人的所长。深港合作的主体不仅局限在企业之间，而且扩大到个人之间，更多香港专才在深圳找到发展的商机。深圳不仅为港人提供了优质的休闲生活，而且为港人提供无限的发展机会。

（二）深圳的优势

深圳的优势由先天禀赋与后天禀赋构成，深圳是改革开放浪尖的一颗珍珠，是划时代发展的成功蓝本。深圳的优势形成是渐进的、变化的、多元的。深圳的优势可以概括为：（1）靠近香港的区位优势；（2）改革开放与经济特区的政策优势；（3）在全球化与区域经济一体化趋势下通过深港合作承接产业转移而形成的外向型经济优势；（4）抓住全球第五次技术革命而形成以互联网、大数据、5G移动通信，以及高端制造业的创新科技优势；（5）海纳百川、招贤纳士而形成的人才与文化优势。深圳优势归根结底是"敢为天下先"。"实干兴邦，空谈误国"。

在深港合作中，深圳的优势主要体现在如下四大领域。

1. 以"人口红利"为核心的成本优势

深圳经济飞速发展的背后，有超额人口红利的不懈努力。改革开放40年，深圳人口增长的速度与经济腾飞所取得的成绩一样令人惊奇。从30多万人的小渔村，到1000多万的人口大城，深圳的发展除地理优势外，很大程度上取决于合理地利用"人口红利"。

作为最大也最成功的移民城市，深圳的飞速发展吸引了大批年轻人涌入。产业结构的升级调整，促使深圳人口的持续流动，使深圳持续地吸引各类人才，并持续保持年轻劳动人口大规模的流入。深圳的"人口红利"主要体现在两个方面：第一，新一代知识分子、高学历人才成为深圳迁移人口的主体；第二，迁入深圳的人口年龄结构非常年轻。深圳"人口红利"可以转变为深港合作的成本优势。

（1）深圳的"人口红利"转变成"前店后厂"的人力成本优势

在20世纪80年代，港资北上在深圳及珠三角设厂，港资企业分享改革开放的"人口红利"，降低了成本，增加了利润，在全球竞争中保持了竞争力。

（2）深圳的"人口红利"转变成香港经济转型的推动力

香港经济并没有因港资北上投资与"前店后厂"模式而受损，从20世纪80年代开始，香港制造业逐步北迁与香港产业结构逐步转向现代服务业几乎同步进行。在内地设厂的港资企业以出口为导向，在深圳集装箱码头尚未发展起来的状况下，香港葵青货柜码头发挥了重要转口贸易港的作用。香港在转口贸易的基础上，逐步建成国际金融中心、国际航运中心和国际商务中心。

2. 以改革开放为核心的政策优势

深圳在改革开放的整个历史进程中都始终走在前列，敢于同落后的生产关系和组织方式决裂，敢于改革不适应生产力的一切生产关系，抓住了三大历史性机遇，获得了巨大的发展。深圳开放优势可以转变为深港合作的制度优势。

（1）深圳的第一次历史机遇

深圳的第一次历史机遇是1980年创办经济特区。在1978年党的十一届三中全会的鼓舞下，时任广东省委第一书记习仲勋在调研中大胆提出了解决深圳逃港问题的创新举措，那就是在深圳设立"加工贸易区"，发展经济，改善民生。1980年8月，深圳成为经济特区，踏上了迈向现代化城市的第一步。走在改革开放的前列的深圳，成为改革开放的排头兵和试验田，成为第一个尝"螃蟹"的"人"。深圳加速开始以市场为导向的改革，以基本建设管理体制和价格体制改革为突破口，率先在价值体制（1982）、企业体制（1983）等方面进行大胆改革，走在全国前列。

在 20 世纪 80 年,深圳成为香港经济向外梯级转移的第一站,深圳承接香港外移产业促使自身发展,同时也推动了香港经济转型升级及保持繁荣稳定。

(2) 深圳的第二次历史机遇

深圳的第二次历史机遇是 1992 年邓小平发表"南方谈话"。1992 年,邓小平"南方之行"反复强调:革命是解放生产力,改革也是解放生产力。改革开放胆子要大一些,看准了就大胆地试,大胆地闯。计划多一点还是市场多一点,不是社会主义与资本主义的本质区别。在邓小平"南方谈话"鼓励下,深圳率先提出建立社会主义市场经济体制的目标,进行了大胆的尝试。从向香港学习企业管理经验转型升级到全面学习香港管理经验,在学习香港的基础上,大胆地借鉴香港市场经济运行与城市运营的成功经验,深港合作迈上了新的台阶。

(3) 深圳的第三次历史机遇

深圳的第三次历史机遇是 2001 年加入 WTO。加入 WTO 对于深圳经济特区无异于"二次开放"。这意味着政府、企业,以及各行各业都要迅速转变思路,融入新的经济社会发展环境,要在遵守国际经贸规则下开展对外贸易。因应加入 WTO,深圳实施走出去战略,进一步扩大了对外开放,提高了对外贸易的质量和水平,着力推动建设开放性国际大都市,全面推动城市运营能力现代化与城市管理体系现代化。深港合作主要由民间与企业间合作转变为政府参与推动的合作,深港也短期合作关系转向长期稳定合作关系。深圳在学习与借鉴香港的基础上,更加重视与提升服务香港的能力。

3. 以生态城市建设为核心的环境优势

从经济发展到"五位一体",是改革开放 40 年中国特色社会主义发展的经验结晶。深圳是生态文明建设的先行先试者。生态文明理念是深圳的一贯思路。

1981 年 4 月,时任国务院副总理万里考察深圳时强调:建设一个城市,首先要把总体规划搞好,总体规划批准了就是法律。深圳应当搞得更漂亮一些,要建设一个真正现代化的、科学的新城市。1998年6月，时任深圳市委书记张高丽提出，一定要让深圳的"天更蓝、地更绿、水更清"。自那时起，深圳在城市发展中将环境治理、美丽城市建设提到前所未有的高度，并持续至今。

2003年，深圳市委提出，要在基本实现社会主义现代化的基础上，把深圳建设成为包括"高品位的文化—生态城市"在内的知名的区域性国际化大都市。1998年，深圳市发布第二版《城市规划条例》，创造性地建立起以法定图则为核心的城市规划方法体系，在城市管理的精细化、法制化、规范化等方面又向前迈进一大步。2005年，深圳市提出"在紧约束条件下求发展"的新思路，强调建设生态市推进城市生态文明建设。2005年12月，深圳公布《深圳二〇三〇年城市发展策略》，提出建设"全球可持续发展先锋城市"的远景目标。2006年出台的《深圳生态市建设规划》，提出把深圳建设成为中国最具发展活力的生态城市典范。2008年5月，深圳成为环保部首批国家"生态文明建设试点地区"。2011年，深圳市政府工作报告从五个方面全面阐述了"深圳质量"，提出"深圳质量"就是"坚持以质取胜，追求更高的物质文明；坚持以人为本，追求更高的社会文明；坚持文化强市，追求更高的精神文明；坚持内涵发展，追求更高的城市文明；坚持低碳理念，追求更高的生态文明"。2013年9月，《深圳生态文明建设考核制度（试行）》正式出台，将生态文明建设指标纳入深圳市领导干部政绩考核体系。

深圳生态文明建设优势不仅利在深圳，而且可以转化为深港合作的环境优势：

（1）深圳成为香港市民的后花园

由于深圳采用与香港不一样的城市规划方案，建成了与香港不一样的城市风貌，成为名副其实的花园城市。区域星罗棋布的城市绿地，缤纷多彩的城市园林，充满设计感、艺术感的城市雕塑，以及城市公共设施的科学布局与便民化设计，使得深圳成为充满人文关怀与绿意的现代大都市。对于现代都市人而言，深圳这样的城市环境更加吸引了港人北上消费。对于周工作5.5天的香港打工族来说，周末北上深圳度假消费是首选。

（2）深圳有条件与香港共建低碳都市圈

低碳经济是现代经济形式的一种表述。香港虽然道路狭窄，道路两侧林相稀疏，但是，香港繁荣的城区由海港、海湾，以及郊野公园环绕，香港的生态环境成为香港值得骄傲的王牌，以及可持续发展的推动力。以现代服务业为特色的香港经济结构，更有条件建成低碳都市，引领21世纪城市发展。但是，建设低碳大都市，仅靠香港一个城市是不够的。流动的空气是没有城市边界的，香港要建成低碳大都市需要深圳配合，深港优质生态环境推动深港合作在低碳都市圈建设中率先达标，低碳经济又成为深港合作拓展的新领域，成为推动深港深化合作的动力。

4. 以孺子牛精神为核心的文化优势

深圳的发展，源于"开放多元，兼容并包"的城市文化，以及敢闯敢试、敢为人先、埋头苦干、闻鸡起舞、奋勇争先、日夜兼程、风雨无阻的特区精神。

深圳的发展推动深圳文化形成、深圳精神升华的过程。2003年，深圳正式确立"文化立市"的发展战略。2010年8月，在纪念深圳建市30周年之际，深圳市委宣传部主导，评选出"深圳十大观念"，分别是："时间就是金钱、效率就是生命""空谈误国，实干兴邦""敢为天下先""改革创新是深圳的根、深圳的魂""鼓励创新、宽容失败""让城市因热爱读书而受人尊重""实现市民文化权利""送人玫瑰，手有余香""深圳，与世界没有距离""来了，就是深圳人"。十大观念体现了深圳的文化理想、文化格局和文化气质，这是深圳在文化层面的自我确认，是对深圳改革开放奋斗历程的凝练。深圳孺子牛精神可以转化为深港合作的文化优势。

相关链接："孺子牛雕塑"

孺子牛出自《左传·哀公六年》记载的一个典故，原意是表示父母对子女的过分疼爱。鲁迅"横眉冷对千夫指，俯首甘为孺子牛"名句拓展了孺子牛的内涵,孺子牛常被用来比喻甘愿无私奉献的人。孺子牛精神在改革开放的深圳得到进一步升华。孺子牛精神就是开拓进取、敢闯敢干、敢为天下先的特区奋斗精神与改革创新精神。

潘鹤教授在谈到创作孺子牛雕塑的过程时表示:搞特区就是要"开荒",要拔掉"劣根",在"拓荒牛"的后面再加上这个树根,正好意味着"特区"干部要铲除旧根,把封建意识、小农意识、保守思想和官僚作风连根拔起。1984年7月27日,"孺子牛"雕塑落成,安置在深圳市委大院内。1999年,深圳市委常委会通过决定将"孺子牛"铜雕整体迁到了市委大院大门口外的花坛上,以便市民拍摄。深圳"孺子牛"雕塑现在依然坐落在深圳市委门外、深南大道北侧。

(1) 深港在精神层面同频共振

深圳的孺子牛精神,香港的狮子山精神,精神核心都是开拓进取、敢闯敢干、敢为天下先。这两种精神代表着两个城市共同的主流价值观、奋斗观、发展观。正是由于精神层面上具有共同的基因,尽管香港是在中国运势向下的19世纪40年代登上历史舞台,深圳在中国运势向上的80年代登上历史舞台;但是,深港都创造了同样的辉煌,是世界城市发展史上成功的典范。

(2) 深港在文化层面亲和互通

深港民众具有相似的文化情感:不尚空谈,求真务实;敢闯敢干,勤奋拼搏;在商言商,诚信守法。深港在文化层面上的亲和互通体现在深港民众的亲和互通,文化相近自然就演变为人际相亲,人际相亲自然就减少交流沟通的障碍,消除合作发展的樊篱,文化层面的合力最终会转化为经济层面的合力。

二 深港合作中香港的角色与优势

香港以其独有的转口贸易优势、开放高效市场机制优势,成为国际产业链与国际贸易分工环节中重要的一环。香港是内地与世界交流的桥梁，香港在国际贸易中最大的比较优势源自香港是内地与世界交流的通道。

（一）"超级联系人"角色

改革开放40年，香港很好地扮演了连接内地与海外的超级联系人的角色。香港得以在内地及大湾区对外开放及国际分工体系调整中扮演着联系内地与国际市场的特殊中介角色。目前，香港与内地的合作平台多达6个，包括有：粤港联席会议，深港合作会议，"泛珠"合作发展论坛，沪港经贸合作会议，京港经贸合作会议，港澳合作高层会议。

香港扮演的是超级联系人角色，这是由基于香港转口港而发展起来的转口贸易、离岸贸易，以及在此基础上衍生的金融、物流、商贸等现代服务业而确定的。香港对改革开放的贡献主要体现在：（1）香港资金与人才对改革开放的推动作用。香港是投资内地外资的主要来源地，内地把香港作为招商引资的主要窗口，各省市区相继在香港设立窗口公司，以香港为平台开展对外贸易与招商引资业务。（2）香港航运与转口港对改革开放的推动作用。内地货物主要经香港转口到世界各地，内地从世界各地进口也主要通过香港的中间商。

在深港合作不同发展阶段，香港角色的功能有所不同。在深港合作初期，香港主要在商贸、投资领域发挥作用；在深圳合作成熟期，香港主要在金融，以及现代服务业领域发挥作用。随着CEPA签署、深港建立合作机制、"一带一路"建设，以及粤港澳大湾区规划，香港在深港合作中角色的重要不是降低了，而是发挥重要作用的范围扩大了。

尽管随着内地全面开放，香港作为中西交流的桥梁作用在弱化，香港传统中间人角色面临"转型升级"。决定香港角色"转型升级"的因素有两个：第一，香港经济结构所决定香港在深港区域经济合作中所扮演的角色。第二，国家经济发展的方向与趋势。在加入WTO前，国家发展的重点是"招商引资"与对外贸易，香港中间人角色主要发挥"引进来"功能；在加入WTO之后，特别是随着"一带一路"倡议的提出，为香港创造新的商机,那就是香港可以发挥港人遍布全球的网络优势,协助内地企业及资金实现"走出去"发展战略。

1. 市场经济引领者

港商是改革开放以来第一批响应国家号召到深圳投资和参与建设的先行者,对深圳经济发展,以及城市管理能力的提高发挥了巨大的推动作用。香港在深港合作中扮演深圳市场经济发展的引领者。这个角色具有多重身份,作为北上投资设厂者,港资扮演投资人的角色;作为企业的经营者,港资扮演管理人角色。在深港合作中,香港投资者角色不仅给深圳带去了资金、技术,以及企业管理经验,而且推动了深圳市场经济运行机制的建立及城市管理服务水平的提高。

深圳起步离不开港资推动,港资北上投资设厂首选深圳,深圳招商引资主要来源地是香港。在20世纪80年代,香港轻工业陆续在深圳创办大量"三来一补"企业,形成"前店后厂"的深港合作模式。全国最早的"三来一补"企业是上屋电业(深圳)有限公司,"1978年从香港来到深圳,在当时的宝安县上屋大队租用了400平方米的二层下楼作厂房,招收的25名女工成为令人羡慕的'高收入人群'"[①]。

2. 现代服务中介人

香港是航运中心,金融中心,商贸中心,在深港合作中扮演现代服务业中介人的角色。香港从转口贸易港发展到现代服务业中心,提供高质量的港口服务、航运服务、物流服务、转口贸易与离岸贸易服务,银行与金融服务,以及会计、法律等相关配套服务。

香港在深港合作中所扮演的现代服务中介人角色从未改变,但是,深港合作不同发展阶段,侧重点不同。

在深港合作初期,在深圳建成现代集装箱货柜码头之前,香港主要向深圳提供港口、航运、物流、转口贸易,以及相关配套服务。

---

① 汤丽霞:《共赢与发展——深圳外事与港澳工作新境界》,海天出版社2015年版,第211页。

随着深圳盐田港、赤湾港的建成使用，香港金融中心开始发挥重要作用。一方面，港交所成为包括腾讯、比亚迪、迈瑞、深业、深圳国际等深圳优质企业的首选境外上市交易所；另一方面，香港在金融、物流、商贸、航运领域的成功经验，成为深圳学习与借鉴的样板。

香港在深港合作中现代服务中介人功能的转化是从20世纪90年代开始逐步演化的。以2003年内地游客赴港自由行开通、"CEPA"签署为标识。深港在经贸往来、物流、个人游、跨境基础建设等方面取得重大突破，从单一业务转向全面业务合作，从单向业务合作转向双向业务合作。随着2010年前海深港现代服务业合作区的建立，两地在金融、科技创新等高端服务业领域建立更紧密合作关系。作为现代服务中介人的香港，重要性不是降低了，而是提高了。

图1-7 从香港太平上顶俯瞰香港中环金融中心，及维多利亚港对岸的尖沙咀（赵玲 摄）

(二) 香港的优势

香港集聚的资金、技术、管理、人才等经济发展稀缺要素，成为深港合作中香港的禀赋优势。"香港经济的主要功能，是作为世界经济分工体系中的一个重要城市节点、区域经济的总部经济、链接欧美国际金融市场的重要一环。"[①]

在深港合作中香港的优势有一个变化的过程。在深港合作初期，香港的优势主要体现在资金、技术、管理方面；在深港合作进入成熟期，香港的优势更多体现在制度层面、文化层面。这并不是说国际金融中心、国际航运中心、国际商贸中心不是香港的优势了，香港在金融、航运、商贸的领先优势继续存在；但是，深港在航运、商贸领域的差距在缩小；深港比较优势差主要体现在制度与文化层面。香港国际金融中心之所以不会被撼动，就是因为国际金融中心的地位是由在香港资本主义制度基础上建立的金融管理制度与资金自由流动制度共同打造出来的。深圳绝不可能成为离岸人民币交易中心，香港天然就是离岸人民币交易中心的最优城市。

在深港合作中，香港在如下几个领域的优势更为突出：

1. 以自由港与转口贸易为核心的航运优势

香港与周边比较，最大的自然禀赋就是优良的海港资源；但是，自然禀赋不会自动转化为经济优势，支撑香港国际航运中心有两大支柱，即自由港与转口贸易。

（1）香港自由港

自由港需要具备相应的条件：①优良的港口；②自由港政策；③商贸与翻译人才，有通晓中外语言的买办与商贸人才；④背靠内地，有内陆腹地庞大的进出口贸易需求。所有这一切条件，香港得天独厚，优势明显。

香港开埠之后，充分发挥海港优势，推行自由港政策，以自由港角色加入19世纪英国主导的第一次国际分工与全球化进程。自由港，指的是不需要接受海关管理的港口或港区。在自由港

[①] 蔡赤萌：《粤港澳大湾区建设：理论框架与香港角色》，《澳门理工学报》2019年第1期，第30页。

里，从国外来的商品可以自由进行加工、分装、改装、装卸储存、展览、再出口，不征收关税，也不受海关管理和制约。香港的自由港是全港自由港，也即不仅香港的码头及周边区域是自由港，整个香港都是自由港。

《中华人民共和国香港特别行政区基本法》（以下简称《基本法》）确定了香港自由港地位。《基本法》第114条规定"香港特别行政区保持自由港地位，除法律另有规定外，不征收关税"。第115条规定"香港特别行政区实行自由贸易政策，保障货物、无形财产和资本的流动自由"。《基本法》第124条规定"香港特别行政区保持原在香港实行的航运经营和管理体制，包括有关海员的管理制度"。第125条规定"香港特别行政区经中央人民政府授权继续进行船舶登记，并根据香港特别行政区的法律以香港的名义颁发有关证件"。第126条规定"除外国军用船只进入香港特别行政区须经中央人民政府特别许可外，其他船舶可根据香港特别行政区法律进出其港口"。第127条规定"香港特别行政区的私营航运及与航运有关的企业和私营集装箱码头，可继续自由经营"。第128条规定"香港特区政府应提供条件和采取措施，以保持香港的国际和区域航空中心的地位"。第130条规定"香港特别行政区自行负责民用航空的日常业务和技术管理，包括机场管理，在香港特别行政区飞行情报区内提供空中交通服务，和履行国际民用航空组织的区域性航行规划程序所规定的其他职责"。

相关链接：自由港

自由港（free port）是指全部或绝大多数外国商品可以免税进出的港口，划在一国的关税国境（即"关境"）以外。

自由港不仅要有良好的硬环境，各项基础设施、服务设施完善，能满足航运业的各种要求，陆上集疏运条件优越，信息现代化程度高，而且要求有良好的软环境，有一系列特殊政策和措施，并形成法规。要有高的办事效率和良好的文化生活环境，还应有各类适应外向型经济的专门人才。

最早的自由港出现于欧洲，13世纪法国已开辟马赛港为自由贸易区。1547年，热那亚共和国正式将热那亚湾的里南那港定名为世界上第一个自由港。其后，为了扩大对外的国际贸易，一些欧洲国家陆续将一些港口城市开辟为自由港。至今，全球自由港的数量已上升至130多个。

（2）香港转口贸易

香港的转口贸易在对外贸易交流中占有绝对的重要地位。"香港对外贸易发展历程划分为三个阶段，即以转口贸易为主的远东转口港阶段（1840—1951年）、港产品出口为主的世界贸易中心阶段（1951—1984年）和转口港再度兴起的阶段（1985年至今）。"①

转口贸易是香港与内地的主要贸易形式"一般估计，在19世纪40年代末期，香港的总出口汇总有约八成属于转口，绝大部分与中国有关。"② 经过大约100年的发展"1950年香港转口额约占全部出口额的89%（包括香港对内地的出口）"③。第二次世界大战之后，欧美商人获得在中国沿海经营航运的特权，大批西方船公司进驻香港，香港开辟多条国际及港内航线，香港港口与航运业获得新的投资，得以加速发展。改革开放初期，随着港资北上设厂，港资内地产品增多，这些产品均经过香港转口到其他国家，进一步推动香港转口贸易港的发展。"从转口贸易的增长情况看，1980年至1989年转口贸易年均增长率高达31.2%，1990年至1999年的年均增长率也达到12.33%。"④

1997年香港主权移交回中国，香港与内地的经济联系更近一

---

① 毛艳华：《香港对外贸易发展研究》，北京大学出版社2009年版，第51页。
② 网赓武：《香港史新编》，生活·读书·新知三联书店1997年版，第298页。
③ ［英］戴维·莱恩布里奇：《香港的营业环境》，牛津大学出版社1980年版，第24页。
④ 毛艳华：《香港对外贸易发展研究》，北京大学出版社2009年版，第92页。

步。香港与内地转口贸易不仅为香港带来巨大的直接利益,而且对香港经济增长、就业及经济转型都具有正面的传导作用。其中,在1990—2012年期间,香港在与内地转口贸易中获得的毛利高达62186.32亿港元。①

近年来,香港转口贸易增幅虽然放缓,盐田港、赤湾港分流了输港货物,但是,由于区内货物进出口量呈逐年增长态势,转口贸易依然是香港对外贸易的主要形式,香港转口港依然发挥着重要作用,并在转口贸易基础上发展了离岸贸易。

2. 以独立关税区与低税制为核心的商贸优势

支撑香港国际商贸中心有两大支柱,即低税制与独立关税区。香港的低税制是其他地区无法模仿的。香港回归之后,香港不向中央上缴任何一分钱,中央负责香港的防务,正是由于"一国两制"的制度安排,香港才有条件长期推行低税制。

(1) 香港的低税制

香港采取固定单一税率,香港没有资本增值税、利息税、股息税、销售税、增值税,以及其他隐蔽的间接税,主要税种薪俸税(个人所得税)的标准税率是15%,利得税(公司所得税)的标准税率是16.5%。

香港的税制以地域为课税基础,只向在香港产生的利润及收入征税,香港税务局对来源于香港以外的利润不征税。香港的地域征税安排与许多国家的全球征税安排不同。这种征税安排给予企业运作空间,即可以通过香港转口贸易而合法降低企业税务成本,加快资金运转,增加企业利润。

香港税制的独立性与稳定性受到保护。《基本法》第108条规定"香港特别行政区实行独立的税收制度。香港特别行政区参照原在香港实行的低税政策,自行立法规定税种、税率、税收宽免和其他税务事项"。

(2) 香港独立关税区

香港获得独立关税区地位从制度上巩固了香港国际商贸中心

---

① 赖明明:《香港转口贸易》,经济日报出版社2016年版,第164页。

地位。1948年1月关贸总协定 GATT（世界贸易组织 WTO 的前身）成立时，赋予香港的"单独关税区"（The Separate Customs Territory）地位，确认香港可以非主权地区实行主权国家的进出口海关税收制度。

在中国加入 WTO 之前，香港可以单独获得欧美发达国家分配的进口配额，香港的配额不计算入内地的配额之中。如果香港不是独立的关税区，就不可能有此安排。在 WTO 的制度体系中，香港有单独的贸易关税，并且拥有充分的国际经贸自主权力，有权自主处理 WTO 协定中规定的所有措施，例如关税减让、给予最惠国待遇与国民待遇、原产地标记等。

香港独立关税区地位是资本主义制度在国际贸易体系中的自然延伸。资本主义制度的核心是保护私有产权神圣不可侵犯。在人类社会发展史中，唯物史观认为资本主义比封建制度更为优越。在资本主义制度下，财产权得到充分保护，有恒产就有恒心。这种制度安排一方面可以推动资金投入扩大再生产，推动经济增长；另一方面可以吸引更多资金流入香港，推动香港保持商贸活跃，繁荣稳定。

《基本法》确定香港社会制度与独立关税区制度。《基本法》第5条规定"香港特别行政区不实行社会主义制度和政策，保持原有的市场经济制度和生活方式，五十年不变"。《基本法》第116条规定"香港特别行政区为单独的关税地区。香港特别行政区可以香港的名义参加《关税和贸易总协定》、关于国际纺织品贸易安排等有关国际组织和国际贸易协定，包括优惠贸易安排。香港特别行政区所取得的和以前取得仍继续有效的出口配额、关税优惠和达成的其他类似安排，全由香港特别行政区享有"。

3. 以外汇自由兑换与联系汇率为核心的金融优势

支撑香港国际金融中心有两大支柱，即外汇自由兑换与联系汇率。

关于现代金融制度的研究中，蒙代尔·弗莱明模型（Mundell—Fleming Mode）的核心观点是，独立的货币政策、固定汇率、资本自由流动，这三个政策目标是无法同时实现的。三个变量可以构成三种制度安排：（1）独立货币政策＋资本自由流动，放弃固定汇率；（2）固定汇率＋资本自由流动，放弃独立的货币政策；（3）独立货币政策＋固定汇率，放弃资本自由流动。如表1－1所示。

表1－1　　　　　　现代金融三种制度安排与经济发展

	制度安排	经济规模	经济状况	发展阶段
1	独立货币政策＋资本自由流动，放弃固定汇率	较大经济体	独立经济体	发达经济体
2	固定汇率＋资本自由流动，放弃独立的货币政策	较小经济体	附属经济体	发达经济体
3	独立货币政策＋固定汇率，放弃资本自由流动	较大经济体	独立经济体	发展中经济体

资料来源：根据国际金融与国际贸易相关资料整理。

面对固定汇率、资本自由流动、放弃独立的货币政策的"三选二"，香港金融制度选择的是"固定汇率（港元紧盯美元的联系汇率）＋资本自由流动（香港没有外汇管制），放弃独立的货币政策（香港没有中央银行）"。这种选择可以减少港元波动，降低全球资本进出香港的风险，增加香港对以美元资本为主的全球资本的吸引力。这种金融制度安排是上海、深圳所无法模仿的，构成香港国际金融中心的核心竞争力。

（1）外汇自由兑换

香港没有外汇管制，允许资金自由流动，允许货币自由汇兑，对外来投资者一视同仁。

《基本法》第112条规定"香港特别行政区不实行外汇管制政策。港元自由兑换。继续开放外汇、黄金、证券、期货等市场。香港特区政府保障资金的流动和进出自由"。

（2）港元联系汇率

自1983年10月17日开始，香港开始实行联系汇率制度。香港金管局的主要职责是维护香港联系汇率制度。值得注意的是，香港联系汇率制度推出的时间恰在《中英联合声明》公布之前，这进一步证明冀望通过联系汇率制度保持香港稳定及维护港人信心。"香港联系汇率制度经受住了1987年股灾、1990年波斯湾战争、1992年英镑危机、1994年墨西哥货币危机、1997年亚洲金融危机、2003年非典、2008年国际金融海啸的冲击，被证明是保持香港经济平稳发展最有效的汇率制度。"①

《基本法》第110条规定"香港特别行政区的货币金融制度由法律规定。香港特区政府自行制定货币金融政策，保障金融企业和金融市场的经营自由，并依法进行管理和监督"。《基本法》第111条规定"港元为香港特别行政区法定货币，继续流通。港元的发行权属于香港特区政府。港元的发行须有百分之百的准备金。港元的发行制度和准备金制度，由法律规定"。

第四节　香港在历史上的贡献与中央对港立场

香港虽然只是弹丸之地，但其重要性与独特性是其他城市无法取代的。作为国际金融中心、商贸中心，以及远东最重要的转口贸易港，香港在经济层面上的重要性不言而喻；但是，香港的价值远非只有经济层面。

香港自鸦片战争之后登上历史舞台，打破了广州通商口岸的垄断地位，在珠三角地区形成了以广州与香港为"双龙头"对外贸易格局。1842年《南京条约》割让香港，允许"五口通商"。香港开始兴建转口港，发展转口贸易，与"广州十三行"② 交易的英商与

---

① 赖明明：《香港转口贸易》，经济日报出版社2016年版，第133页。
② 广州十三行是清政府指定专营对外贸易的垄断机构，位于珠江边上的中外交易场所，几乎所有亚洲、欧洲、美洲的主要国家和地区都与十三行发生过直接的贸易关系，被誉为"金山珠海，天子南库"。十三行独揽外贸长达85年，直至鸦片战争为止。

西方商人纷纷搬迁到香港。这等于宣布1757年乾隆"海禁"圣旨成为废纸。"新中国成立至改革开放前,内地实行自给自足的计划经济,珠三角对外联系大幅度萎缩,广州—香港南北轴趋于衰落。"① 香港不仅成为华南,而且成为内地最大的转口贸易港,发挥着中西方沟通交流的重要桥梁作用。

一 香港在历史上的独特贡献

香港的独特作用体现在两个方面:(1) 香港在历史发展中的作用在于其具有内地城市没有的特点,香港的作用是内地其他城市所无法取代的。香港之所以能够发挥独特作用,绝不仅仅在于香港拥有海港资源,绝不仅仅在于香港的经济体量,香港发挥独特作用与香港的经济体量有关,但这并不意味着香港 GDP 在国家 GDP 中所占的比重高,香港的作用就大,所占的比重小,香港的作用就小,经济体量只是一个因素,却不是最主要的因素。(2) 香港的作用往往体现于其在历史重要节点,发挥独特的作用,或者是在历史发展的低谷时期,或者是在历史发展的转折时期。

(一)香港在抗战时期发挥的作用

卢沟桥事变后,内地全面抗战,而此时的香港依然未被卷入战火之中。1937年10月初,毛泽东在延安与廖承志谈到在港设立八路军、新四军办事处的必要性。在抗战时期,香港特殊的地位使其发挥了其他城市不能发挥的作用。

1. 香港是抗战紧缺物质的转运港

香港是抗战初期内地与海外联系的唯一通道,成为争取国际援助的主要通道。在抗战第一阶段,来自于海外华侨华人的捐款与物质、苏联的援助、美国的援助,均是通过香港进入内地。1938年1月,"粤华公司"在港成立,它实际上是八路军香港办事处。公司通过经营转口贸易业务,把国际援助源源不断地转运到内地,有力地支持了内地正面抗战与敌后抗日根据地。

在从1931年"九一八"到1941年日军占领香港这10年期间,

---

① 马莉莉:《香港之路》,人民出版社2011年版,第305页。

香港对于抗战发挥的作用是任何一个内地城市所无法做到的。1937年，淞沪会战上海沦陷之后，香港就成为重庆国民政府与海外保持联系的唯一窗口。"对华战争全面爆发后，日本为了切断内地的物质供应，企图封锁整个中国海岸，只有那些外国港口除外，其中香港当然是最重要的港口。估计大约6万吨武器，从香港源源不断输入内地。"①

1938年，日军占领广州，香港与华南之间的交通路线被切断；但是，香港中转港的作用并未丧失，大批欧美输华物品经香港转运到越南，再经陆路运往广西、云南。作为远东最大转口港的香港，依然是刺破日本封锁的利剑。

2. 香港是秘密营救的据点

抗战期间，香港在秘密营救被捕抗日人士与提供抗日情报方面发挥了重要作用。

中国共产党拥有一条以香港为总站的华南秘密交通线，领导着一支具有战斗力的敌后抗战武装力量——东江纵队。随着国民党军队正面战场节节败退，整个华南地区逐步沦陷，由曾生司令员领导的东江纵队成为抗战时期活跃在华南地区的重要敌后武装力量，参与秘密营救被捕抗日人士与提供抗日情报成为东江纵队的重要任务。

东江纵队除营救被捕抗日人士，还为抗战时期陆续聚居香港的国共两党政军要员、进步文化人士，以及英美将士及其眷属提供资助与保护。东江纵队在营救过程中还与国民党，以及各类帮会组织相互配合，这充分体现了抗日爱国统一战线的伟大力量与中华民族面对"国家兴亡"危难关头、发挥"匹夫有责"与"精诚团结"的伟大民族精神。

香港在抗战时期一直是盟军收集情报、交换情报的重要据点。在日本偷袭珍珠港、太平洋战争爆发之前，周恩来指示廖承志与英军总司令秘密谈判，商议共同抗击可能入侵香港的日军。美国飞虎队队长陈纳德将军和英军服务团团长赖特上校，高度评价东江纵队

---

① [英] 弗兰克·韦尔什：《香港史》，中央编译出版社2009年版，第457页。

及其所属港九大队提供的准确情报。抗战胜利后,英国授予东江纵队港九独立大队国际联络组负责人、英文翻译黄作梅"英皇帝国勋章",邀请他参加伦敦胜利大游行。经毛泽东特批,黄作梅前往英国授勋。另外,抗战情报并不都是秘密渠道获得的,也源自对公开新闻与信息的分析。1939 年,左翼作家羊枣辗转来到香港,担任《星岛日报》"军事记者"。他对中国战场、太平洋战争,以及国际局势的精准预判,令其文章成为价值不菲的情报来源,羊枣在新闻界声名鹊起,被称为"新闻奇才"。

(二) 香港为新中国建立发挥的作用

1. 香港是进步人士北上的中转站

抗战胜利后,各方对香港地位的态度有所变化。国民政府要求英国归还香港,遭英拒绝。美国先是支持中国收回香港,麦克阿瑟将军命令,北纬 36 度以上地区包括香港,由中国战区长官受降,后又转为支持英国拒还香港。

1948 年 4 月 30 日,中共中央发出"五一口号",提出召开新政协建立新中国。同年 5 月 1 日,毛泽东致函在香港的"民革"主席李济深、"民盟"中央常委沈钧儒,征求他们对召开新政协的意见。

新华社香港分社、华商报等在港机构的工作人员,按照周恩来的部署,以文化机构负责人或文化人的身份安排民主党派和无党派民主人士秘密北上,参加新政协。从 1948 年 8 月到 1949 年 9 月,秘密北上 20 多批、1000 多名人士,其中 350 多名是民主人士。秘密北上人士中有 119 人出席全国政协第一届全体会议,占全体政协代表的 20%。

2. 香港是打破西方封锁的突破口

1950 年 6 月,朝鲜战争爆发。1951 年 10 月,美国通过《巴特尔法案》,决定对向中国运送战略物资的国家与地区停止美援。香港与内地转口贸易额急速下跌。

值得关注的是,港英政府在处理内地转口贸易问题上没有采用"一刀切"政策,在美国施压下,只是逐步收紧对华贸易。1952 年 2 月 19 日,港英政府修订输入"特定物品"的管制法令。

另外,面对"禁运",港商巧妙地将对华公开贸易转为地下交易。以霍英东为代表的众多"走私者",将大批橡胶、五金机械、医疗器械,以及药品等战略物资运往内地以支援抗美援朝战争。20世纪80年代,廖承志认为霍英东所谓的"走私",其实是帮运军事物资,他为抗美援朝做出了杰出贡献。

"联合国军"总司令麦克阿瑟曾表示,在对中国实行严格禁运的情况下,中国仍然能够通过各种渠道获得重要的军事物资,香港并没有忠实地履行作为盟友的应尽义务,没有实行严格的禁运政策。麦克阿瑟的话充分证明香港在突破西方封锁中所发挥的重要作用。

3. 香港是内地进出口的转口港

朝鲜战争结束后,西方并没有解除对新中国的经济封锁。香港长时间扮演了内地与世界交流通道的角色。

在西方对新中国实施封锁的大环境下,香港作为紧缺战略物资的"地下"转口港,粉碎了西方孤立、封锁和包围,内地通过香港转口贸易赚取了国家建设需要的外汇,香港的转口港与特殊存在对新中国的建设发挥着重要作用。香港成为内地与西方国家保持联系的一个通道,它不仅是转口贸易的"硬通道",也是文化交流的"软通道"。

二 中央对港立场

中央对香港的基本立场是坚持一个中国原则,不承认涉及香港问题的三个不平等条约①,取消一切不平等条约,收回香港主权,实现统一祖国,实行"一国两制",维护香港繁荣稳定。

中央对香港的基本立场一直未变,变的只是对香港的具体政策。

(一)"长期打算,充分利用"

1. 新中国成立之前对港立场

日本宣布投降后不久,毛泽东在延安干部会上提出"针锋相对、寸土必争"八字方针。朱德电令华南抗日纵队包括东江纵队就地受降。周恩来电令中共广东区委不要强攻广州、汕头,但需要随

---

① 1842年《南京条约》、1860年《北京条约》、1898年《展拓香港界址专条》。

时准备武装攻占。1945年8月底，东江纵队及其所属港九独立大队解放了邻近香港的沙头角、深圳等地，控制了占香港90%以上面积的新界全境和九龙大部分地区。

为了揭露国民党"假和谈，真内战"的本来面目，1945年，毛泽东决定接受蒋介石邀请赴重庆参加谈判。重庆谈判协议中将广东包括香港列为我军让出的第一批地区之一。中央做出撤出香港的决定，命令港九独立大队撤离香港。

1946年12月，毛泽东在延安会见三位西方记者，在回答中国共产党对香港态度的提问时，讲了一段话，包含三层意思：一是"我们现在不提出立即归还的要求"。二是"中国那么大，许多地方都没有管理好，先急于要这块小地方干吗？"三是"将来可按协商办法解决"。① 这是我们所看到的、最早的关于暂不收回香港这一重大战略决策的正式表述。

1947年5月，新华社香港分社创立并发出第一份新闻稿。新华社香港分社充分利用香港的特殊地位，创办香港屯门的达德书院。②

1948年12月，解放战争三大战役结束，中共中央发出外交工作指示，帝国主义在华的特权必须取消。国民党败局已定，港英政府非常紧张，担心解放军解放香港。

1949年2月，毛泽东在西柏坡对秘密访华的斯大林特使说："急于解决香港的问题"没有多大意义，"相反，恐怕利用这两地的原来地位，特别是香港，对我们发展海外关系、进出口贸易更为有利些"。③

1949年2月9日，《文汇报》社论指出："中国正在进行轰轰烈烈的新民主主义革命，迄目前为止，没有一言一动牵涉到香港。"2月17日，《大公报》社论《乐观香港前途》说："展望未来，香港应该与内地建立良好的联系，尽量发挥其物资集散交通衔接作用，使香港得到真正合理的繁荣。"香港《文汇报》和《大公报》的这

---

① 《毛泽东文集》第4卷，人民出版社1996年版，第207页。
② 达德书院是中国共产党与民主党派合作在香港建立的一所新型学院，书院培养了大批建立新中国急需的统战干部。在书院任教的知名学者有何香凝、郭沫若、乔冠华、茅盾、曹禺、邓初民、侯外庐、沈志远、千家驹、许涤新、黄药眠、胡绳、钟敬文、翦伯赞。
③ 毛泽东传（1893—1949）》，中央文献出版社2004年版，第948页。

两篇社论传递了中央对港的基本政策。

2. 新中国成立以来对港立场

中华人民共和国成立以来，中央制定了"长期打算，充分利用"的对香港政策，并未就香港的前途问题发表过任何正式声明，只是通过香港《文汇报》传递出暂时维护香港现状的信息。

中国人民解放军随之做出了相应的调动与部署。1949年10月17日，四野先头部队抵达深圳。1949年10月19日，陆续接管南头、沙头角等地方。出乎英军意料，锐不可当的四野抵达深圳河就停止推进。1951年1月，边防军取代野战军正式进驻深圳，深港之间的紧张关系开始缓和。在这期间，中央对于香港问题的公开表述是"我们一贯主张，在适当时机通过谈判和平解决，在未解决之前暂时维持现状"[①]。

中英在香港问题上的"默契"，也体现于中英关系与中国同其他西方大国的关系有所不同。英国是第一个承认中华人民共和国的西方大国。1950年1月，中英双方启动了"半建交"谈判。1954年6月，中英互设代办处。

尽管执行的是"长期打算，充分利用"的路线方针，但是，中央对于企图通过香港颠覆中央，以及分裂香港的行径绝不姑息，坚决斗争。1956年10月，周恩来召见英驻华临时代办谈话："香港不能成为颠覆中华人民共和国政府的基地。"1987年4月，邓小平接见香港基本法草委时指出："九七"后香港不能成为"打着'民主'的幌子的基地"。2017年7月，习近平总书记参加香港回归20周年庆典时指出："任何危害国家主权安全、挑战中央权力和香港特别行政区基本法权威、利用香港对内地进行渗透破坏的活动，都是对底线的触碰，是绝不能允许的。"[②]

(二)"一国两制"的形成与完善

1."一国两制"解决香港问题

20世纪70年代，国内外经济与政治形势发生了深刻的变化。

---

① 吴学谦：《就提请审议中英关于香港问题协议文件向全国人大常委会的报告》，《人民日报》1984年11月6日。

② 中共中央党史和文献研究院编：《习近平关于总体国家安全观论述摘编》，中央文献出版社2018年版，第48页。

美苏两个超级大国之间的矛盾加剧，资本主义制度与社会主义制度之间对抗缓和，和平与发展成为世界的主流。

1974年，81岁高龄的毛泽东在会见英国首相希思谈到中国统一的问题时，他指着在场的邓小平说：这是他们的事了，这个问题交给年轻人去解决吧。①

"一国两制"是历史与时代的产物，这一构想是在党的十一届三中全会之后从解决台湾问题与港澳问题出发而提出来的。

20世纪70年代，随着1997年租借新界归还时间的临近，香港商界开始忧虑港英政府批出的新界土地契约可否跨越1997年，以及涉及新界的土地契约在1997年以后是否生效。

1979年3月，港督麦理浩爵士首度访华，试探中方在香港问题上的立场。邓小平对来访的港督麦里浩爵士表示，香港是中国的一部分，但我们把香港作为一个特殊地区，特殊问题来处理，香港搞它的资本主义，我们搞我们的社会主义。②

1982年4月6日，邓小平在会见英国前首相希思时，第一次提出用"一国两制"解决香港问题，他指出：香港的主权是中国的，中国要维护香港作为自由港和国际金融中心的地位，也不影响外国人在那里的投资，在这个前提下，由香港人，包括在香港的外国人管理香港。对于中国收回香港的决心，不容置疑，不容谈判；但是，对于如何整理香港则可商议。③

1982年9月22日，英国首相撒切尔夫人访问中国，正式拉开中英双方关于香港问题谈判的序幕。"铁娘子"硬碰"硬汉"。谈判伊始，撒切尔夫人断言中国取代英国在港管治，香港就会崩溃，会危及中国的"四化"建设，抛出"三个条约有效论"。其实，英国人兜里揣了三个方案：（1）继续租用新界；（2）只归还新界，在香港岛与九龙继续殖民统治；（3）用香港的"主权"换英国的"治

---

① 毛泽东同希恩谈话记录，1974年5月25日。
② 中国革命博物馆党史研究室编：《共和国重大历史事件述实》，人民出版社1999年版，第306页。
③ 中共中央文献研究室编：《邓小平思想年编（1975—1997）》，中央文献出版社2011年版，第410页。

权"。

面对撒切尔夫人的强势，邓小平针锋相对地指出，"关于主权问题，中国在这个问题上没有回旋余地。坦率地讲，主权问题不是一个可以讨论的问题。现在时机成熟了，应该明确肯定：一九九七年中国将收回香港。就是说，中国要收回的不仅是新界，而且包括香港岛、九龙。中国和英国就是在这个前提下来进行谈判，商讨解决香港问题的方针和办法"[①]。随后，邓小平封死了"铁娘子"讨价还价的企图，强调指出："至于说一旦中国宣布一九九七年要收回香港，香港就可能发生波动，我的看法是小波动不可避免，如果中英两国抱着合作的态度来解决这个问题，就能避免大的波动。我还要告诉夫人，中国政府在做出这个决策的时候，各种可能都估计到了。我们还考虑了我们不愿意考虑的一个问题，就是如果在十五年的过渡时期内香港发生了严重的波动，怎么办？那时，中国政府将被迫不得不对收回的时间和方式另作考虑。如果说宣布要收回香港就会像夫人说的'带来灾难性的影响'，那我们要勇敢地面对这个灾难，做出决策。"[②]

撒切尔夫人在"矮个子硬汉"邓小平面前无计可施，走出人民大会堂下台阶时，精神恍惚，突然跌了一跤。

1982年12月，全国人大三届五次会议通过《中华人民共和国宪法》第31条，即"国家在必要时得设立特别行政区，在特别行政区实行的制度按照具体情况由全国人民代表大会以法律规定"。这为中国收回香港后实行"一国两制"提供了法律依据。

1983年10月14日，撒切尔夫人致函中国领导人，表示英方不再坚持"以主权换治权"的立场，但又提出一个无理要求，提出九七香港回归后保留一名英国总督。中方予以拒绝。最后，撒切尔夫人不得不让步接受中方"一国两制"。

1984年2月22日，邓小平在会见美国乔治城大学战略与国际问题研究中心主任布热津斯基时，集中阐述"一个中国，两种制度"的构想。

---

① 《邓小平文选》第3卷，人民出版社1993年版，第12页。
② 同上书，第14页。

1984年6月22日和23日,邓小平在会见香港工商界访京团和香港知名人士钟士元一行时指出:"我们的政策是实行'一国两制',具体说,就是在中华人民共和国内,十亿人口的大陆实行社会主义制度,香港、台湾实行资本主义制度。""中国的主体必须是社会主义,但允许国内某些区域实行资本主义制度,比如香港、台湾。"① 这次讲话标志着邓小平"一国两制"理论正式形成。

1984年10月,《瞭望》周刊刊文《一个意义重大的构想——邓小平同志谈"一个国家,两种制度"》,首次对"一国两制"构想做了全面阐述。"一国两制"原则的概念非常明确,那就是"一国"与"两制"是相互联系的,没有"一国",就没有"两制",只有坚持与尊重"一国","两制"才有存在与发展的空间。

1984年12月19日,中英双方在北京人民大会堂正式签署《中华人民共和国政府和大不列颠及北爱尔兰联合王国政府关于香港问题的联合声明》(简称《中英联合声明》)。《中英联合声明》向全世界宣告:中国政府将于1997年7月1日对香港恢复行使主权,英国将在同日把香港交还中国。

2. 坚持和完善"一国两制"制度

20世纪90年代末,香港与澳门相继顺利回归。"一国两制"开始伟大的实践,港澳繁荣稳定是"一国两制"优势的体现。

早在1982年,邓小平就指出:"我们对香港问题的基本立场是明确的,这里主要有三个问题。一个是主权问题;再一个问题,是一九九七年后中国采取什么方式来管理香港,继续保持香港繁荣;第三个问题,是中国和英国两国政府要妥善商谈如何使香港从现在到一九九七年的十五年中不出现大的波动。"② 邓小平实质上提出了检验"一国两制"是否成功的两个标准:第一是"九七"回归前,香港是否能实现平稳过渡;第二是"九七"回归后,香港是否能"保持长期稳定和繁荣"。

1989年,江泽民在会见英国首相特使柯利达时也表达了对香港平稳过渡的关注,他表示:"一九九七年七月一日交接之前,香港

---

① 《邓小平文选》第3卷,人民出版社1993年版,第58—59页。
② 同上书,第12页。

图 1-8　位于香港金钟添马舰的解放军驻港部队（左侧建筑）（李静　摄）

必须有一个平稳的过渡期，我希望双方能从香港的根本利益出发，就民意问题取得共识。"① 2012 年，胡锦涛在香港回归十五周年庆典上也表达了中央对香港同样的期望，他指出："这些年来，中央政府把保持香港长期繁荣稳定作为新时期治国理政的重大课题。"②

香港回归之后，中央推出多项"惠港措施"。1997—1998 年亚洲金融风暴、2003 年"非典"、2008 年国际金融海啸严重冲击了香港经济，中央"惠港政策"发挥了稳定香港经济形势的重要作用。

香港繁荣与稳定是相互联系的。没有繁荣就无法保持稳定，没有稳定就无法保持繁荣。繁荣稳定的问题归根结底是准确理解与把握"一国两制"的问题。

党的十八大以来，习近平总书记从统一和发展两个基本点上对邓小平"一国两制"构想做了进一步丰富和深化，从国家治理能力现代化与治理体系现代化顶层设计的高度，提出了确立特别行政区宪制秩序和支持港澳融入国家发展大局的战略部署，是指导"一国

---

①《江泽民文选》第 1 卷，人民出版社 2006 年版，第 81 页。
②《十七大以来重要文献选编（下）》，中央文献出版社 2013 年版，第 1028 页。

两制"实践不动摇、不走样、不变形的行动纲领,对维护国家主权,保持港澳长期繁荣稳定具有极其重要的指导意义。

香港要保持稳定,就要始终准确把握"一国"与"两制"的辩证关系,换句话说就是要准确把握《中华人民共和国宪法》与《基本法》的关系。在实践中,要求必须牢固树立"一国"的意识,坚守"一国"的原则,把中央依法行使权力和特别行政区履行主体责任有机结合起来,维护和巩固特别行政区宪制秩序。

香港要保持繁荣,就要保持稳定,坚持开放。第一,把"稳定"作为第一要义。要维护和巩固特别行政区宪制秩序,捍卫国家的主权、安全、发展利益。第二,要把"发展"作为繁荣的关键。要坚持发展才是硬道理这个简单而永恒的道理,围绕发展经济、改善民生这个主旋律,推动香港经济结构、产业结构转型升级;发挥好"一国两制"的制度优势,在"一带一路"建设中分享国家发展的红利与时代发展的红利,在"一国两制"制度下发挥港澳独特作用,把握发展机遇,用好国家各项"惠港"政策。

高度肯定"一国两制"原则。2014年8月20日,习近平总书记在纪念邓小平同志诞辰110周年座谈会的讲话中指出:"他(邓小平)创造性提出'一国两制'科学构想,指导我们实现香港、澳门平稳过渡和顺利回归,推动海峡两岸关系打开新局面。"①

强调推进"一国两制"事业维护港澳繁荣稳定。习近平总书记在庆祝中华人民共和国成立65周年招待会上的讲话中指出:"不断推进'一国两制'事业,是包括香港同胞、澳门同胞在内的全体中华儿女的共同愿望,符合国家根本利益和香港、澳门长远利益。中央政府将坚定不移贯彻'一国两制'方针和基本法,坚定不移维护香港、澳门长期繁荣稳定。"②

2017年7月1日,习近平总书记在庆祝香港回归祖国20周年暨香港特别行政区第五届政府就职典礼上发表重要讲话,这是新时

---

① 《习近平在纪念邓小平同志诞辰110周年座谈会上的讲话》,2014年8月21日,人民网(http://jhsjk.people.cn/article/25507193)。
② 《在庆祝中华人民共和国成立65周年招待会上的讲话》,2014年10月1日,人民网(http://politics.people.com.cn/n/2014/1001/c1024-25769845.html)。

代习近平总书记中国特色社会主义思想的重要组成部分,体现了坚持和完善"一国两制"制度,保持香港繁荣稳定,促进祖国和平统一的"初心"。

习近平总书记在讲话中指出:"回归祖国怀抱的香港已经融入中华民族伟大复兴的壮阔征程。作为直辖于中央政府的一个特别行政区,香港从回归之日起,重新纳入国家治理体系。中央政府依照宪法和香港特别行政区基本法对香港实行管治,与之相应的特别型政府制度和体制得以确立。"① 在这里,习近平总书记强调了"纳入国家治理体系""依照宪法与香港特别行政区基本法"。

习近平总书记对"一国两制"宪制秩序做出了一系列重要的论述,从统一和发展这两个基本点上对邓小平提出的"一国两制"的伟大构想进行了丰富和深化。"一国两制"的主要思想,归纳地说,是两个基本点,即统一和发展,这也可以说是"一国两制"的初心。为保证"一国两制"实践行稳致远,全面准确贯彻"一国两制"方针,"要旨是维护国家的主权、安全、发展利益,保持香港、澳门的繁荣稳定,要义是正确把握'一国'与'两制'的关系"②。

关于香港回归后遇到的困难与问题,习近平总书记不回避香港回归后面对的问题,他心平气和地表示:"当前,'一国两制'在香港的实践中遇到一些新情况新问题。香港维护国家主权、安全、发展利益的制度还需要完善,对国家历史、民族文化的教育宣传有待加强,社会在一些重大政治法律问题上还缺乏共识,经济发展也面临不少挑战,传统优势相对减弱,新的经济增长点尚未形成,住房等民生问题比较突出。"③

那么,怎么办?习近平总书记以平易近人的大白话谈了四点意见。"第一,始终准确把握'一国'和'两制'的关系。'一国'是根,根深才能叶茂;'一国'是本,本固才能枝茂。"④ "始终依

---

① 《习近平谈治国理政》第 2 卷,外文出版社 2018 年版,第 433 页。
② 《坚定维护香港特别行政区宪制秩序》,2019 年 8 月 26 日,人民网(http://paper.people.com.cn/rmrbhwb/html/2019-08/26/content_1943224.htm)。
③ 《习近平谈治国理政》第 2 卷,外文出版社 2018 年版,第 435 页。
④ 同上。

照宪法和基本法办事。"①"第三，始终聚焦发展这个第一要务。发展是永恒的主题，是香港的立身之本，也是解决香港各种问题的金钥匙。"②"第四，始终维护和谐稳定的社会环境。"③ 最后，习近平总书记强调："只有团结起来，和衷共济，才能把香港这个共同家园建设好。"

---

① 《习近平谈治国理政》第 2 卷，外文出版社 2018 年版，第 436 页。
② 同上。
③ 同上书，第 437 页。

第二章　深港合作的时光年轮

小河弯弯向南流
流到香江去看一看
东方之珠　我的爱人
你的风采是否浪漫依然
月儿弯弯的海港
夜色深深　灯火闪亮
东方之珠　整夜未眠
守着沧海桑田变幻的诺言
让海风吹拂了五千年
每一滴泪珠仿佛都说出你的尊严
让海潮伴我来保佑你
请别忘记我永远不变黄色的脸

——《东方之珠》，罗大佑作词作曲

深港合作见证了改革开放的历程，见证了香港回归的历程。深港合作40年的历史，实际上是一部改革开放从理论到现实的历史，是一部"一国两制"从原则到制度的历史。

深港合作40年对于深圳而言，是学习香港、借鉴香港、服务香港的历程；深港合作40年对于香港而言，是市场经济引领者与现代服务中介人，在引领深圳建立市场经济与发展的基础上成功完成了香港经济转型升级为现代服务业经济体的历程。深港合作40年，是深港携手融入全球化潮流与加入国际分工体系的历程，是探索"一国"内分属"两种制度"城市创新合作的历程。

深港合作40年大致经历了三个阶段：

第一阶段是深港合作起步探索阶段（1980年创办深圳经济特区至1991年）。《深港合作40年》一书是以1980年8月26日创办深圳经济特区为深港合作的正式起点。其实，香港与宝安地区的合作由来已久。深圳经济特区是在宝安划出一块区域创办的，随着深圳的发展，现在的宝安成了深圳的一个区。深圳之所以被确定为第一个经济特区，这与党的十一届三中全会有着直接关联。1978年12月，中国共产党十一届三中全会在北京召开。全会确立了解放思想、实事求是的指导思想，确定把党和国家的工作重点转移到经济建设上来，并实行改革开放的重大战略决策，从此中国走上了改革开放、探索并推进有中国特色社会主义的正确道路。时任广东省委第一书记习仲勋与其他广东省领导解放思想、实事求是、敢闯敢干、求真务实的工作作风，对于推动创办深圳经济特区发挥了重要的作用。深港合作处于起步与探索阶段。

第二阶段是深港合作的转型起飞阶段（1992年邓小平"南方之行"至2011年）。1992年春节前，邓小平南方之行，坚定了处于十字路口的中国继续建设有中国特色社会主义的决心与信心。面对苏东社会主义阵营分崩离析，是继续坚持社会主义，还是放弃社会主义？是继续改革开放，还是"走回头路"？邓小平以无产阶级革命家的高瞻远瞩，再次吹响改革开放集结号，深港合作进入转型与起飞阶段。

第三阶段是深港合作创新驱动发展阶段（2012年党的十八大至今）。2012年11月，党的十八大召开，这是在全面建设小康社会的关键时期与改革开放处于攻坚阶段召开的一次十分重要的会议，大会做出了全面建设小康社会、加快推进社会主义现代化、开创中国特色社会主义事业新局面的决定。深港合作迈入创新驱动发展的新阶段。

第一节　深港合作起步探索阶段

1979年那是一个春天

有一位老人在中国的南海边画了一个圈

神话般地崛起座座城

奇迹般聚起座座金山

春雷啊唤醒了长城内外

春晖啊暖透了大江两岸

啊 中国 啊 中国

你迈开了气壮山河的新步伐

你迈开了气壮山河的新步伐

走进万象更新的春天

——《春天的故事》，蒋开儒、叶旭全作词，王佑贵作曲

1979—1991 年，是深港合作起步探索阶段。

1978 年，党的十一届三中全会召开确定了改革开放的国策。改革开放是"关键一招"，正是因为改革开放，才有了创办经济特区的设想；正是由于毗邻香港，经济特区才选择了深圳。1979 年，中美建交，中国开始融入经济全球化的浪潮中，"和平与发展"成为时代的主题。

但是，仅有"天时"与"地利"是不够的。山高人为峰。"人和"是最重要的一环。改革开放伟大事业是以邓小平同志为核心的党的第二代中央领导集体带领全党全国各族人民开创的。深圳经济特区的创办，离不开以邓小平同志为核心的党的第二代中央领导的集体智慧与胆识，离不开以时任广东省委第一书记习仲勋为核心的广东省领导干部的实事求是与先行先试。广东省率先提出要求"放权"，"先试一步"，设立"加工贸易区"。上下同欲者胜。深圳经济特区就是在这样"天时，地利，人和"具备的基础上诞生的。

1979 年，深圳 GDP 为 1.96 亿元，人均 GDP 为 606 元，社会消费品零售总额为 1.13 亿元，进出口总额为 0.17 亿美元，出口总额为 930 万美元，一般公共预算收入为 0.17 亿元。在 1979—1991 年发展阶段，深圳从一个小渔村发展为一个粗具规模的新兴城市。

1991年，深圳GDP为174.46亿元，①深圳13年期间以GDP年均增长37.4%的好成绩，远远超越同期全国9.5%和全省14.1%的平均水平。

1979年，香港GDP为225.26亿美元，人均GDP为4569美元。1991年，香港GDP为889.6亿美元，人均GDP为1.55万美元。

这一阶段深港合作的主要特点是：

第一，深圳经济特区成立开启了深港合作。深港合作成功解决了"逃港"潮问题。蛇口工业区成为港资北上设厂的首选地区。两地往来增加推动了深港口岸扩容。《中英联合声明》消除了深港合作的不确定性。

第二，深圳在学习香港、借鉴香港中推动改革开放与城市建设。深圳的土地使用制度改革、住房分配制度改革、工程招投标制度改革、银行与金融体制改革，都直接学习与借鉴了香港的成功经验。"香港因素"对于深圳经济特区建设与发展发挥了关键作用。

第三，香港在投资深圳的同时成功实现了经济转型。香港通过在深圳设厂，降低了生产成本，利用了内地的人口红利，推动了本港经济增长，保持了香港繁荣稳定。港商在支持深圳改革开放的同时，也获得了巨大的利润与发展，香港与深圳实现了"双赢"的发展。

在1978—1991年期间，与深港合作有直接关联，或者间接影响深港合作的事件主要包括有：

1978年，习仲勋去宝安县调研"逃港潮"，提出兴办"加工工业区""贸易合作区"。深圳文锦渡口岸经国务院批准后对外开放。

1979年，中共广东省委决定将宝安县改为深圳。习仲勋大胆向中央领导同志提出希望中央给点权，让广东先走一步，放手干，其中包括在广东设立"贸易合作区"（后定名为"经济特区"）。国家计委和外贸部共同出台《港澳经济考察报告》，提出把靠近港澳的广东宝安、珠海划成出口基地。中共中央和国务院决定在深圳蛇口举办工业区，由香港招商局集资并负责组织实施。国务院发文批复

---

① 深圳市统计局：《1991年深圳市国民经济和社会发展统计公报》，《特区经济》1991年第3期，第57—59页。

宝安县外资基地和市政建设规划设想。要求把宝安建设成为具有相当水平的工农业相结合的出口商品生产基地，吸收港澳游客的游览区和新型的边防城市。中央下发《中共中央、国务院批转广东省委、福建省委关于对外经济活动实行特殊政策和灵活措施的两个报告》（中发〔1979〕50号文件），同意创办出口特区。港督麦理浩爵士访问北京。

1980年8月26日，中华人民共和国第五届全国人民代表大会常务委员会第十五次会议正式宣布，在深圳设置"经济特区"。毗邻香港的罗湖建设工程启动，从而拉开深圳经济特区大规模建设的序幕。香港方面宣布取消"抵垒"政策，开始实施"即捕即解"政策，规定15岁及以上的香港市民必须携带身份证出街。深圳率先进行价格改革，采用劳动合同制打破"铁饭碗"，蛇口工业区启动职工住房商品化改革。

1981年，香港北角精工发品厂发生1971年以来最严重的工厂火灾。香港总督麦理浩爵士一行访问深圳。深圳蛇口港正式对外开放，深圳拥有了第一个海港口岸。深圳通过《关于加快深圳经济特区建设的意见》（13条）和《关于恢复宝安县建制的几项政策措施》（20条）。广东省五届人大会常务委员第十三次会议通过和公布《广东省经济特区入境出境人员管理暂行规定》《广东省经济特区企业登记管理暂行规定》和《深圳经济特区土地管理暂行规定》《广东省经济特区企业劳动工资管理暂行规定》四个单行法规。深圳决定推动行政改革制度，主动打破按行业、产品门类设置政府经济管理机构的旧模式，率先推动"工程招投标"制度，以及物业管理、对外招聘干部的改革。

1982年，中英双方在北京商讨香港前途问题。邓小平会见英国首相撒切尔夫人，提出收回香港的要求。第25任香港总督麦理浩爵士勋爵卸任，尤德接任第26任香港总督。南洋商业银行深圳分行开业，成为内地引进的第一家外资银行。深圳终结票证制度。深圳率先实行结构工资制，率先在三资企业推出养老保险制度。深圳市委机关报《深圳经济特区报》正式创刊，成为深圳经济特区权威媒体和第一大报。

1983年，中英两国正式开始谈判，确定香港的前途问题。香港实行联系汇率制度。香港工商界、教育界、文艺界、新闻界、卫生界55位知名人士访问深圳经济特区。深圳考察团一行途经香港考察。深港资企业合作改造深圳火车站和口岸联检大楼举行开工典礼。沙头角中英街由深港双方合作维修路面，费用各负担一半。内地第一家中外合作成立的电信运营商——深大电话有限公司，在深圳正式挂牌成立。深圳成立第一家股份制企业，发行新中国的第一张股票——"深宝安"。深圳成为内地第一个开始实行劳动用工合同制的城市。深圳开始探索合同制职工社会劳动保险制度的改革措施，出台《深圳实行社会劳动保险暂行规定》。

1984年，《中英联合声明》签署。香港知名人士140多人到深圳参加春茗座谈会。香港三菱商事株式会社、日本三井物产（香港）有限公司先后在深圳开设代表处。邓小平第一次视察深圳。广东省人民政府公示《深圳经济特区涉外经济合同规定》《深圳经济特区技术引进暂行规定》。"孺子牛"雕塑在深圳市委大院落成，成为深圳建设者开拓创新精神的象征。深圳创办科技工业园、科技商品交易所。

1985年，香港基本法起草委员会和咨询委员会成立。深圳文锦渡口岸新桥通车。深圳沙头角口岸启用。香港上海汇丰银行在深圳设立分行，这是外资银行在内地设立的第一家分行。深圳成立全国第一家外汇调剂中心。深圳率先实行暂住证制度。华侨城开始筹建，拉开了内地"主题公园"建设序幕。

1986年，深圳罗湖口岸新联检大楼竣工启用。当时的内地第一高楼——深圳国际贸易中心大厦建成。由蛇口工业区与港商合资兴建的蛇口金融中心大厦落成。《深圳经济特区国营企业股份化试点暂行规定》出台，开启了探索国有企业股份制改造试点。

1987年，香港爆发"87股灾"，香港联合交易所停市四天。全国第一座大型商用核电站——深圳大亚湾核电站主体工程正式开工，投入商用后大亚湾核电站每年将发电量的80%输送给香港。《深圳经济特区土地管理体制改革方案》出台，率先开放土地市场。深圳鼓励技术入股、兴办民营科技企业，催生了华为、中兴等一批高科技民营企业。内地第一家股份制商业银行——招商银行在深圳挂牌。1987年，内地第一家向社会公众公开发行股票、第一家公开上市交易的股份制商业银行——深圳发展银行成立。深圳设立沙头角保税工业区。

1988年，皇岗口岸正式启用。由深圳经济特区电力开发公司与香港合和电力（中国）有限公司合作兴建的沙角B电厂举行隆重的投产典礼。香港总督卫奕信爵士一行访问深圳。深圳首次以公开招标形式专门向"三资"企业和华侨、港澳同胞出让一块土地的使用权。国务院批准深圳在国家计划中实行单列。深圳发展银行发行的股票正式挂牌上市，该行遂成为我国第一家股票上市的银行。《深圳经济特区住房制度改革方案》出台，"商品房"开始从深圳走向全国。赛格电子配套市场建成。内地第一家由企业创办的股份制保险机构——深圳平安保险公司成立。在内地城市中率先确定发展高新技术产业的《深圳经济特区加快高新技术及其产业发展暂行规定》出台。

1989年，《香港特别行政区基本法草案》颁布。国务院正式批准将深圳皇岗开辟为对外开放口岸。落马洲口岸货检通道正式通车。香港首次自愿遣返越南船民。香港东区海底隧道启用。香港文化中心启用。《深圳经济特区居屋发展纲要》颁布，突破传统住房分配制度。深圳创立内地首个义工团体。"锦绣中华"开幕典礼。

1990年，第七届全国人大三次会议正式通过《中华人民共和国香港特别行政区基本法》。皇岗海关面积达9000平方米的出口卸转场地正式投入使用。内地第一家麦当劳餐厅在深圳解放路光华楼西华宫正式开业，成为内地唯一一家能用港币和人民币支付的麦当劳。深圳证券交易所成立。香港卫星电视正式启播卫视中文台。香港九龙城寨首期工程完成。

1991年，深圳福田保税区经国务院批准成立。深圳皇岗口岸正式开通。深圳宝安机场建成通航。内地第一家期货交易所——深圳有色金属交易所开业。深圳率先使用商业条码。深圳科技园被列入国家高新技术产业开发区。香港科学馆启用。香港最长的大老山隧道启用。

相关链接：香港影视作品中内地形象的变化

1979年，香港无线电视台播放了一部电视连续剧《网中人》，共80集。主角程纬由周润发饰演。程纬在内地出生后就随家人移居到香港，而他的弟弟程灿（剧中叫"阿灿"）就留在内地生活。20年后，程纬成为摩登、勤奋、向上、知书达理的"香港人"。在内地长大后的阿灿来到香港，洋相百出，常常随处乱抛垃圾，遇到排队就插队，在工作单位偷盗，四处给家人惹麻烦。剧中一个场景是阿灿与别人打赌能否一口气吃掉30个汉堡包，阿灿使出浑身解数，瞬间把30个汉堡包全部吞下。阿灿的形象与这一经典荧幕场景反映了那个年代香港人眼中的内地人形象。

到了20世纪90年代，香港多部电影中内地人形象发生了改变，虽然穿着打扮依旧土里土气，与阿灿比较却能干上进，心地善良，都比较讨人喜欢的角色。这也反映出深港合作的来双方加深了解。

电影中场景的转移反映了时代发展的转变。北上广深在港人眼中已经是高楼林立、绿树成荫、充满现代与时尚感的国际大都市。这类影片中几处场景都与香港有关。例如，香港人熟悉的茶餐厅。

一 改革先行者探索深港合作

深圳经济特区的创办与发展是在我国推行改革开放政策和推进现代化建设的历史背景下，作为改革开放的"窗口"与"试验田"而展开的。正是由于创办了深圳经济特区，才有了当代意义的深港合作。其实，深港合作并不是从创办深圳经济特区之后才启动的。甚至可以讲，创办深圳经济特区是从解决问题出发的，这个问题就是"逃港潮"。

"逃港"是新中国成立以来广东面临的一个特殊社会问题。为什么在1978年才着手开始解决这个问题？这与时任广东省领导人的魄力与胆识有着直接关系。

1978年4月至1980年11月，习仲勋先后担任省委第二书记、省委第一书记、省革命委员会主任、省长。他作为陕甘边革命根据地的主要创建者和领导者之一，成为广东省改革开放的主要开创者和重要奠基人。习仲勋主政广东两年零八个月，发扬党的群众路线，解放思想，实事求是，开拓进取，以大无畏的革命精神与敢为天下先的改革精神，为中国改革开放事业做出了重大贡献。

(一) 深圳经济特区的先声

在创办经济特区之前，广东省先行一步，倡建"贸易合作区"，争取对港澳特殊经济政策。

1. 解决"逃港"孕育特区思路

习仲勋上任后遇到的第一个难题就是如何解决"逃港潮"。1976年"文革"结束，沿海一带民众通过境外的亲朋好友接触了更多的信息，再次出现"逃港"高潮。这次较之以前的"逃港"势头更猛、人员更多、范围更广。1978年，有记载的"逃港"事件发生9.7万多人次，共逃出1.8万多人。众多"逃港"人士甚至催生了香港新界出现一个新的村落——罗芳村，居住在这里的人全部是从深圳罗芳村"逃港"过来的。1978年夏天，超强台风中心经过宝安县，导致近40万亩农田被淹毁，500多间房屋倒塌。但在宝安县人眼里，这次自然灾害是逃港的绝佳机会。由于洪水泛滥，边防管理出现"真空"地带，不少人从宝安直接泅渡到香港。

当时，逃港人士被定性为"反革命"，对于解决逃港问题的防范就是"堵"。

习仲勋抵粤第一次调研径直去了毗邻香港、"逃港潮"最严重的宝安县。习仲勋在调研中看到，沙头角"中英街"我方一侧萧条冷落、杂草丛生，香港一侧商贸繁荣、车水马龙。在逃港者搭建的临时收容站里，习仲勋询问青年人，为什么要选择偷渡？他们的回答大多数都是："我们穷，收入低。到香港容易找工作。"习仲勋与20多位宝安县的基层干部开座谈会来商讨如何解决逃港的问题。当时，宝安一个普通农民劳动日的收入大约是0.70到1.20元，而香港农民劳动一日收入高达60—70港币，两者差距近100倍。"内地劳动一个月，不如香港干一天"，诱使许多年轻人冒着生命危险纷纷"前赴后继"地逃往香港。

习仲勋在宝安县调研中发现了发展的契机。在仅有的两家小规模"三来一补"企业调研时，他表态支持引进港资办工厂，鼓励说："说办就办，不要等，只要能把生产搞上去，让老百姓过上好日子就干。""许多本来是正确的东西也不让搞，不敢搞，比如过境耕作问题，让港资企业家进设备采砂石出口、收入两家分成问题，吸收外资搞加工问题，恢复边境小额贸易问题。""搞外贸基地建设，主要看香港市场需要什么，什么价高、赚钱多，你们就生产什么，只要能把生产搞上去，农民能增加收入，国家法律没有规定不能搞的，就大胆地干。"习仲勋返回广州后便指示并派工作组到宝安、珠海两地帮助建设边境农副产品、小商品和海淡水产品等外贸基地。

1978年4月到5月，中共中央、国务院选派三个代表团分别前往日本、西欧、港澳进行调研、考察。习仲勋主持召开省委常委会议，专门听取西欧考察组广东省副省长王全国，以及港澳考察组的考察情况介绍。随后，习仲勋主持省委常委会议，研究宝安、珠海两县建设问题，以及从香港引进一批先进设备和技术、允许广东吸收港澳华侨的资金等事宜。会后广东省向国务院提交《关于宝安、珠海两县外贸基地和市政建设规划设想的报告》，提出将宝安、珠海改为省辖市的建议。同时，习仲勋和广东省委同意交通部、香港招商局在宝安县蛇口地区投资建立加工工业区的提议。紧接着，习仲勋主持省委常委会议，提出在深圳、珠海、汕头三个城市设立"贸易合作区"。习仲勋的这一决策推动经济特区创办的第一声"春雷"。

广东省解决"逃港"问题的举措，得到香港方面的积极回应。由此可见，深港面对的共同问题，需要深港共同协商解决。1980年10月24日，香港宣布取消实行近6年的"抵垒"政策①，转为"即捕即解"政策：只要发现非法入境者，都会立即逮捕，立即解返内地。

这种从解决"逃港"问题到倡建"贸易合作区"的工作思

---

① 难民在边境被逮住会被拒绝入境，如果成功抵达市区的难民会获得香港居民身份。

路，蕴含着"围魏救赵""釜底抽薪"的中国智慧，体现了改革开放初创阶段党的实事求是思想路线。"贸易合作区"的工作思路是特区发展思路的先声，这一思路是开启深港合作的"关键一招"。

第一，解决涉港问题要从发展经济入手。面对"逃港"问题，采用治水之法。即不是选择"堵"，而是选择"疏"。"疏"就是发展经济，改善民生。这才是标本兼治之法。

第二，发展经济要从兴办"加工工业区""贸易合作区"入手。发展轻工业比重工业更符合深圳的条件与实际情况。深圳的轻工业要以出口导向为主，面向港澳市场。

第三，兴办"加工工业区""贸易合作区"要从面向香港招商引资入手。深圳毗邻香港，香港就是深圳的最大优势。从20世纪50年代末，香港工业化以来，产业结构以轻工业为主、贸易结构以出口导向型为主，香港成为国际产业链分工体系中重要的一环，跻身为亚洲四小龙。

相关链接：中英街

在深圳盐田区沙头角，有一条非常特别的街道——中英街，它是世界上罕见的有着"一国两制"特征的街道，大约只有250米长，不足4米宽，由梧桐山流向大鹏湾的小河河床淤积而成。

这条街道是1898年中英《展拓香港界址专条》签订后具体划界的产物。甲午战争后，帝国主义掀起瓜分中国的狂潮，李鸿章在侵略者的武力逼迫下，代表光绪皇帝与英国驻华公使窦纳乐在北京签订了《展拓香港界址专条》，条约规定将九龙半岛及附近海域租给英国，期限为99年。于是中英街被一分为二，香港回归祖国前，中英街东侧属中方，西侧属英方，因此这条街便得名"中英街"；香港回归后，其东侧属深圳，西侧属香港，一条街，两边走，承载了独具中国特色的"一国两制"色彩。

因中英街属于边境管理区，因此从深圳方向进入中英街需办理由广东省公安厅签发的边境特别管理区通行证，并且这张证不能用港澳通行证替代；从香港方向进入中英街须申请附有准许进入中英街批注的边境禁区通行证。

---

2. 争取港澳特殊经济政策

1978年11—12月中共中央工作会议召开。邓小平在会上说："在经济政策上，我认为要允许一部分地区、一部分企业、一部分工人农民，由于辛勤努力成绩大而收入先多一些，生活好起来。一部分人先好起来，就必然产生极大的示范力量，影响左邻右舍，带动其他地区、其他单位的人们向他们学习。这样，就会使整个国民经济不断地波浪式地向前发展，使全国各族人民都能比较快地富裕起来。"

受邓小平讲话的鼓励，习仲勋在会上介绍广东省的实际情况，他表示根据中央的指示，从港澳引进技术、设备、资金、原料，搞加工装配业务的工作正初步展开。到9月底止，签订协议合同近百种产品，金额3350万美元。这不仅有利于开辟劳动力的出路，而且对提高技术，促进外贸，发展工业，也大有好处。但是现在思想很不解放，条条框框太多，机构运转不灵，办事效率太低，这种状况必须迅速改变，否则就做不好生意，甚至可能造成经济损失。省委已经决定设立一个专门机构，全权处理有关业务。建议中央考虑：鉴于广东与港澳来往密切，希望能允许广东在香港设立一个办事处，加强调查研究，与港澳厂商建立直接的联系；凡是来料加工、补偿贸易等方面的经济业务，授权广东决断处理，以便减少不必要的层次和手续。

习仲勋在讲话中多次提到港澳，建议加强同港澳、华侨经济合作，放手发展外贸出口工业；希望中央允许广东省吸收港澳、华侨资金，从香港引进一批先进设备和技术，购进电力，进口部分饲料，在靠近香港的地方搞拆船业，解决农机具制造所需的钢材，建立强有力的支农工业。另外，他提出，要给地方经济决策权，行政体制也要改革。习仲勋在中央工作会议上的发言成为中央工作会议上的热议话题，引起中央高度重视。这些意见对于广东省争取在改革开放中先走一步具有至关重要的作用。

1978年12月13日，邓小平在中央工作会议闭幕会上做了题为《解放思想，实事求是，团结一致向前看》的重要讲话，"作出把党和国家工作中心转移到经济建设上来、实行改革开放的历史性决策"[1]，这个讲话实际上为即将召开的党的十一届三中全会的基本指导思想。

1978年12月18日至22日，习仲勋同志列席具有划时代意义的党的十一届三中全会。会后，习仲勋、杨尚昆、郭荣昌、王全国、吴南生等广东省委常委带领8个工作组，到各地开展调研。习仲勋和省委班子形成的一致意见是，一定要充分根据广东省的特点，发挥毗邻港澳的优势，在全国的改革开放中先行先试。

(二) 深圳经济特区的创办

创办经济特区是中国改革开放事业的必然选择；但是，在哪里创办、何时创办，以及如何创办，离不开高瞻远瞩的战略眼光，更需要勇于开拓的改革精神。

创办深圳经济特区，"天时"是改革开放浪潮，"地利"是毗邻香港。香港因素对于特区选址深圳具有决定性作用。早在20世纪初，香港经济发展的集聚效应对深圳的影响已经浮现。1911年8月17日，广九铁路通车，内地更多货物经过香港转口，深圳的中心从南头转移到了广九铁路途经的罗湖口岸附近。1979年初，广东省在传达与学习党的十一届三中全会精神期间，向中央提出建议用好广东省靠近港澳的优势，推行一些特殊的优惠政策，设立出口加工基地，赚取外汇，发展经济。香港因素的重要性还体现在确定罗湖为深圳中心区。蛇口工业区虽然创办在先；但是，罗湖口岸是深港主要往来口岸，罗湖距离香港最近，作为深圳的中心区便利港人往来。

另外，广东省之所以在这个时候提出用好港澳优势，创办经济特区，这也与国际大气候有关。和平与发展成为时代主题，国际形

---

[1] 中央党史和文献研究院：《改革开放四十年大事记》，人民出版社2018年版，第2页。

势出现了有利于中国的重大转机。1979年1月1日，中国同美国正式建立外交关系，冰封20多年的中美关系春暖花开。1月29日，邓小平以副总理身份访美。2月17日中越自卫反击战打响第一枪。1979年6月15日，邓小平在全国政协五届二次会议上讲话，明确指出，新时期统一战线和人民政协的任务，就是要调动一切积极因素，团结一切可以团结的力量，为把我国建设成为现代化的社会主义强国而奋斗。

1979年发生的其他历史事件还有：港督麦理浩爵士应邀经过罗湖桥访问广州、北京。同年，中断了30年的广九铁路恢复运行。

1. 蛇口工业区试水

1979年1月，广东省和交通部联合向国务院呈报《关于我驻香港招商局在广东宝安建立工业区的报告》，建议"参照香港特点，照顾国内情况"设立工业区。

1979年1月31日，中央批准了广东省和交通部的联合报告，决定在蛇口设立工业区。1979年1月，随着在深圳南头半岛的一声炮响，蛇口工业园正式破土动工。1980年1月，蛇口工业区正式招商引资。

蛇口位于深圳南头半岛东南部，东临深圳湾，西依珠江口，占地面积10.85平方公里。之所以选择在蛇口建立工业区，最重要的是它与香港新界的元朗和屯门隔海相望。由于香港地价太高，在蛇口设立工业区有利于降低成本的同时还能促进内地经济的发展。

蛇口工业区成立后，蛇口工业区管理委员会主任袁庚大力推动与香港的合作，强调"利用广东毗邻港澳的土地和劳动力，吸收香港的资金和技术"。蛇口第一项工程就是移山填海兴建码头，让蛇口具备航运的功能，并与香港航班客轮和货船。1981年12月，港督麦理浩爵士访问蛇口，惊叹蛇口的建设速度，他表示："这个工业区搞了2年4个月，能搞到这个程度，是值得祝贺的，在香港我估计要花4年半的时间。"[①]

---

① 李岚清：《蛇口，打响改革开放第一炮》，《先锋队》2009年第11期。

2. 深圳经济特区创办

1979年1月13日，广东省向国务院递交报告，提出希望大力发展宝安地区经济，打造其成为工农业相结合的出口商品生产基地，开启发展对外贸易，并且建成能够吸引港澳游客的游览区。1月23日，为加强对宝安地区生产建设的领导，中共广东省委决定将宝安撤县改市，名字就叫"深圳"，由广东省与惠州地区实现双重领导。

1979年2月14日，国务院批转广东省《关于宝安、珠海两县外贸基地和市政建设规划的报告》（国发〔1979〕38号），原则上同意广东省提出的设想，要求3—5年内建成具有相当水平的出口商品基地。批复还指出："总之，凡是看准了的，说干就干，立即行动，把它办成、办好。"①

好一个"说干就干"，言简意赅，掷地有声！

1979年3月6日，中共深圳市委为落实中央关于建设出口商品基地的精神，颁布《关于发展边防经济的若干规定》，决定发展农村商品基地，开展补偿贸易，边境小额贸易。

1979年4月召开中央工作会议，习仲勋在发言中提出让广东省"先走一步"的要求，汇报广东省在深圳、珠海、汕头建立"贸易合作区"的设想。会议期间，习仲勋向邓小平做了专题汇报。在讨论贸易合作区的名称时，邓小平提议："还是叫特区好，陕甘宁开始就叫特区嘛！中央没有钱，可以给些政策，你们自己去搞，杀出一条血路来。"②

1979年5月1日，深圳向广东省呈送一份请示报告，提出要充分发挥好深圳毗邻香港的优势，重点引进外资兴办工商企业，允许独资、合资或合作经营，利用外资兴建旅游宾馆，简化口岸出入境手续，与香港开通旅游车。

1979年5月5日，广东省委向中央报送《关于试办深圳、珠

---

① 广东省政协文史资料研究委员会：《经济特区的由来》，广东人民出版社2002年版，第465页。
② 中共中央文献研究室：《邓小平年谱（1975—1997）》上，中央文献出版社2004年版，第510页。

海、汕头出口特区的初步设想》,这是第一份关于试办特区的报告。

1979年7月15日,中央下发了极具重要历史意义的《中共中央、国务院批转广东省委、福建省委关于对外经济活动实行特殊政策和灵活措施的两个报告》(中发〔1979〕50号),明确指出:"关于出口特区,可先在深圳、珠海两市试办,待取得经验后,再考虑在汕头、厦门设置的问题。"[①] 中发〔1979〕50号文件对广东省经济特区建设具有重要的历史价值,它拉开了广东在全国改革开放中"先走一步"的序幕。

1980年4月22日,广东省第五届人大常委会第三次会议通过《广东省经济特区条例》,报全国人大常委会审批。

1980年8月26日,第五届全国人民代表大会常务委员会第十五次会议通过《广东省经济特区条例》,并公布实施。自此,深圳经济特区完成了从省到中央、从国务院到全国人大的全套手续,正式登上了改革开放的历史舞台。

深圳划出一部分地域设置经济特区,地域包括今罗湖、福田、南山、盐田四个区,深圳成为中国最早实行对外开放的四个经济特区之一。

二 引入港资推动改革开放"先行先试"

20世纪80年代是深港合作的探索期,深圳经济特区,成为改革开放的"窗口"与"试验田",深港合作在探索中前进。深圳作为对外开放的"窗口"就要打开大门搞建设,港人是进入深圳的第一批投资者、管理者、经营者。

以1979年深圳和香港的数据为例,当年深圳地区生产总值(GDP)为1.96亿元,人均GDP为606元,[②] 而香港地区当年的生

[①] 广东省档案馆:《改革开放三十年重要档案文献·广东》,中国档案出版社2008年版,第16页。

[②] 《1979年以来深圳经济社会发展的巨大变化》,2018年12月13日,人民网(http://sz.people.com.cn/n2/2018/1213/c202846-32403891.html)。

产总值是 225.26 亿美元，人均生产总值达到 4569.45 美元，[①] 远远超过深圳水平。

深圳经济特区成立后，首先遇到的问题是如何定位与如何发展的问题。党的十一届三中全会之后，改革开放的春风迅速席卷了神州大地。深圳"先试一步"，关键在勇于试验，勇于探索，"摸着石头过河"。这个石头就是中国的国情、广东的省情、深圳的市情，以及濒临香港的港情。深圳积极探索并推动经济特区成立之后的深港合作。深港逐步建立经贸投资关系，社会经济文化往来日渐密切，政府层面交流沟通开始搭建。深港合作利在双方，对于深圳而言，深圳主要产品出口香港，或经香港转口，香港是深圳最大的出口市场；在出口导向拉动下深圳工业、外贸、商业、房地产、金融业、旅游业、城市建设得以迅速发展；港资是深圳最大的投资来源，港资投资深圳不仅带去资金，市场，技术，观念，以及管理经验，而且推动深圳经济体制、城市管理制度的改革。

（一）深港合作的雏形与探索

深港合作，这是一件没有先例可循的新生事物。最好的办法就是让市场这只"无形的手"发挥作用，深港合作第一批"吃螃蟹"者是企业。港资企业全面投入深圳经济发展、城市基建，在加工性企业、交通基建、旧城改造、旅游设施、银行金融业，以及电信、电力等多个领域，都有香港的影子。

1. 香港因素影响深圳

深圳创立以来，港资是深圳招商引资的主要对象。1979 年，港商在深圳签订 170 项合同，协议利用港资 0.3 亿美元，实际利用港资 0.15 亿美元。1979—1999 年，港商在深圳投资项目达 20388 个，协议投资 211.06 亿美元，实际投资 126.64 亿美元，分别占深圳同期 FDI 个数、协议额、实际额的 87.48%、77.68%、64.49%，香港投资占深圳吸收外资的 2/3。

（1）加工型企业

深港最初的合作方式是"前店后厂"模式，即香港把生产线设

---

① 数据来源于世界银行。

在深圳，把外贸与航运业务放在香港。"前店后厂"模式就是"三来一补"。①"三来一补"是在改革开放初期，创造性地成立的一种企业生产与贸易往来的形式，包括来料加工、来样加工、来件装配以及补偿贸易等。

早在深圳经济特区创办之前，"三来一补"企业就在宝安安营扎寨了。1978年7月15日，国务院颁布《开展对外加工装配业务试行办法》，鼓励开展"三来一补"的业务。1978年12月18日，上屋电业（深圳）有限公司在上屋大队落户，设立上屋热线圈厂，与港商签订深圳第一份来料加工协议，开启了深圳乃至全国"三来一补"工业的大门，上屋电业（深圳）有限公司也由此成为深圳第一家"三来一补"企业。获得这份工作的25位女工，便成为村里第一批为香港老板打工的打工妹。1979年底，该工厂的加工收入达到30万元港币，在当时是一笔不菲的数目。

创办深圳经济特区之后，在国家政策和特区市场环境的多重利好之下，各类"三来一补"企业在深圳遍地开花，到1991年多达8500多家。② 在深港合作初期，深圳通过兴办"三来一补"企业，与香港形成"前店后厂"的密切联系。香港资本和深圳资源之间的互换，对降低港商成本，改变深圳工业生产方式，提供大量就业机会，推动深圳工业化进程，拓宽深港合作领域等方面，都起到了推动作用，成为内地利用港资、扩大对外贸易的重要形式。

1979年，香港钢化电子有限公司与广东华侨企业公司签订合资创办光明华侨电子厂的协议，这是深圳第一家合资企业，这就是"康佳"电视的前身。1979年，深圳五矿进出口公司、广东省建材进出口公司与香港凯旋贸易公司签约兴建深圳乌石鼓石场，协议投资4644万港元，这是深圳第一家中外合作企业。

从1980年开始，蛇口工业区先后兴办起主要由港商投资的集装箱、铝材、轧钢、油漆、拆船、游艇、饼干、面粉、电机、玻璃、

---

① "三来一补"企业主要的结构是：由外商提供设备与投资建厂房、原材料、来样，并负责全部产品的外销，由内地企业提供土地、厂房、劳力。中外双方不以"三来一补"企业名义核算，各自记账，以工缴费结算，对"三来一补"企业各负连带责任。

② 罗海平：《"深圳奇迹"的五点成因》，《经济论坛》2014年第4期。

家电、模具、纺织、服装工厂或加工企业。沙头角引进港资兴办表带厂、服装厂等来料加工企业。香港新南新印染公司在葵涌兴办新南新印染厂。

(2) 交通基建

改革开放初期，内地没有一条高速公路，一级公路也不多。珠三角交通落后状况严重拖累了经济发展。要想富，先修路。港资在交通基建投资上扮演了重要角色。

1981年，香港油麻地小轮公司投资并回复深港客运航线，停航31年的深港飞翔船服务首航蛇口港客运码头。

1984年，深圳经济特区发展公司与香港合和中国发展（深圳）有限公司签订合作建设广深高速深圳段协议，总投资4.5亿港元。①

1985年，深圳航运总公司与香港中华造船厂合资兴建东头角首期工程客运码头竣工投入使用，该项目分为三期建设，总投资6300万元。

(3) 旧城改造

港资企业发挥城市建设经验优势，投资并参与深圳旧城改造与新城建设。

1981年，深圳经济特区发展公司先后与香港联城企业协议投资24亿港元建设文锦渡工业区与后海湾，与香港合和中国（深圳）发展有限公司签约建设福田新市区，与香港新奇世界旅行社签约改造旧城区。

1982年，深圳经济特区发展公司先后与香港深城投资签约协议投资1.5亿港元改造旧城，与香港东鹏公司签约协议投资2亿港元经营东方明珠科学城。

(4) 旅游设施

深圳经济特区创办之初，旅游设施落后，宾馆酒店接待能力不足，港资看准商机，加大投入，成为推动深圳旅游及城市综合服务能力提高的主要推手。

---

① 1984年，广、深、珠高速公路项目投资方案获得广东省批准，1987年2月，该项目获得国务院批准，1987年4月，该项目正式破土动工，1994年，广深段高速公路全线竣工并投入运行。

1979年，深圳饮食服务公司引进香港妙丽集团有限公司，合作创办了深圳第一家中外合资三星宾馆——竹园宾馆。

1982年，深圳经济特区发展公司与香港志强发展公司签约合作经营香蜜湖度假村，总投资2.2亿港元。1982年，沙河华侨企业公司与香港永明发展企业公司合作经营的深圳湾大酒店，总投资9000万美元。1982年，深圳经济特区发展公司与香港华表投资公司签约，合作经营洪湖娱乐度假服务中心，港方投资2亿港元。

1983年，香港招商局、中国银行深圳分行、香港上海汇丰银行、香港美丽华酒店企业公司达成协议，兴建并经营南海酒店，总投资8000万美元。1983年，香港海通有限公司与深圳招商局签约改建"明华轮"为"海上世界"休闲娱乐中心，总投资1800万港元。

1984年，香港永成发展有限公司与沙头角文化旅游中心签约，合作经营沙头角碧海乐园，协议投资2000万美元。1985年，香港中旅集团在深圳建设开发华侨城。

20世纪80年代以来，沙头角中英街——免税商业街——成为全世界独一无二的"一街两制"，被称为"特区中的特区"。

（5）银行金融业

香港银行与金融服务水平与国际接轨，港资银行在深圳设立分行提供服务，不仅直接服务于深港经贸往来业务，推动业务增长，而且具有示范效应，带动了深圳银行服务水平的提高。

1982年，南洋商业银行深圳分行正式开业，这是改革开放以来成立的第一家外资银行。南洋商业银行于1949年12月14日在香港开业，创始人庄世平先生是爱国商人。他曾在老挝经营商行，为国内抗日组织提供大量物质，他所经营的安达公司多次参与护送民主人士回国参加政协会议与开国大典。1949年，南洋商业银行成为香港第一家升起中华人民共和国国旗的机构。

1984年，多家香港银行在深圳设立代表处。包括：香港恒生银行，香港汇丰银行，东亚银行。香港渣打银行在深圳代表处升格为银行。香港中银集团所属的广东银行深圳分行成立。

（6）其他项目

随着深圳经济特区加工企业增多，人口增多，出现"用电荒"。

1985年，香港合和中国发展（深圳）有限公司投资建设沙头角火力发电厂。原本预期33个月工程建设期，最后仅用了22个月就并网发电。1988年，香港中华电力投资7000万港元铺设的海底电缆，正式每日向蛇口供电42万度，解决了蛇口工业区的"用电荒"。

深港在电信业务领域也开展合作尝试。1981年，蛇口工业区微波通信站建成，深港开通微波通话。1983年，深圳电信发展公司与英国大东电报局签约合作经营深大电话有限公司，注册资本2000万元。

2. 深港口岸首次扩容

深港合作首先要解决通关口岸数量不足与通关能力不够的问题。20世纪80年代深港合作起步阶段，深港口岸建设与扩容是政府层面沟通交流的主要内容。

深港通关口岸最初只有罗湖口岸。随着深圳经济特区的成立，增加和开放了一些新口岸，也扩大了老口岸的通关能力。1979年1月12日，文锦渡口岸正式直通进出境货车，启用4条进出境车辆通道。1981年，深圳蛇口港对外国籍船舶开放。同年9月，蛇口港客运口岸开通。

1981年12月30—31日，香港总督麦理浩爵士访问深圳。他在记者招待会上表示，这次访问对深圳留下了深圳的印象，香港与深圳有良好的合作前景。他返港后致函深圳市长，表达了加强深港合作的愿望。

1982年3月21—24日，深圳政府代表团访问香港，与港英政府讨论兴建皇岗落马洲大桥、文锦渡新桥、沙头角桥，以及新开辟边境通道，共同治理深圳河等问题。1982年4月30日，深圳政府与港英政府签订《深圳—香港关于增辟两地之间通道的协议》。1982年8月20日，香港总督尤德爵士在访问深圳时表示看好深港合作。"香港的繁荣对深圳的发展有很好的促进作用，深圳的发展对香港也有特殊的重要意义。"[①]

1983年12月14日，深圳政府代表团访问香港，与港英政府就

---

① 钟坚：《深圳与香港经济合作关系研究》，人民出版社2001年版，第58页。

前期讨论的增辟口岸及提高通关能力的议题进行总结性会谈,原则上确定文锦渡新桥、沙头角口岸、罗湖新行人跳桥、落马洲大桥、梅沙至香港旅游轮渡码头开放的时间。

1983年,与深圳经济特区发展公司香港合和中国发展(深圳)有限公司签订合作兴建火车站和口岸联检大楼协议。

1984年5月17日,深港双方协商后决定延长罗湖口岸通关时间。凡是前来深圳投资的港商、旅游团从罗湖口岸出境时间延长至20:30。1984年9月1日,深圳双方共同决定,凡是在深圳投资的港商私家车,可从文锦渡通关。

1985年2月,文锦渡新桥启用。1985年6月,罗湖双层人行天桥河联检大楼启用。

3. 深港合作消除不确定性

深圳经济特区创办后不久,中英香港问题谈判序幕也拉开了。在《中英联合声明》公布前,港资在观望之中,放缓了对包括深圳在内的内地投资。

1982年9月,香港首次举行区议会选举,英国首相撒切尔夫人访华,随后,中英双方在北京商讨香港前途问题。1983年9月22—23日,中英第四轮会谈双方进入拉锯战的消息传到香港,导致香港出现了抢购食品、挤兑外币(美元)的狂潮,9月24日,港元兑换美元创下8.6的低点,对香港前途的担忧导致股市继续下跌,港元兑美元一度跌破9.6的历史新低。

1983年10月17日,为了稳定港元汇率,香港推行联系汇率制,确定7.80港元兑1美元的固定汇率。香港市场恐慌情绪有所缓解。

1984年春晚,由歌手张明敏演唱、香港黄霑填词的《我的中国心》风靡大江南北。歌词气势磅礴,形象生动,无论生在世界何处,"长江、长城、黄山、黄河"撼动着每一位中国人的心灵。黄霑除了填词《我的中国心》,还填词了《狮子山下》《楚留香》,这三首歌曲奠定了他在港澳台和中国内地的影响力。《我的中国心》的歌词是这样的:

河山只在我梦萦　祖国已多年未亲近
可是不管怎样也改变不了我的中国心
洋装虽然穿在身　我心依然是中国心
我的祖先早已把我的一切　烙上中国印
长江　长城　黄山　黄河　在我心中重千斤
无论何时　无论何地　心中一样亲
流在心里的血　澎湃着中华的声音
就算生在他乡也改变不了我的中国心

1984年3月，英资怡和集团宣布取消香港上市地位，总部搬迁到新加坡，这无疑是对香港前途投下不信任的一票。

1984年12月19日，持续2年多先后经历22轮中英关于香港问题谈判签署《中英联合声明》。

第一，《中英联合声明》公布后，投资者信心大增，撤离香港的英资留下的空缺很快被崛起的华资填补。英资撤离为华资崛起腾出了空间，"船王"包玉刚收购九龙仓与会德丰，李嘉诚收购和记黄埔和电灯公司。港资重新加大对深圳的投资，深港经贸关系再度活跃。《中英联合声明》确定深港合作关系的性质，香港回归之后，深港关系就是"一国两制"制度下一个国家内两种不同制度城市之间的关系。

第二，《中英联合声明》确定的"一国两制"原则，确保了香港资本主义制度不变，确保港资的权益，稳定香港经济，拉动港资投资内地，促进深港合作。《中英联合声明》在1984年底签署，资金撤离对香港经济造成的影响在1985年香港GDP增长率中体现出来，图2-1显示1985年香港GDP增长率为20世纪80年代历年最低。在《中英联合声明》签署后，资金开始重新回流香港，对香港GDP增长率的推动在1986年开始体现出来，从1986年开始，香港GDP增长率保持双位数增长。

(二) 深港合作推动深圳发展

香港对深圳具有示范作用，深港合作令深圳更方便学习香港的成功经验，包括企业管理经验、经济发展经验、城市管理经验等。

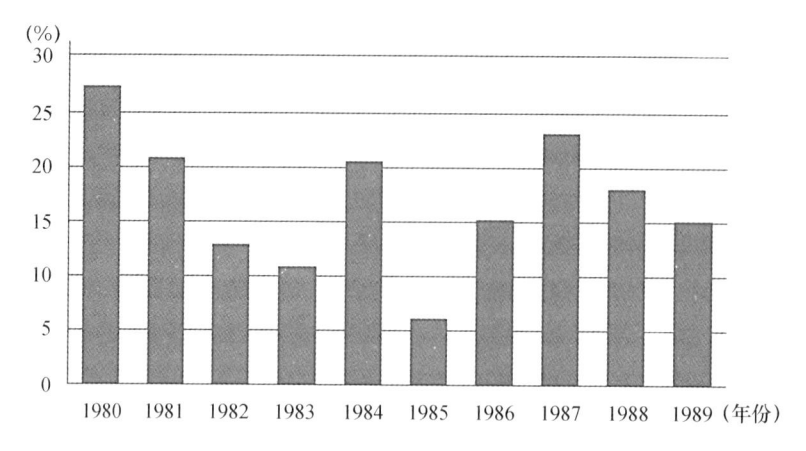

图 2-1 香港 GDP 按年变动率（1980—1989 年）

资料来源：香港特区政府统计处国民收入统计组。

学习香港的劳动用工制。1980 年，深圳率先在中外合资、合作企业和外商独资企业中进行劳动合同制度改革试点，劳动关系也由政府与工人确立转变为企业与工人确立，在全国率先打破了固定用工的传统体制。"炒鱿鱼"、打破"铁饭碗"这些新名词开始走向全国。

学习香港的工程招标。1981 年，深圳国际商业大厦建设率先推出"工程招投标"方案，开创内地工程招投标先河。

学习香港的物业管理。1981 年，深圳物业管理公司成立，成为内地第一家物业管理企业，率先拉开了中国专业化物业管理的帷幕，使房产管理从过去的行政性走上专业化管理轨道。

学习香港的高效节奏。1982 年，深圳提出"时间就是金钱、效率就是生命"的口号。1984 年 2 月 24 日，这一口号得到小平同志的首肯并流行开来。这句口号成为打破思想禁锢、激励人们投身改革开放大业的时代强音。

学习香港的市场管理。1982 年，深圳率先放开一切生活必需品价格，逐渐取消粮票和粮本等各类票证。深圳取消一切票证比全国的时间提前了 10 年。

学习香港的薪酬制度。1982 年，为解决外资企业工资分配与传统工资制度相冲突问题，深圳首先选择两家中外合资企业——竹园宾馆和友谊餐厅进行改革试点，率先实行以职务工资为主要内容的结构工资制。

学习香港的合同用工。1983年，《深圳实行劳动合同制暂行办法》出台，深圳成为内地第一个实行劳动用工合同制的城市。

学习香港的保税区建设。1987年，沙头角保税区成立，成为内地首个保税工业区。

学习香港的廉政公署运作机制。1988年3月8日，内地首家举报中心——深圳经济罪案举报中心正式挂牌，受到中央肯定。

除此之外，深圳还在土地使用制度改革、住房分配制度改革、工程招投标体制改革、银行与金融体制改革等重要领域，学习香港，借鉴香港。

深圳也采用"走出去"的积极态度学习香港，在香港设立政府"窗口"公司，加强对外招商引资。1983年，深业（集团）有限公司在香港注册成立，作为深圳政府派驻香港的代表机构和对外活动的经济实体，集团最初以物流运输、房地产、基建为主业，随后业务范围扩展到金融、现代农业、高科技制造等领域。1985年，深圳驻香港的深圳（集团）有限公司下属7家公司在香港开业。

1. 土地使用制度改革

受香港土地政策的启发，深圳经济特区率先进行土地使用制度改革。19世纪70年代，香港建立"两权分离"的土地制度，土地由港英政府拥有，然后政府把土地使用权租出，每年收回地租，土地使用权人通过契约方式取得一定年限的土地使用权。

（1）有偿转让城市建设用地

在计划经济体制下，城市土地使用由政府无偿拨给，且不必缴纳租金。这种制度排斥市场机制在土地资源配置中的作用，国有土地使用权无法转让，土地使用效率低下。

深圳在土地管理上将土地所有权和土地使用权分开，土地所有权归国家所有，使用权实行有偿出让或者转让。1980年12月，深圳房地产公司与香港中央建业有限公司签订营建商住大厦协议书，协议中规定，外商一次性缴纳土地使用费，获得30年的土地使用权期限，这是深圳收取土地使用费的第一例，也是我国国有土地有偿使用的先例。1982年深圳开始按区位征收土地使用费。深圳经验面向全国推广，1988年全国已有100多个城市先后开始征收城市土地使用费。

（2）采用招投标与拍卖方式转让建设用地

1987年7月深圳提出改革方案，在明确城市土地国有的前提下，政府采取招标和竞标的方式出让城市土地的使用权。深圳首次以协议有偿出让的方式出让土地，是在1987年的9月，将5300平方米的地块以106万元协议出让给中国航空技术进出口公司。

1987年12月，深圳首次公开拍卖土地使用权，某房地产公司以525万元的价格得到一宗面积为8588平方米的土地。这是新中国成立后的首次土地拍卖，被誉为中国土地"第一拍"，不仅大力缓解深圳早期建设的资金问题，更在制度上探索出土地可有偿有期转让的模式，直接推动宪法的修订。落槌28天后，广东省人大常委会通过《深圳经济特区土地管理条例》，规定土地使用权可以有偿出让、转让。

深圳土地使用制度改革推动全国的土地制度改革。1988年4月12日，七届全国人大第一次会议通过了《中华人民共和国宪法修正案》，将第10条第4款"任何组织或者个人不得侵占、买卖、出租或者以其他形式非法转让土地"修改为"任何组织或者个人不得侵占、买卖或者以其他形式非法转让土地。土地的使用权可以依照法律的规定转让"。这是一次土地制度的历史性突破，是我国土地使用制度的根本性变革，标志着我国的根本大法承认土地使用权的商品属性，跨出土地商品化、市场化的重大一步。

2. 住房分配制度改革

受香港房屋政策的启发，深圳经济特区率先进行住房制度的改革。香港的住房分为商品房、居屋、公屋三种形式。其中，商品房由房地产发展商兴建后按照市场价格出售给消费者，这是香港住房的主要形式。

深圳经济特区创办后，大批人涌入深圳，导致深圳人口剧增，住房供应远远无法满足住房需求。计划经济体制下福利分房制度难以适应改革开放和市场经济发展的实际需要，住房制度改革提到了日程上。深圳自20世纪80年代初期开启的住房制度改革，充分借鉴邻居香港的经验，不仅基本满足深圳不同群体不同层次的住房需要，也为国家住房体制改革提供了宝贵的经验，充分发挥深圳经济特区改革开放先行先试的示范带头作用。在开发、经营和销售商品房的过程中，深圳学习借鉴不少香港商品房开发建设的经验，包括：商品房预售、银行按揭贷款、市民分期付款等，并不停地对住房制度改革方案进行完善修改。

（1）蛇口率先取消分房制度

1980年，蛇口工业区率先进行住房制度改革，取消传统的国家统包、低租金、福利分房，提出"使住房商品化，力争居者有其屋"的改革目标，迈出了深圳经济特区和全国住房制度改革的第一步。邓小平在1980年4月2日发表有关住房商品化改革的讲话，为特区住房改革提供了重要依据和外部环境。

（2）全国第一个商品房小区建成

1981年3月，深圳成立全国首家房地产公司——深圳经济特区房地产公司，开发全国第一个商品房小区——东湖丽苑①。

1983年11月，广东省六届人大常委会第四次会议通过了《深圳经济特区商品房管理规定》。

1988年6月，深圳正式发布实施《深圳经济特区住房制度改革方案》，是全国第一个系统的住房制度改革方案，成为深圳40年改革开放历史上标志性的重大改革之一。

1989年发布《深圳经济特区居屋发展纲要》，最终形成"双轨三类多价制"的住房制度深圳模式，即保障性住房和商品性住房双轨并行，分别由政府部门和房地产开发商开发。

3. 工程招投标体制改革

受香港城市基建经验的启发，深圳大力推进基建管理体制改革。一方面，利用关税、所得税、土地使用等多项优惠政策，吸引内外资金，解决建设资金匮乏的问题；另一方面，推出工程招标承包

---

① 为了吸引香港人在东湖丽苑小区购房，当时深圳经济特区房地产公司提出了"购买家电免税、给予户口指标、一次性付款9.5折"的优惠政策，使得房屋在短时间内即被抢购一空。

制,实行包工期、包造价、包质量的经济大包干;建立以招投标为核心的新机制。

1981年7月,深圳与港商合作建设的国际商业大厦在全国率先试行工程招标承包制,开创内地工程招投标先河。

1982年,深圳颁布《深圳经济特区建筑工程招标投标暂行办法》,在建筑行业实行"设计搞评选,施工搞投标"的工程招标制;再次,在建设开发方面,则通过成立如深圳房产公司、工业发展服务公司、广东核电服务总公司等公司承担开发工程,并通过贷款或者集资形式筹措资金,降低对国家资金的依赖程度。当然,还引进了不少香港专业的设计和施工团队,提升了整体设计和施工水平。

1987年8月,全国第一座大型商用核电站——大亚湾核电站主体工程正式开工,在1994年2月投入商用,向广东供电的同时也向香港供应大量的电力。

深圳大力进行基建管理体系改革,建设口岸、交通、供电站等一系列大型基础设施,为进一步推进改革开放和深港之间的密切联系都注入了强大动力。

4. 银行与金融体制改革

20世纪80年代,香港在金融领域有关的政策、法规、经验,以及香港金融市场的运作,都成为深圳推动银行和金融体制改革的榜板。受香港银行与金融运行的启发,在中央、省市政府支持下,深圳在学习香港、借鉴香港中开辟了多项第一。

中国第一只股票"深宝安"面向社会公开招股(1983年)。第一家外汇调剂中心——深圳外汇调剂中心(1985年)。第一家经批准的证券公司——深圳经济特区证券公司(1985年)。第一家中外合资财务公司(中国国际财务有限公司)。第一家由企业法人持股的股份制商业银行——招商银行(1987年)。第一家公开发行股票上市的股份制商业银行——深圳发展银行(1987年)。

国家大力支持深圳经济特区探索银行与金融体制改革。1983年,国务院颁布《关于侨资、外资金融机构在中国设立常驻机构的管理办法》。1984年,批准了《关于改革深圳银行体制的试点意见》。1984年,中国人民银行颁布了《深圳经济特区非银行性质国营金融机构暂行管理办法》。1985年，国务院颁布《中华人民共和国经济特区外资银行、中外合资银行管理条例》，允许外资银行在深圳、珠海、厦门、汕头和海南设立营业性分支机构。1991年7月3日，经国务院授权、中国人民银行批准，深圳证券交易所正式开业，实现了股票的集中交易。这些一系列重大举措奠定了深圳经济特区。

第二节 深港合作转型升级阶段

　　1992年又是一个春天
　　有一位老人在中国的南海边写下诗篇
　　天地间荡起滚滚春潮
　　征途上扬起浩浩风帆
　　春风啊吹绿了东方神州
　　春雨啊滋润了华夏故园
　　啊　中国　啊　中国
　　你展开了一幅百年的新画卷
　　你展开了一幅百年的新画卷
　　捧出万紫千红的春天
　　　　——《春天的故事》，蒋开儒、叶旭全作词，王佑贵作曲

1992—2011年，是深港合作转型升级阶段。

1992年，邓小平发表"南方谈话"举旗定向！改革开放再次吹响了集结号。党的十四大、十五大、十六大、十七大先后召开，不断推进社会主义市场经济体系，不断探索中国特色社会主义，构建社会主义市场经济体制和建设中国特色社会主义是这段时期改革开放的主旋律，也是深圳发展的主旋律，更是深港合作的主旋律。在这一时期，香港回归祖国，中国加入世界贸易组织，改革开放事业蒸蒸日上。

1992年，深圳GDP为317亿元，人均GDP为12827元，社会

消费品零售总额为15亿元，进出口总额为236亿美元，出口总额为16亿美元。2011年，深圳GDP提升到11807亿元，人均GDP为113316元，社会消费品零售总额为3521亿元，进出口总额为4141亿美元，出口总额为1686亿美元，一般公共预算收入为12856万元。

1992年，香港GDP为1042.72亿美元，人均GDP为1.8万美元。2011年，香港GDP为2485.14亿美元，人均GDP增至34400美元创香港的历史新高，在亚洲占前列位。香港GDP平均每年实质增长3.9%，高于全球经济同期平均每年3.5%的增长率。香港的人均GDP增加近八成，平均每年实质增长2.9%。

这一阶段深港合作的主要特点是：

第一，深圳学习借鉴香港市场经济运行机制与体制。从20世纪90年代邓小平"南方谈话"开始，深圳逐步建立社会主义市场经济体制，确立高新技术、金融、物流、文化四大支柱产业发展方向，逐步调整优化产业结构。随着中国加入世界贸易组织（WTO），深圳高新技术产业、银行与金融服务业，以及以供应链、物流、电子商务等为代表的现代服务业蓬勃发展，文化产业异军突起。2008年深圳政府报告总结深圳发展的经验时指出："向香港学习，为香港服务，深港紧密合作，促进共同繁荣。"2008年国际金融海啸之后，深圳发挥政府调控的优势，谋划布局战略性新兴产业，先后出台振兴互联网、新能源、新材料、文化创意、新一代信息技术产业，以及生物科学的发展政策，推动经济实现跨越式发展。

第二，香港在向深圳提供服务的过程中建成现代服务业经济结构。香港成功从以加工工业为主的经济结构转型升级为现代服务业经济结构。现代服务业经济结构集中体现于香港的四个中心地位，即香港是金融中心，商贸中心，航运中心，旅游中心。香港的经济结构与纽约、伦敦、东京相似。这样的产业结构一方面使得香港经济在全球产业链分工体系中继续保持领先优势，支撑香港经济持续稳定增长与繁荣稳定；另一方面有赖于内陆腹地经济的支撑，有赖于香港与深圳，以及内地其他城市的合作。

第三，深港合作进入转型升级阶段。深港合作从"点"到

"面",从"单向"到"双向",从"经贸"到"全域",从"民间"到"政府",深港合作迈向升级版。在香港回归前,深港合作是"单向"的,主要是香港投资深圳;香港回归之后,深港合作是"双向"的,既有香港投资深圳,又有深圳投资香港。在香港回归后,香港为了应付一系列外来金融风暴与危机的冲击,自然选择靠拢祖国,加强粤港合作、深港合作,进一步对内地开放香港的金融市场、投资市场、旅游市场。内地游客香港自由行于2003年在深圳率先开通,深港人员双向往来成为深港合作的常态。随着内地游客香港自由行、香港与内地更紧密经贸合作协议(CEPA)签署、粤港合作机制与深港合作机制建立,深港合作向纵深方向发展。

在1992—2012年期间,与深港合作有直接关联,或者间接影响深港合作的事件主要包括:

1992年,邓小平视察深圳发表"南方谈话",为建设中国特色社会主义指明正确方向。《深圳特区报》连续发表8篇"猴年新春评论",《深圳商报》发表编辑部系列评论——八论敢闯。《深圳经济特区报》用整版篇幅,发表了《东方风来满眼春——邓小平同志在深圳纪实》的重要报告文学,详细记述了邓小平同志1月19—23日在深考察的情况和他对改革开放所做的重要讲话。江泽民给创刊10周年的《深圳经济特区报》题词:"改革开放的窗口"。全国人大授予深圳经济特区立法权。香港第28任总督彭定康宣誓就任,成为英国派驻香港的最后一任总督。

1993年,深圳机场至香港海上航线开通。深圳福田保税区通过海关总署验收,正式投入运作。首家境外证券机构——香港柏毅证券公司深圳代表处成立。大亚湾核电站一号机组并网发电试验成功。深圳宝安县撤县建立宝安、龙岗两区,加快推动深圳城市化进程。深圳设立金融中心,成立无形资产评估事务所。内地第一家产权交易机构——深圳产权交易所成立。

1994年,江泽民视察深圳,勉励特区"增创新优势,更上一层楼"。深圳保税生产资料市场向全国"三资"企业开放,成为内地第一个全国性的保税生产资料市场。"粤港、深港经济衔接研讨会"提出以"衔接""合作"和"融合"三个词汇来描述深港关系。深圳成立企业制度改革领导小组，在内地率先进行现代企业制度的试验。深圳推出金融资本与产业资本相结合的新形式——买方信贷，在内地率先探索金融改革。广深高速建成通车。

1995年，深港启动联合治理深圳河工程。香港地区广东省人大代表和香港地区各省、市、自治区政协委员共600多人参观人民解放军驻香港部队。"皇家香港军团"正式解散。深圳掀起"二次创业"。内地第一家城市合作商业银行——深圳城市商业银行成立。深圳地王商业中心大厦封顶。

1996年，深圳举行"香港基本法宣传日"活动。深港青少年朋友组成的"中国手拉手——96深港青少年交流营"隆重开营。深港经济衔接高层研讨会在北京召开。京九铁路正式开通运营，京九首列在北京西站和深圳火车站相向对开。福田保税区海关正式开关。内地公共交通行业建立现代企业制度的首次尝试——深圳公共交通（集团）有限公司成立。内地第一家为政府科技决策提供专家咨询的机构——深圳科技顾问委员会成立。深圳获准成为首批外商投资企业试行银行结售汇试点地区之一。深圳盐田港保税区设立。

1997年，香港正式回到祖国怀抱。中华人民共和国对香港恢复行使主权的仪式于6月30日晚上及7月1日凌晨在香港会议展览中心大会堂举行。4000人的解放军驻港部队清晨抵达香港。香港特区政府正式成立。中央人民政府授权香港特区政府与有关国家谈判互免签证协定。中央人民政府将土地基金信托1971亿港元资产全部移交香港特区政府。董建华公布首份施政报告。香港新机场正式启用。香港遭遇亚洲金融风暴冲击，恒生指数急挫。粤港签署界定新界北部与深圳之间的陆地界线、后海湾与大鹏湾的边界，以及香港西面、南面和东面海域界线的备忘录。深圳初步建立社会主义市场经济十大体系，基本完成了从计划经济到社会主义市场经济的过渡。深圳建立人才大市场，首开劳动力商品化之先河。

1998年，"粤港合作联席会议"正式成立并举行首次会谈。香港特区政府驻北京办事处正式投入服务。"香港回归纪念碑"举行揭碑仪式。凡持有《往来港澳通行证》前往香港探亲人员可从与香港直通的所有"水、陆、空"开放口岸通行。董建华发表施政报告题为《群策群力　转危为机》，颁布一系列发展经济措施。香港启德机场正式关闭。开创内地审批制度改革先例——《深圳政府审批制度改革实施方案》颁布。

1999年，深圳设立深港产学研基地，创新深港科技合作的新模式。《港澳同胞回乡证》停止签发，《港澳居民往来内地通行证》正式启用。公安部出入境管理局与香港特别行政区入境事务处就香港永久性居民在内地所生中国籍子女申请赴香港定居受理审批程序问题达成共识。香港公布兴建迪士尼主题公园与设立"数码港"两项大型计划。香港特区政府宣布恢复卖地。经国际小行星中心和国际小行星命名委员会批准，"香港星"正式命名。首届中国国际高新技术成果交易会在深圳举办。深圳虚拟大学园成立，实行"一园多校、市校共建"的独特建设模式。

图 2-2　香港迪士尼乐园观巡游（赖明明　摄）

2000年，香港警方与广东省公安厅边防局官员举行会议，讨论加强两地治安合作。香港入境事务处宣布，放宽持中华人民共和国护照的海外中国公民来香港工作的海外居住年限规定。江泽民视察广东（包括深圳），提出"三个代表"重要思想。习仲勋出席深圳经济特区建立20周年庆祝大会。深圳国际高新技术产权交易所成立。2000年6月27日,港交所在香港联交所上市,香港特区政府是港交所单一最大股东。首座邓小平塑像在深圳莲花山揭幕。深圳出口加工区经国务院批准成立。

2001年,粤港联席会议第四次会议宣布,香港方面决定在行政署下开设粤港合作统筹小组,跟进有关粤港合作事宜的进度和落实,国务院正式批准深圳罗湖、皇岗口岸适当延长通关时间。香港宣布,从2001年11月1日开始放宽及简化海外中国公民申请访港的手续。国际货币基金组织在香港设立分处,这是北京代办处的附属单位。香港回归后内地公安机关与香港警方合作第七次工作会在北京举行。香港与内地第21次粤港边境联络工作年会举行。国际货币基金会发表关于香港报告,赞扬香港1999—2000年抵御亚洲金融危机冲击,以及从危机中迅速复苏所采取的经济和财政政策。香港回归后解放军军舰首次访问香港。香港旅游发展局成立,"动感之都:就是香港"大型旅游推广活动启动。美国国务院发表一项报告说,香港实行"一国两制"后,仍然是亚洲最自由的城市之一。

2002年,香港通过在香港推广普通话的动议。中银香港(控股)有限公司在香港联交所主板挂牌上市。沙头角过境巴士线与香港上水到深圳东门的巴士快线开通。深圳外币实时支付系统与香港联网,实现了两地资金结算即时到账。董建华连任香港特首。深圳南山区屋背岭商时期墓葬群被中国社会科学院评选为"2001年度全国十大考古新发现",该遗址对研究岭南先秦文明、深港远古居民在先秦时期的交流交往具有重要意义。

2003年,内地与香港签署并实施《内地与香港关于建立更紧密经贸关系的安排》(简称CEPA),中国人民银行支持香港开展个人人民币业务,发行人民币债券、开展跨境贸易人民币结算试点。"香港自由行"实行。皇岗口岸客运通道实施24小时通关。胡锦涛视察深圳,要求深圳"加快发展,率先发展,协调发展"。香港特首董建华在第二届香港特区政府的首份《施政报告》中,提出了多项措施振兴经济,主要包括:推动经济转型;加强与内地经济合作。香港暴发"SARS"疫情。政府宣布成立香港航运发展局和香港港口发展局,以进一步发展和推广航运业和港口业务。香港银行试办个人人民币业务。

2004年,深港两地政府签署《加强深港合作的备忘录》及其他8份合作协议(简称"1+8"协议),深港合作会议机制建立。罗湖口岸首次推出自动出入境e道,让持有智能身份证的香港永久居民可以自助出入境。《内地与香港关于建立更紧密经贸关系的安排》(CEPA)正式实施,在CEPA框架下香港银行首个内地分行——香港永隆银行深圳分行正式开业。驻港部队首次公开在香港举行"八一"阅兵仪式。香港银行提供个人人民币服务。尖沙咀"星光大道"投入使用。深交所设"中小企业板块"。深圳举办首届文博会。

图2-3 香港尖沙咀星光大道(赖明明 摄)

2005年,深圳在北京首次提出"深港创新圈"概念。深港联合启动"深港姊妹学校缔结计划"。深圳制定《深圳2030年城市发展策略》,提出未来的深圳将是"强调深港合作、共同发展的世界级城市"。旅客自助查验通道在罗湖口岸投入试运行。国家统一司法考试2004年首次开放让港人参加。粤港城市规划及发展专责小组专家组第一次会议在深圳召开,标志着大珠三角城市规划发展研究工作全面启动。世界贸易组织第六次部长级会议在香港会议展览中心开幕。香港亚洲国际博物馆正式启用。香港迪士尼乐

图2-4 《富豪雪糕》的歌词是"气温太高，溶掉了我的雪糕；车声再破损也好，年月会刻上岁数；怀旧的播放着音乐，流过岁月长路……"在尖沙咀常年可见到一辆富豪雪糕车，虽然没有叮当车出名，却也是香港旅游的标识。雪糕车的历史已经超过了50年（赖明明 摄）

园开业。

2006年，加快建设"深港创新圈"写入深圳市委市政府一号文件。香港宣布将香港边境禁区现有的总面积2800公顷减少到800公顷，以后的边境仅是一条狭长的通道。第二届中国（深圳）国际文化产业博览交易会开幕，香港特区政府第一次组织香港特区政府艺术团参会。粤港澳签署《粤港澳三地突发公共卫生事件应急合作协定》，建立联防联控突发公共卫生事件和重大传染病合作机制。《深圳实施"走出去"战略规划纲要》出台，首次把"走出去"列入城市重点发展战略。

2007年，深港西部通道开通，深圳湾大桥一侧的深圳湾口岸首次采用深港联合"一地两检"查验模式。深港两地政府在香港正式签署《"深港创新圈"合作协议》，进一步提升深港区域在全球的竞争力。深港双方签署《关于近期开展重要基础设施合作项目协议书》，成立"港深边界区发展联合专责小组"。曾荫权成为香港特别行政区第三任行政长官。香港医管局公布内地孕妇到香港公立医院产子的新流程。香港放宽规管受养人来港居住的入境政策开始实施。香港地铁与九广铁路正式合并成立港铁。中央政府在香港回归祖国十周年之际，再次向香港特区政府赠送一对大熊猫。深圳罗湖口岸开通内地旅客自主查验通道，在内地属首创。深圳港年集装箱吞吐量突破2000万标箱，在全球集装箱港口排名位居第四。

2008年，时任国家副主席习近平首次访问香港，实地了解2008年奥运及残奥马术比赛的筹备情况。奥运圣火相隔44年再次在香港传递。国家发改委发布《珠江三角洲改革发展规划纲要（2008—2020年）》，提及将珠三角九座城市与港澳的紧密合作纳入规划。全国两会代表们建议全方位推进深港经贸合作，首次提出共建"两制双城"世界级大都会。深港签署《教育合作协议》。深圳前海湾保税港区设立。香港立法会讨论深港高速铁路工程，表决通过高铁三项拨款的申请。北京奥运会马术比赛在香港举行。国家发改委批准深圳为全国首个创建国家创新型城市试点。首次以政府规范性文件的形式全面推进生态文明建设——《深圳生态文明建设行动纲领（2008—2010）》出台。联合国教科文组织授予深圳"设计之都"称号。国际金融海啸波及香港，香港楼市、股市下跌。

2009年，深圳市民可享受"一签多行"的政策。粤港签署《粤港合作框架协议》。广东省委、省政府颁发《关于推进与港澳紧密合作的决定》。粤港澳举行"第一次共同推进实施《珠三角地区改革发展规划纲要》联络协调会议"，明确提出联合开展《环珠江口宜居湾区建设重点行动计划》。深港签署排放权交易机制的合作备忘录。香港金融管理局与中国人民银行就扩大人民币结算安排签订补充合作备忘录。香港2500名参与"薪火相传"国民教育交流计划的中学师生前往北京和其他内地城市访问。香港举办东亚运动会，这是香港首次举办国际性大型综合运动会。香港提出发展成为"创意之都"。国务院批准《深圳综合配套改革总体方案》，标志深圳的改革开放进入新阶段。深交所创业板开市。深圳文化产权交易所挂牌。

2010年，粤港在京签订《粤港合作框架协议》。国务院批复同意《前海深港现代服务业合作区总体发展规划》。香港中文大学与深圳市人民政府签订教育合作备忘录，双方约定按合作办学模式建立香港中文大学深圳校园。访港旅客人数创历年新高，达 3603 万人次，首次冲破 3000 万大关。香港旅游业议会为加强规管入境内地团而推出"十招"措施。国务院批准深圳经济特区范围扩大到深圳全市，深圳经济特区面积从 327.5 平方公里扩大至 1952.8 平方公里。深圳启动实施"人才安居工程"，在内地率先将住房保障覆盖面扩展到各类人才以及非户籍常住人口。

2011 年，深港签署《深港法律合作安排》。《国家"十二五"规划纲要》论坛在港举行。中国人民银行和国家商务部公布《外商直接投资人民币结算业务管理办法》，促进香港人民币债券市场和融资业务的发展。中国人民银行试点境内机构通过香港的离岸人民币业务中心，进行境外直接投资人民币结算。国家财政部第三次在香港发行人民币国债，总值达 200 亿元人民币。时任国务院副总理李克强访港，带来 36 项中央"惠港"政策。香港与内地签署《内地与香港关于建立更紧密经贸关系的安排》补充协议八，以进一步加强两地的经贸合作和交流。国家将深圳前海开发作为"粤港澳合作重大项目"纳入"十二五"规划纲要。《深圳经济特区前海深港现代服务业合作区条例》（"前海基本法"）通过。深港签署《推进落马洲河套地区共同开发工作的合作协议书》。香港 4 个传统节日——长洲太平清醮、大澳端午龙舟游涌、大坑舞火龙和香港潮人盂兰胜会列入第三批国家级非物质文化遗产名录。启德新邮轮码头举行奠基典礼。港珠澳大桥香港口岸动工。

一 "南方谈话"加速深港合作转型

20 世纪 90 年代初，国际形势风云突变，苏东社会主义阵营轰然倒塌。"右的思潮还没有完全清除，'左'的思潮又有所抬头，两股思潮不同程度地困扰和束缚着人们的思想，严重影响了改革开放和社会主义现代化建设事业。"[①]

[①]《广东改革开放史》课题组：《广东改革开放史（1978—2018 年）》，社会科学文献出版社 2018 年版，第 191 页。

1992年1月19日至2月20日，邓小平相继视察深圳、珠海、上海，发表"南方谈话"，吹响改革开放号角，成为改革开放新的宣言书。

习近平总书记指出："邓小平同志的南方谈话，从理论上深刻回答了长期困扰和束缚人们思想的许多重大问题，推动改革开放和社会主义现代化建设进入新阶段。正是在邓小平同志倡导和支持下，改革大潮汇聚成时代洪流，使中国人民的面貌、社会主义中国的面貌、中国共产党的面貌发生了历史性变化。"①

（一）邓小平"南方谈话"

"邓小平一直对设立经济特区怀有极大的热情，尤其是对深圳经济特区情有独钟。"② 邓小平来过深圳两次，每次视察都站在深圳眺望香港。邓小平第一次视察深圳是在1984年，1992年是邓小平退休后第一次到深圳。在邓小平发表"南方谈话"之前，邓小平多次表态"力挺"深圳经济特区的发展。

1985年，一位刚从外国留学返港的经济学博士发表《深圳的问题出在哪里》一文，对于深圳的各种质疑再度喧嚣。但是，事实胜于雄辩，深圳踏出了一条中国特色社会主义的奋进开拓之路、突破变革之路、创新发展之路。

1985年5月，在六届人大会议上，深圳经济特区建设成就引起关注，全国各地媒体以《四年国民经济总值超过过去30年的总和》为标题对深圳改革开放的成就大加报道。随后，中央决定进一步开放14个沿海城市，委托深圳举办沿海开放城市的经济研讨会。当年，南斯拉夫、缅甸、挪威等多国政要访问深圳，中国经济特区发展引起世界关注。

1985年6月29日，邓小平指出："深圳经济特区是个试验，路子走的是否对，还要看一看，搞成功是我们的愿望，不成功也是一个经验嘛。"③ 1985年8月1日，邓小平再次强调："现在我要肯定

---

① 《习近平：在纪念邓小平同志诞辰110周年座谈会上的讲话》，2014年8月20日，新华社（http://www.xinhuanet.com//politics/2014-08/20/c_1112160001_2.htm）。
② 邢锋、李凤亮：《深圳改革开放史》，人民出版社2010年版，第169页。
③ 《邓小平文选》第3卷，人民出版社1993年版，第130页。

两句话：第一句是，建立经济特区的政策是正确的；第二句话是，经济特区还是一个试验。"①

1987年6月12日，邓小平说："现在我可以放胆地说，我们建立经济特区的决定是正确的，而且是成功的。所有的怀疑都可以消除了。"②

1. "南方谈话"举旗定向

"南方谈话"不仅吹响了中国改革开放的号角，而且给香港增添了信心，为香港回归创造了良好的大环境，推动了深港合作行稳致远。"南方谈话"以后，中国进入改革开放新时期，经济增长突飞猛进，综合实力明显增强，深港合作迈上新台阶。

1992年1月19日早上9时，一列没有车次编号的列车驶入深圳火车站。邓小平在家人的陪同下走出车厢。尽管大冬天的深圳十分阴冷，却未能冷却这位老人来到这座城市视察的热情。邓小平被接到深圳迎宾馆休息，但他只在庭院散步了十多分钟，就要求去市里看一看。在乘车浏览深圳市容的路上，邓小平特别询问深圳利用外资的情况，在听了外资占经济总量25%左右等信息的汇报后，他满意地点点头说，从深圳的情况看，公有制是主体，就是外资部分，我们还可以从税收、劳务等方面得到益处，多搞"三资"企业不要怕。③

1992年1月20日，邓小平在深圳国贸大厦发表了长时间的讲话。

对于坚持党的基本路线与改革开放的关系问题，邓小平特别强调坚持党的基本路线，指出要坚持党的十一届三中全会以来的路线、方针、政策，关键是坚持"一个中心、两个基本点"。强调："不坚持社会主义，不改革开放，不发展经济，不改善人民生活，只能是死路一条。基本路线要管一百年，动摇不得。只有坚持这条路线，人民才会相信你，拥护你。"④

对于姓"资"还是姓"社"的争论问题，邓小平提出了"三个有

---

① 《邓小平文选》第3卷，人民出版社1993年版，第133页。
② 同上书，第239页。
③ 《1992年邓小平南下视察深圳》，2009年9月9日，中国网（http：//www.china.com.cn/aboutchina/txt/2009-09/09/content_18495540.htm）。
④ 《资料：1992年邓小平南方谈话》，2012年1月6日，中国经济网（https：//news.qq.com/a/20120118/001693.htm）。

利于"的标准,他指出:"姓'资'还是姓'社'的问题,判断的标准,应该主要看是否有利于发展社会主义社会的生产力,是否有利于增强社会主义国家的综合国力,是否有利于提高人民的生活水平。"①

对于市场经济与计划经济的争论问题,邓小平指出:"计划多一点还是市场多一点,不是社会主义与资本主义的本质区别。计划经济不等于社会主义,资本主义有计划;市场经济不等于资本主义,社会主义有市场。计划和市场都是经济手段。"②

香港电视媒体在20日中午报道邓小平正在深圳视察的新闻后,下午香港恒生指数旋即升破4500点,对邓小平视察深圳做出积极回应。

在这一天的视察过程中,邓小平强调,在市场经济方面,香港、新加坡做得好,我们要向它们学习。③

在邓小平同志视察深圳期间对改革开放发表的重要讲话还没有公开发表之前,在中共深圳市委的领导下,《深圳经济特区报》运用评论的形式,紧扣邓小平讲话精神及时地宣传敢闯敢干的改革开放精神,引起了国内外新闻媒介的高度重视。

《人民日报》等全国数十家报纸全文或摘要转载部分评论文章。《深圳经济特区报》的"猴年新春八评"编辑部文章每定稿一篇评论,报社总编室就会同步给香港《文汇报》发传真,后者把每一篇转载文章都安排在头版重要位置。"猴年新春评论"发到第二篇时,香港《大公报》主动联系《深圳经济特区报》,希望能够同《文汇报》一样同步转载,其他香港媒体以及台湾、澳门和各国的驻香港新闻机构、通讯社纷纷通过香港《文汇报》《大公报》转载文章,或者编发相关消息。

1992年3月26日《深圳经济特区报》长篇通讯《东方风来满眼春——邓小平同志在深圳纪实》对邓小平"南方之行"进行了详细报道,全国各大媒体纷纷转载和报道,中国改革开放浪潮如滚滚

---

① 《邓小平文选》第3卷,人民出版社1993年版,第372页。
② 同上书,第273页。
③ 《1992年邓小平南下视察深圳》,2009年9月9日,中国网(http://www.china.com.cn/aboutchina/txt/2009-09/09/content_18495540.htm)。

长江,波涛汹涌,势不可当。

2. 选择视察点毗邻香港

邓小平在深圳期间,选择去的三个地方都紧靠香港。

1992年1月19日,邓小平抵深第一天选择的第一站是在罗湖口岸附近靠近香港的深圳火车站。

随后,邓小平视察深圳的第二站选择皇岗口岸。邓小平登上皇岗口岸的最高处,深情地眺望一河之隔的香港落马洲。他的目光很久也没挪开过,而且十分坚定,仿佛告诉人们他对香港回归的期待和对香港前途的信心。

1月20日,邓小平登上了深圳国贸大厦。第53层的旋转餐厅,他再次深情地眺望着香港。

可惜,邓小平未能亲临香港主权回归交接的现场,但他的"改革开放"和"一国两制"思想却深深影响着回归后的深圳和香港。

(二)建立市场经济体系与深港合作转型

20世纪90年代,邓小平"南方谈话"之后,深圳改革开放瞄准率先建立社会主义市场经济体系,深港合作也进入转型期。深港合作由20世纪80年代主要停留在经济、投资层面的合作转向制度层面的合作。这种转向还不是深港已经开始在制度层面探索加强协商与合作,而是深圳主动向香港学习,学习香港在市场经济运行方面的成功经验,借鉴香港市场经济制度,率先探索建立中国特色社会主义市场经济体系。

香港回归之后,深港合作关系进入升级版。1997—1998年亚洲金融危机对香港的冲击,进一步推动深港迈向全面合作关系。

1. 深圳借鉴香港市场经济运作经验

1994年,深圳贯彻落实党的十四大和十四届三中全会精神,制定《建立社会主义市场经济体制总体规划》,提出率先建立社会主义市场经济体制的目标。1995年,国家体改委调研深圳后,确定深圳建立社会主义市场经济体制的初步框架。1997年5月,在全国城市综合配套改革试点工作会议上,深圳第一次系统地介绍建立以十大体系为主要内容的市场经济体系基本框架以及推动改革的经验。

(1)以公有制为主体的多种经济成分并存,以及在市场经济内公平竞争。

（2）以资本为纽带的国有资产监督管理和运营体系。

（3）以市场经济为基础的价格体系。

（4）以商品市场为基础，以要素市场为支柱的市场体系。

（5）社会共济与个人保障相结合的社会保障体系。

（6）以中介组织为主体的社会经济服务监督体系。

（7）适应市场经济需要的国民经济核算和企业财务会计体系。

（8）以按劳分配为主，多种分配形式并存的分配体系。

（9）以间接手段为主面向全社会的经济管理调控体系。

（10）适应特区社会主义市场经济体制需要的法规体系。

深圳市场经济十大体系体现深圳作为改革开放"窗口"与"试验田"的作用，获得社会主义市场经济的先行优势，对全国经济发展具有示范作用。这是邓小平理论指导建立社会主义市场经济卓有成效的探索，"构成了社会主义市场经济体制基本框架的主要内容，也成为我国建立社会主义市场经济体制的重要借鉴和依据"[①]。

2. 深港合作模式转向现代服务业

20世纪80年代，港资北上设厂、"三来一补"、香港转口贸易推动深圳产业结构完成了从农贸经济向以轻工业为主的工业化转型。1985—1992年是深圳"来料加工"工贸高速发展的阶段。

20世纪90年代，深圳抓住全球生产力布局调整的机遇和毗邻香港的区位优势，在推进建立市场经济体系的过程中，推动产业结构向以高新技术产业、先进制造业、现代服务业为核心的新经济转型升级。发展的天平再次眷顾深圳，深圳成功推动经济转型升级，实现跨越式发展。从1993年开始，深圳调整"来料加工"的政策，大量"三来一补"加工业外迁，深圳拉开第一次产业转型升级的序幕。香港是"来料加工"的主要投资者、经营者、管理者。深圳第一次产业转型升级，自然也推动深港合作模式的转型升级。

（1）"来料加工"转型为加工贸易

1994年，深圳中止"来料加工"协议1264项，收入减少

---

① 邢锋、李凤亮：《深圳改革开放史》，人民出版社2010年版，第189页。

4100万美元，宝安、龙岗空置厂房高达140万平方米。1995年，深圳出台《关于加强"来料加工"管理的若干规定》，提出"稳定、发展、提高"的整改方针。1996年，深圳开始执行国务院函〔1995〕105号文，"三来一补"统一归类为"加工贸易"。深圳通过调整引进外资结构，对技术先进、档次较高、产业收益较好的企业优先给予引进和扶持，促使"三来一补"企业向"三资企业"①转型，港资主导的"三来一补"顺利转型为深圳外向型工业经济与对外贸易的主体。

为了加强深港合作，1991年5月至2004年8月，国务院先后批准在深圳设立福田、盐田港、深圳出口加工区、物流园区等保税区。在深圳设立的这些保税区是内地与香港接壤的保税区，成为香港与内地连接的重要通道。深圳保税区的扩大，吸引了出口加工型企业入驻，直接令香港转口贸易经济受益。在香港的转口贸易中，内地一直扮演着最重要的角色，是香港的最大的转口对象，两者的进出口贸易往来密集。

（2）加工工业转向高新技术产业

20世纪90年代，深圳高新技术产业开始逐步发展起来。1995年深圳第二次党代会提出建立"以高新技术产业为先导、以先进工业为基础"的工业体系。

1996年，深圳报国务院批准设立面积为11.5平方公里的深圳高新技术产业园区，鼓励外资、港资、民资投资创办高新技术企业。深圳推出一系列扶持高新技术产业的政策，包括建立产业化市场机制、建立完善的融资体系、建设推动科技转化为生产力的平台。

1999年10月，深圳举办首届中国国际高新技术成果交易会，这是我国第一个国家级高新技术成果交易会，也是我国高新技术领域对外开放的重要窗口和高新技术产业化的重要平台。

二　香港回归推动深港合作升级

1997年7月1日0时0分0秒，在海内外的共同瞩目下，香港

---

① "三资企业"：在中国境内设立的中外合资经营企业、中外合作经营企业、外商独资经营企业三类外商投资企业。

准时回归祖国,中国政府对香港恢复行使主权(见图 2-5)。1 时 30 分,在香港会议展览中心新翼七楼,中华人民共和国香港特别行政区成立暨宣誓就职仪式隆重举行,中华人民共和国主席江泽民向全世界郑重宣告:中华人民共和国香港特别行政区政府成立。与此同时,董建华在庄严的仪式上宣誓就职香港特别行政区第一任行政长官。

图 2-5 《人民日报》1997 年 7 月 1 日头版

深港合作关系性质随着香港回归而发生变化。深港关系由过去分属于中英的外部关系转为同一个国家内部两种不同制度城市之间的合作关系,这就决定深港合作进入升级版。

深港合作的升级版主要有如下三个特点:

第一,深港合作主角发展变化。政府合作走上前台,在推动深港合作中扮演主要角色。

第二,深港合作范围不断扩大。从主要集中在经贸层面的合作扩大到创新科技、旅游服务、口岸基建、空港服务,以及教育、医疗、文化等层面的合作。

第三，深港合作深度不断拓展。推动两地机制与体制互相协调与适应，成为深港合作的主要内容。

相关链接：香港回归纪念邮票

1997年7月1日，国家邮政局发行了《香港回归祖国》纪念邮票1套2枚；小型张1枚；金箔小型张1枚。金箔张的发行量为2000万枚，面值50元人民币。金箔张的画面选取的是从香港会展中心到香港中银大厦之间的建筑群，背景是香港太平山。在画面的右上角是邓小平的侧面像，写有"一国两制"四个红字。

1997年7月1日，香港邮政署发行一套合计6枚"中华人民共和国香港特别行政区成立纪念"邮票。第一枚1.3元港币，画面是一个"喜字"，寓意回归是"大喜"日子。第二枚1.6元港币，画面背景是香港中国银行、汇丰银行、渣打银行三家发钞银行，画面中央是香港最具特色的双层巴士与叮当电车。第三枚2.5元港币，画面是举行香港回归仪式的会展中心。第四枚2.6元港币，画面是一艘集装箱巨轮，背景是香港货柜码头。第五枚3.1元港币，画面中央是代表香港旅游标识的"红帆船"。第六枚5元港币，画面是代表香港的紫荆花，以及一朵彩色祥云（见图2-6）。

同时，香港邮政署发行一枚小型张。小型张画面的近景是维多利亚港，远景是香港太平山的轮廓，中间主体部分是左起铜锣湾、右到上环的香港岛主要建筑群（见图2-7）。

这套纪念邮票与小型张第一次印上"香港"和英文"HONGKONG CHINA"，以及紫荆花的logo。这标志着1997年7月1日香港回归祖国，中国政府对香港恢复行使主权，成立了中华人民共和国香港特别行政区。

香港第一间邮局在1841年11月开业，位于香港中环圣约翰大教堂对面的山坡上。1862年，香港发行第一批邮票。香港的邮票分为通用邮票与纪念邮票。在纪念邮票上印有代表英王室的皇冠。通用邮票则往往选择英女王的头像。19世纪香港通用邮票印的是维多利亚女王头像。第二次世界大战以来,香港通用邮票印的是伊丽莎白女王头像。1997年1月26日,为了方便回归前发行的邮票能在回归后使用,香港发行一套新的通用邮票。这套邮票用维多利亚港、香港太平山,以及建筑群取代伊丽莎白女王的头像。这套香港邮票第一次没有皇冠。

图2-6 "中华人民共和国香港特别行政区成立纪念"邮票首日封

图2-7 "中华人民共和国香港特别行政区成立纪念"小型张邮票首日封

(一)金融危机与深港紧密合作逻辑

间歇性金融动荡,可以说是全球化的副产品。特别是对于经济结构以"外向型经济+服务型经济"为特色的香港,更容易受到外来经济、金融动荡的冲击。每一次外来冲击都推动香港更进一步靠近内地，推动深港加强更紧密合作，这似乎成了香港回归之后推动深港合作的主要外因。

1. 金融危机间歇性冲击香港

随着资本主义从自由经济阶段过渡到垄断经济阶段，金融资本取代产业资本占据主导地位。第二次世界大战之后的全球化浪潮，是以美国金融资本为主导，以跨国公司参与的全球化，这与19世纪英国以产业资本主导通过战争将殖民地纳入资本主义经济体系的第一次全球化有着明显的差异。第二次世界大战之后的全球化，不可能消除资本主义周期性经济危机，反而让这种危机更加频密，破坏力更大，波及范围更广。20世纪80年代以来的经济危机往往表现为金融危机。区域与全球金融危机间歇性冲击香港经济，这是香港回归以来经济波动的主要原因。

香港回归以来，大约每隔10年受到一次较大的金融危机冲击。从1997年开始，香港面对外来冲击大约每隔10年一次，与朱格拉周期一致。[①]

香港回归以来，面对三次重大冲击，当年经济出现负增长。第一场冲击：香港回归伊始，在1997—1998年面对亚洲金融风暴的冲击。第二场冲击：回归大约10年之后，在2008年面对第二场国际金融海啸的冲击。第三场冲击：2019年"暴力旋涡冲击香港经济全年负增长几成定局"[②]。香港特区政府经济顾问办公室2019年11月15日公布，下调2019年香港经济增长预测至-1.3%。这是香港年内第二次下调经济增长预测，也将是香港时隔10年之后再度重现经济年度负增长。

（1）亚洲金融风暴

香港回归第二日，即1997年7月2日，泰国被迫宣布放弃固定

---

① 法国经济学家克里门特·朱格拉（C. Juglar）在《论法国、英国和美国的商业危机以及发生周期》一书中首次提出。提出了市场经济存在着9—10年的周期波动。这种中等长度的经济周期被后人一般称为"朱格拉周期"，也称"朱格拉"中周期。

② 《暴力旋涡冲击香港经济　全年负增长几成定局》，2019年11月16日，新华社（http://baijiahao.baidu.com/s?id=1650287185882302023&wfr=spider&for=pc）。

汇率制度，亚洲金融风暴悄然拉开帷幕。在这场持续两年冲击东南亚、东亚的亚洲金融风暴中，亚洲四小龙、亚洲五小虎的汇市、股市、楼市无不遭到重大打击而下跌，国际金融大鳄利用金融波动赚取暴利，东南亚多个国家苦苦经营多年积攒的财富几乎被洗劫一空，多个国家被"剪羊毛"。①

亚洲金融风暴期间，国际金融大鳄联手利用亚洲金融风暴在外汇市场大量地抛售本币，在股票期货市场大量卖空。泰国、越南、韩国、马来西亚，以及中国的台湾均遭受攻击。国际金融大鳄认为香港是块"肥肉"，在香港金融市场上下其手，企图利用金融风暴而赚取暴利。

1998年的3月19日两会结束，时任国务院总理朱镕基在两会记者会上铿锵有力地表示：只要香港特区政府对中央政府有请求，中央会不惜一切代价来保持香港的稳定，维持港币汇率的稳定。1998年香港股市暴跌最紧要时刻，中央政府坚决履行"不对人民币实行贬值"的诺言，支持香港摆脱金融危机，并派出两名央行副行长到香港，要求所有在港的中资机构全力以赴支持香港特区政府的护盘行动。

1998年8月14日，香港财政司长宣布决定干预股市及期指市场，动用上千亿港元，买下市场6%的股权，成功击退炒家们的疯狂沽售，当日一举将恒生指数推高1200点，致使炒家认赔离场，其中索罗斯旗下基金的损失就达7亿—8亿美元。

2003年4月10日至15日，胡锦涛总书记先后视察广东湛江、深圳、东莞等地，提出科学发展观的思想，强调广东要抓住机遇，加快发展、率先发展、协调发展。

（2）国际金融海啸

2008年发生在美国，因次级抵押贷款机构破产、投资基金被迫关闭、股市剧烈震荡而引起国际金融市场剧烈动荡的风暴，是一场

---

① 国际金融资本势力先向某国投入大量"热钱"，炒高该国的房地产和股市，等泡沫吹大后再将热钱抽走，该国股市、房市暴跌，引发经济危机。然后这些金融资本势力再以极低的价格收购该国的核心资产。进而控制该国经济，以达到间接控制该国政治的目的。

以金融危机为特点的国际经济危机，它致使国际主要金融市场出现流动性不足危机。

2008年9月9日，这场金融危机开始失控，并导致多个相当大型的金融机构倒闭或被政府接管。2008年9月15日，在次级抵押贷款市场危机加剧的形势下，创立于1850年全球最主要的投资银行之一的雷曼兄弟宣布申请破产保护。2008年9月16日，香港证监会对美国雷曼兄弟在香港营运的4家公司发出限制性通知。9月18日，香港金管局决定向市场注入15.56亿港元，维持香港银行体系户口结余增至64亿港元，提前预防银行挤提发生。

香港作为一个高度开放的经济体，实行挂钩美元的联系汇率制，美国的金融风暴对亚洲的冲击，受影响最大的就是香港金融市场。

2008年第三季度统计数据显示香港GDP季度环比增长率已连续两个季度为负增长。金融海啸对香港各行业带来的影响逐渐浮现，股市不振、房地产衰退，银行、投资等金融服务行业放缓，骨牌效应遍及各行各业，最终导致中小企业大面积倒闭，失业人数上升。

2008年后，中央在更广泛的领域支持香港克服危机，发展经济，保持繁荣。2014年4月10日，内地宣布建立沪港股票市场交易互联互通机制。2016年，将机制延伸至深港通。2015年，CEPA框架下的新协议问世，使内地与香港基本实现服务贸易自由化。协议内的"最惠待遇"条款表明，内地对其他国家或地区提供优惠待遇，如有优于CEPA的，也会延伸至香港，保证香港享受内地最优惠的开放措施。

2. 深港紧密合作"烫平"危机

香港的回归，为深港全面合作创造更有利的环境。虽然深港实行的制度不一样，但是，两种制度之间可以建立相互协调机制，以便增进双方的利益。特别在香港面对间歇性金融危机冲击的形势下，深港更紧密合作对于维护香港繁荣稳定的功效便显露出来。

（1）中央"惠港"政策通过深港合作效应更高

香港回归之后，保持香港繁荣稳定上升为主要任务。每次香港遭遇外来冲击，一旦请求中央支持，中央都毫不犹豫施以援手，坚决维护香港繁荣稳定，因此虽然面对多次危机的冲击，香港依然屹立不倒，总能熨平金融危机，渡过难关。

但是，中央的"惠港"政策最终需要落脚到深港合作。例如：2003年香港在"非典"疫情之后，经济停滞，百业萧条。为了发展旅游，繁荣商业，两地开通内地游客香港自由行。由于区位临近，深圳成为香港自由行的最主要客源地。

表 2-1　　香港回归以来中央"惠港措施"（1997—2012 年）

香港面对的冲击	惠港措施
1997—1998 年亚洲金融风暴	香港经济泡沫破灭，金融体系一时风雨飘摇。在中央政府的坚定支持下，香港特区政府毅然入市反击国际金融炒家，最终击退国际炒家，香港金融市场化险为夷
2003 年香港暴发"非典"疫情	香港经济陷入低迷，百业萧条。中央政府施以援手，香港与内地签署 CEPA 协议，这一惠及香港经济的特殊"安排"，涵盖了贸易、金融、服务、旅游等领域，加速了香港与内地之间要素的自由流动。同年启动的内地游客赴港个人游，更直接带动了香港的人流兴旺、经济复苏
2008 年国际金融海啸	开放经济体系的香港受到的冲击明显，经济继续下跌。2008 年 7 月 29 日签署《CEPA 补充协议五》，进一步对香港开放内地服务领域。2009 年初，《珠江三角洲地区改革发展规划纲要》将粤港澳合作确定为国家战略。2011 年，惠港 36 条主要措施包括：继续扩大服务贸易对香港的开放，支持香港积极参与多边和区域经济合作，在内地推出港股组合 ETF（交易所交易基金），支持内地企业到香港上市，支持香港成为离岸人民币业务中心和国际资产管理中心

根据资料整理：1997—2012 年支持香港经济发展相关政策及措施。

（2）"深圳—香港"模式成为合作新常态

香港回归以来，香港与内地的合作主要是通过粤港合作机制推进，也即形成"广东—香港"模式。在粤港合作机制中，深港的合作一直是主要议题之一。例如，香港与内地的跨境基建安排，首先就涉及香港与深圳的跨境基建安排。香港与内地的口岸通关安排，首先就涉及香港与深圳的口岸通关安排。

因此，随着粤港合作机制的发展，"深圳—香港"模式成为合作新常态。这种合作新常态有助于深圳更好地服务香港，也有助于香港更好地借助深圳的优势应对间歇性金融危机的冲击，推动经济发展，繁荣市场。

(二) 深港合作会议机制与深港合作关系升级

香港回归以来，深港合作升级主要体现在三个方面：

第一，深港合作从民间交流合作层面提升到政府交流合作层面。

第二，深港合作在粤港合作机制基础上，建立深港直接沟通交流对话机制。

第三，深港合作的范围突破产业经济范畴，跨境基建、金融、科技、旅游、教育合作提上议事日程，并逐步推动落实。

1. 深港合作会议机制

从粤港联席会议到深港建立政府直接对话与合作机制，这是受深港合作关系不断发展的需要所推动，深港合作会议机制建立后，深港两地政府可以直接沟通，一方面推动大型项目的规划与提高建设效率，另一方面也有效地发挥监督和促进项目落地的功效，它标志着深港合作关系升级。

深港成功搭建合作机制，除深圳的积极推动外，与香港采取积极响应的立场是分不开的。1997年，香港特首董建华提出建议成立粤港合作联席会议。2004年，深港两地政府召开"深港合作会议"。同年6月17日，深港签署《加强深港合作的备忘录》及其他8份合作协议（简称"1+8"协议）。"1+8"协议确定深港合作机制。

深港合作会议机制建立之后，讨论多个涉及深港合作的问题。

第一，讨论共建深港创新圈。

2005年6月，深圳在北京首次提出"深港创新圈"概念。深圳制定《深圳2030年城市发展策略》，提出未来的深圳将是"强调深港合作、共同发展的世界级城市"。2006年，深圳将加快建设"深港创新圈"写入市委市政府一号文件。2007年5月21日，深港两地政府在香港正式签署《香港特区政府、深圳市人民政府关于"深港创新圈"合作协议》，协议明确"深港创新圈"的定义和合作的领域。

第二，讨论推动跨境大型基建。

2005年深港合作会议，双方探讨落马洲河套地区和深港高铁的相关事宜，同意研究落马洲河套地区开发的可行性，规划深圳火车北站，以及开通莲塘口岸。

第三，讨论减少边界禁区面积。

2005年12月，香港特首在施政报告中提出，要加强深港在食品安全、治安、环保等方面的合作，加大跨境基础工程建设，减少禁区面积。[①]

第四，讨论共同开发河套地区。

2007年2月，香港首次提出要与深圳建立战略合作伙伴关系，积极回应深圳开发河套地区的倡议。2007年5月21日，深港两地政府在香港正式签署《关于近期开展重要基础设施合作项目协议书》，确认深港双方合作研究开发落马洲河套地区，成立"港深边界区发展联合专责小组"，负责加快推进落马洲河套地区的研究工作。2017年深港合作会议，深港正式签署《关于港深推进落马洲河套地区共同发展的合作备忘录》。

第五，讨论共建人民币离岸中心。

2008年，深圳市政府报告中提出，推动深港共建人民币离岸中心，促进两地资本市场融合，推动"深圳通"与香港"八达通"互联互通，促进人员往来便利化。

第六，讨论推动高等教育合作。

2008年11月，深港两地教育局在香港签署《教育合作协议》，建立起政府长期稳定的合作关系，两地教育交流合作进入常态化。

---

① 张克科：《十年一剑："深港创新圈"给我们的启示》，《2007中国经济特区论坛：香港回归10周年学术研讨会议论文》，2007年。

相关链接：粤港联席会议

粤港联席会议自1998年起每年一次轮流在广州和香港举办，与会成员由广东省和香港特区政府高层组成。虽然粤港联席会议不是香港与深圳直接的对话交流机制，但是，会议上常能见到深圳政府官员的身影。深圳合作话题是粤港联席会议的重要话题之一。在联席会议上，提出过不少深港方面的合作规划，比如：2000年第3次会议研讨深圳蛇口客运口岸延长开放时间的方案；第12次会议首次提出金融合作及推动前海发展现代服务业；第13次会议首次提出区域合作概念，重点研究促进深圳前海、深港河套、广州南沙3个重点合作区域的发展，特别强调深圳前海地区应按照《前海深港现代服务业合作区总体发展规划》确定的发展定位和产业发展重点，进一步密切深港合作。其中不少规划在会后都得到充分的落实，成为联席会议中深港合作方面的重要成果。

2. 深港合作关系升级

深港合作关系升级体现在深港双方搭建合作平台，或者在内地与香港搭建的平台上加强更紧密合作。

（1）更紧密经贸合作关系

2003年6月29日，中央政府与香港特别行政区共同签署《内地与香港关于建立更紧密经贸关系的安排》（Closer Economic Partnership Arrangement，简称CEPA），确定减少或取消关税和非关税壁垒，促进贸易投资便利化，实现服务贸易自由化。CEPA符合WTO规则，遵循"一国两制"原则，顺应两地产业结构转型升级需求。

2003年，国家支持香港开展个人人民币业务，发行人民币债券、开展跨境贸易人民币结算试点。2008年，深圳政府报告中提出，积极推动深港共建人民币离岸中心，促进两地资本市场融合，推动"深圳通"与香港"八达通"互联互通，促进人员往来便利化。2013年，深圳通与香港八达通实现互联互通。

（2）开放内地游客香港自由行

2003年，香港暴发"非典"疫情，加上之前因1998年亚洲金融风暴袭击带来的房价下跌，香港的经济一度陷入低迷，去港的游客数量呈现下跌趋势，旅游业和零售业都受到了重创。为拯救香港经济，中央政府决定推出"内地旅客赴港"的自由行计划，在2003年7月开放第一批自由行的城市，随后于9月与香港签署《关于开放服务贸易领域的具体承诺》，允许北京、上海、广州、深圳等城市的居民2004年起赴港旅游。随着政策的不断放开，如今已有49个城市的居民可以"个人游"身份赴港。

2009年4月1日之后，深圳居民享受"一签多行"的政策。对于拥有深圳户籍的居民，付100元签证费用就可以享受一年内无限次访港，每次逗留时间不超过7天。[①] 这项措施促进了深圳居民与香港市民的交流往来。

通关人数的不断增长客观上要求对通关流程"去繁就简"，提高通关效率。1997年3月20日，皇岗—落马洲（港方口岸）开通穿梭巴士服务；2005年6月，旅客自助查验通道在罗湖口岸投入试运行，来往粤港更加便捷；2014年9月16日起全面启用电子往来港澳通行证，新证的介质由纸变为卡。

相关链接："香港游"

2001年11月，香港首任特首董建华专门为《香港商报》题词"香港游"专版，他希望，通过大力宣传香港旅游，吸引更多内地游客来港。2001年12月7日，深圳经济特区报业集团、香港商报社联合广东省旅游局、深圳旅游局举办"香港游高峰研讨会"，《香港商报》"香港游"专版正式推出。

《香港商报》发挥沟通两地的优势，策划一系列探讨"香港游"的专题报道，其中就内地旅客的需求、本港旅游设施的改进、两地旅游业的合作、港深延长通关等问题做了深入的报道，并配发"迎

---

① 2015年4月13日开始，"一签多行"调整至"一周一行"，即深圳户籍居民一年可多次往返香港，但仅限每周一次。

接游客高峰，必须早作准备""开放香港游，管理要加强"等多篇社评，全方位探讨如何更好地办好"香港游"，促进旅游业的发展。有关报道在香港及内地特别是广东的读者及业界人士中，引起积极反响（见图2-8）。

图2-8　香港首任特首董建华专门为《香港商报》题词
"香港游"专版

（3）前海深港现代服务业合作区

2010年8月26日，在深圳经济特区30岁生日当天，国务院批复同意《前海深港现代服务业合作区总体发展规划》。前海合作区地处深圳南山半岛西部，伶仃洋东侧，珠江口东岸，和香港隔海相望，临近香港国际机场和深圳机场两大空港，具备深港联手发展现代服务业的突出区位优势。选择在这里设立合作区，既有利于提升区域合作水平，在"一国两制"制度下，探索深化与香港合作的新路径，打造粤港澳合作新载体；也有利于继续发挥深圳经济特区先行先试作用，积累科学改革发展新经验。

在机制体制创新方面，《前海深港现代服务业合作区总体发展规划》中要求：在国家税制改革框架下，充分发挥前海在探索现代服务业税收体制改革中的先行先试作用；在金融改革创新、保险改革创新方面先行先试，推动以跨境人民币业务为重点的金融领域创新合作；探索深港财政资金支持创新服务的新模式，探索海关为深港科技创新提供便利服务的监管新模式；创新政府服务，通过构建高效廉洁的服务型管理机构，减少和规范行政审批，在企业设立、经营许可、人才引进、产权登记等方面提供便捷规范的一站式服务。

在深港合作方面，《前海深港现代服务业合作区总体发展规划》要求：前海在积极落实CEPA有关安排方面先行先试，不断探索香港服务业与内地合作的新模式；不断深化深港两地政府合作，研究制定合作推动前海发展的政策措施、推广计划等；加强深港口岸合作，创新海关、检验检疫、边检等口岸部门监管合作模式；加强深港法律界的交流与合作；支持香港公益性法定机构在前海设立服务平台；支持探索香港人士参与前海管理的形式和途径；鼓励深港工商企业界和专业服务人士开展多种形式的交流合作。

设立前海合作区具有重大现实意义和深远历史意义。在深圳转型和产业升级的背景下，它既是体现高效率的一个试验田，也在区域合作上具有示范意义，能全方位体现深港合作——既是珠三角临近香港的端点，也是香港高端服务业向内地市场拓展的起点，更是深港共建国际大都会的启动区，发挥着深圳走向世界和香港辐射内地的"双跳板"作用。同时，前海合作区也标志着深港合作机制的完善，建立起由国务院有关部门、香港特别行政区、广东省、深圳等各方参加的协调机制。在"一国两制"制度下，助力深港共同塑造最具核心竞争力的国际大都市圈。

2011年3月，国家将深圳前海开发作为"粤港澳合作重大项目"纳入"十二五"规划纲要，深圳从体制机制创新、争取政策、规划建设、招商引资等方面加快推进前海开发开放。

（4）深圳推进国际化城市建设与深港合作

深圳为全面落实《珠江三角洲地区改革发展规划纲要（2008—2020年）》《粤港合作框架协议》所确定的目标任务，于2011年发布《深圳推进国际化城市建设行动纲要》（以下简称《行动纲要》），确定深圳推进国际化城市建设的目标。

第一，《行动纲要》对标的城市就是香港。确定第一阶段（2011—2020年）以香港、新加坡、首尔等城市为目标，大力发展创新金融、高新技术、国际物流、文化创意等优势产业，成为东南亚地区的明星城市，亚太地区有重要影响力的区域性国际化城市。

第二，《行动纲要》重视深港旅游合作。提出积极推进深港旅游业一体化发展，建立区域协作网络，打造国际旅游资讯平台，举办各类有国际影响力的旅游盛事和推介活动。

第三，《行动纲要》规划多项全面深化深港交流与合作的举措。包括：将前海深港现代服务业合作区建设为粤港现代服务业创新合作示范区；加强深港金融合作，支持香港银行经营人民币离岸业务，探索设立金融合资机构，加强金融基建合作，吸引更多的香港金融机构落户深圳，推动深交所与港交所合作；加快推进"深港创新圈"建设，联手打造世界级的创新中心，努力构建完整的产业链和创新链；推动深港跨界基础建设，共同规划建设城际交通及跨界基础设施，加快落马洲河套地区、莲塘等口岸和跨界重大项目的规划建设；加快推进深港空港业务合作；利用香港丰富的国际合作经验和海外资源，开展深港会展合作，以及开展联合投资、贸易、文化、旅游促进活动。

《行动纲要》展现深圳向着国际化城市发展的蓝图，同时，《行动纲要》多处提到香港，充分表达推动的不仅是深圳一个城市的国际化，而是携手香港共建区域国际大都市圈。"深圳要建设国际化城市，没有必要也不太可能单独建成一个国际一流城市，于是就决定了深圳城市的成长路径必须和香港共同打造、共同建设。"[①]

---

① 魏达志：《深圳国际化城市建设的纲领性指引——解读深圳市推进国际化城市建设行动纲要》，《特区经济》2011年第6期，第13页。

第三节 深港合作创新驱动发展阶段

让我告诉世界
中国命运自己主宰
让我告诉未来
中国进行着接力赛
承前启后的领路人
带领我们走进新时代
啊! 带领我们走进那新时代
我们唱着东方红
当家做主站起来
我们讲着春天的故事
改革开放富起来
继往开来的领路人
带领我们走进那新时代
高举旗帜开创未来

——《走进新时代》,蒋开儒作词,印青作曲。

2012年至今,是深港合作创新驱动发展阶段。

在这一阶段,国内与国际两个大局发生了重大变化。党的十八大、十九大先后召开。确定了实现中华民族伟大复兴中国梦的奋斗目标,紧扣统筹推进"五位一体"总体布局、协调推进"四个全面"战略布局,积极投身实现"两个一百年"发展历程。中国经济进入新常态,中国正在走进世界舞台中央,中国面对百年未有之大变局。在以习近平同志为核心的党中央决策部署下,中国高举扩大开放旗帜,坚决维护多边主义规则,全力推动完善全球治理体系,积极参与联合国维和行动,提出构建"人类命运共同体",推动"一带一路"建设,搭建上海合作组织、金砖国家首脑峰会、中非合作论坛、中阿合作论坛等一系列对边合作平台。

2012年，深圳GDP为13319亿元，比上年增长10.0%，连续多年在全国内地城市中保持第四位。人均GDP为126765元，社会消费品零售总额为4009亿元，进出口总额为4668亿美元，出口总额为2714亿美元，一般公共预算收入为40605万元。2018年，深圳经济运行总体稳健向上，GDP总值24221.98亿元，实现高位增长，比2017年增长7.6%，尤其值得关注的是，深圳2018年规模以上工业增加值达9109.54亿元，增长9.5%，为全国首个规模以上工业增加值突破9000亿元的城市。另外，人均GDP为193338元，社会消费品零售总额为6168.87亿元，进出口总额为29983.74亿元，一般公共预算收入3538.41亿元。

2012年，香港GDP为2626.29亿美元，人均GDP为3.67万美元。2018年，香港GDP为3629.93亿美元，人均GDP为4.87万美元。

这一阶段是深港合作创新驱动发展阶段，深港合作的主要特点是：

第一，深港合作对接国家发展规划。深港合作一开始就不仅仅是两个城市之间的合作，随着中国经济进入新常态，"一带一路"倡议、"粤港澳大湾区"规划相继提出，为深港合作提供更大的发展平台。深港能够在对接国家发展规划的基础上，推动更高水平、更广范围、更有效率的合作。

第二，深港建立政府合作新常态。深港合作进入顶层设计，深港直接对话交流合作机制建立，前海自贸区、河套科技合作区等合作平台陆续搭建。深港跨境基建与口岸通关安排要求政府协商沟通，客观上推动政府加强合作，深港两地政府合作成为新常态。

第三，深港重点领域合作取得新突破。深港在金融、投资、科技等重点领域的合作取得新突破，这是实现创新驱动发展的重要合作，也是推动现代服务业经济结构不断升级换代的重要渠道。

第四，深港合作面临新的机遇与挑战。在这一阶段，深圳坚决贯彻党的十八大、十九大精神，全面落实习近平总书记对广东和深圳工作的重要指示精神，以习近平新时代中国特色社会主义思想为指导，加快建设现代化国际化创新型城市和国际科技、产业创新中心，加快建设社会主义现代化先行区。深港合作40年，深圳在"变"，香港也在"变"，中国在"变"，世界也在"变"。百年未有之大变局体现在深港合作中，因此，探索深港合作的新模式、新做法、新方向，成为这一阶段深港合作的主要特点。

2012年以来，与深港合作有直接关联，或者间接影响深港合作的事件主要包括：

2012年，习近平总书记视察深圳。粤港澳共同公布在珠江三角洲地区的《共建优质生活圈专项规划》；《〈内地与香港关于建立更紧密经贸关系的安排〉补充协议九》签署，纳入43项服务贸易自由化和便利贸易投资的措施。香港连续第十八年获传统基金会评选为全球最自由经济体系，香港在菲沙研究所发表的《世界经济自由度：二零一二年周年报告》中蝉联全球最自由经济体，香港被世界经济论坛编制的报告评委金融发展指数连续两年排名首位。梁振英成为香港特别行政区第四任行政长官。香港对内地孕妇到香港私家医院分娩实施零配额政策。

2013年，《内地与香港关于建立更紧密经贸关系的安排》的《补充协议十》签署。第二阶段边境禁区范围缩减计划实施，超过710公顷土地从边境禁区释出。时任香港特首梁振英在他的首份《施政报告》中提出多项计划，处理房屋及土地供应、扶贫安老及环保等主要问题。

2014年，内地与香港根据《内地与香港关于建立更紧密经贸关系的安排》框架，就基本实现广东与香港服务贸易自由化签订协议。内地为香港服务业开放广东153个服务贸易分部门，占全部服务贸易分部门的95.6%。香港特首梁振英在他的第二份《施政报告》中承诺，政府会致力发展经济，改善民生，并推动政制发展以加强管治。

2015年，深圳户籍居民前来香港的"一签多行"个人游签注改为"一周一行"。香港与内地在《内地与香港关于建立更紧密经贸关系的安排》框架下签署《服务贸易协议》。中国国际贸易促进委员会和香港调解中心在香港共同成立"内地—香港联合调解中心"。香港举办两项大型活动，纪念香港特别行政区《基本法》颁布25周年。

2016年，香港与广东省推出电子支票联合结算服务。深港通开通，香港和海外投资者可买卖深圳上市的合资格A股，内地投资者也可买卖香港上市的合资格股票。香港特首梁振英在他的第四份《施政报告》中公布，政府将设立"一带一路"办公室。香港特区政府连同香港贸易发展局首次举办"一带一路"高峰论坛。港铁学院为来自香港、内地，以及"一带一路"地区和世界各地的铁路专业人员提供培训。

2017年，习近平总书记出席香港回归祖国20周年庆祝活动和香港特别行政区第五届政府就职典礼。党的十九大报告表示中央政府会继续支持香港融入国家发展大局。香港特区政府与深圳市人民政府签署《关于港深推进落马洲河套地区共同发展的合作备忘录》，发展占地87公顷的"港深创新及科技园"。港珠澳大桥全线贯通。粤港跨境电子账单服务推出。香港和内地在《内地与香港关于建立更紧密经贸关系的安排》的框架下签署《投资协议》和《经济技术合作协议》。香港与内地签署《内地与香港特别行政区关于在深港高铁西九龙站设立口岸实施"一地两检"的合作安排》。《国家发展和改革委员会与香港特区政府关于支持香港全面参与和助力"一带一路"建设的安排》签署。国家开发银行首次在香港发行"一带一路"债券，为"一带一路"国家的项目提供融资。香港特首梁振英在他的第五份亦即最后一份《施政报告》中表示，国家"十三五"规划及"一带一路"倡议为香港在金融服务、专业服务，以及创新及科技领域的发展提供了重大机遇。林郑月娥当选为第五届香港特首。

2018年，《深港高铁（一地两检）条例》正式实施，深港高铁正式通车。港珠澳大桥也正式开通。香港"明日大屿"计划公布。港澳台居民可领内地居住证。港交所推同股不同权。中银、渣打、汇丰三大发钞银行更破天荒地首次用了5个同样主题——国际金融中心、香港地质公园、粤剧、香港蝴蝶、饮茶。

一 新时代加强深港合作顶层设计

党的十八大闭幕不久,习近平总书记于 2012 年 12 月 7—11 日在广东视察。在深圳期间,他前往深圳莲花山向邓小平塑像敬献花篮,与前来登山的深圳市民亲切握手交谈,掀起了一股清新的政治新风。习近平总书记在广东视察期间发表重要讲话指出:"我国改革已经进入攻坚期与深水区,我们必须以更大的政治勇气和智慧,不失时机深化重要领域改革。"① 习近平总书记对广东提出"三个定位、两个率先"的重要要求,即"广东要努力成为发展中国特色社会主义的排头兵、深化改革开放的先行地、探索科学发展的试验区,为率先全面建成小康社会、率先基本实现社会主义现代化而奋斗"。

改革开放进入"深水区"寓意要求处理好"摸着石头过河"与顶层设计的关系。一方面,摸着石头过河就是摸规律,体现了实事求是的求实精神,勇于探索的创新精神,全面深化改革仍然需要重视摸着石头过河;另一方面,正因为改革进入"深水区",改革更为复杂,加强顶层设计显得尤为重要。把摸着石头过河与顶层设计结合起来,就是将"自上而下"与"自下而上"的改革结合起来。

改革开放的顶层设计提上重要议事日程。深港合作属于深圳改革开放的重要内容,加强深港合作顶层设计也提上重要议事日程。

(一) 一个"小圈"与一个"大圈"

1979 年,那是一个春天,有一位老人在中国的南海边画了一个圈,这就是深圳经济特区。2019 年,习近平总书记在中国的南海边画了一个更大的圈,那就是粤港澳大湾区。

2014 年 3 月两会期间,习近平总书记参加十二届全国人大二次会议广东代表团审议。在大会上,习近平总书记再次对广东提出殷

---

① 中央党史和文献研究院:《改革开放四十年大事记》,人民出版社 2018 年版,第 88 页。

切期望,希望广东继续发扬敢为人先的精神,大胆实践探索,在全面深化改革中走在前列。

2016年3月,《中华人民共和国国民经济和社会发展第十三个五年规划纲要》明确提出:支持港澳在泛珠三角区域合作中发挥重要作用,推动粤港澳大湾区和跨省区重大合作平台建设。

2016年3月,国务院印发《关于深化泛珠三角区域合作的指导意见》,明确要求广州、深圳携手港澳,共同打造粤港澳大湾区,建设世界级城市群。

2017年7月1日,习近平总书记在出席香港回归20周年纪念大会期间,出席《深化粤港澳合作推进大湾区建设框架协议》签署仪式。在习近平总书记见证下,粤港澳三方共同签署了《深化粤港澳合作 推进大湾区建设框架协议》。

2017年10月18日,习近平总书记在中国共产党第十九次全国代表大会上做报告,明确提出"要支持香港融入国家发展大局,以粤港澳大湾区建设、粤港澳合作、泛珠三角区域合作等为重点,全面推进内地同香港互利合作,制定完善便利香港居民在内地发展的政策措施"。

2018年3月7日,习近平总书记在参加广东代表团审议时指出,要抓住建设粤港澳大湾区重大机遇,携手港澳加快推进相关工作,打造国际一流湾区和世界级城市群。

2018年5月10日和5月31日,习近平总书记先后主持召开中央政治局常委会会议和中央政治局会议,对《粤港澳大湾区发展规划纲要》(如下或简称《纲要》)进行审议。

2018年11月,《中共中央 国务院关于建立更加有效的区域协调发展新机制的意见》明确指出,以香港、澳门、广州、深圳为中心引领粤港澳大湾区建设,带动珠江—西江经济带创新绿色发展。

2019年2月18日,中共中央、国务院印发《粤港澳大湾区发展规划纲要》。粤港澳大湾区这个"大圈"画出来了。

在地图上,深圳经济特区与粤港澳大湾区,一个是"小圈",

另一个是"大圈"。经过改革开放40年之后，要在发扬"摸着石头过河"的求实精神与开拓精神基础上，重视顶层设计。这种变化传递着如下信息：

第一，顶层设计：改革从局部突破转变为全面深化改革，要将自下而上的改革探索与自上而下的顶层设计结合起来，尊重发展规律，坚持科学发展观。

第二，城市群发展：珠三角内每个城市的发展转变为粤港澳大湾区内城市群的协调发展，这有助于最大限度地发挥资源要素的存量优势，促使资源要素自由配置，提高资源要素的利用效率，提高投入产出比，提高经济增长率，维持可持续发展。

第三，深港合作：深港合作从两个城市的合作转变为粤港澳大湾区背景下两个城市更紧密的合作。深港不仅可以发挥各自优势，通过合作增进共同福利；而且可以利用好粤港澳大湾区的整体优势与"政策红利"，推动深港合作在新时代迈上新的层次。

（二）"先行示范区"与"粤港澳大湾区"

2017年12月，深圳市市委六届八次全会专题讲话提出，深圳要携手香港在粤港澳大湾区世界级城市群建设中发挥核心引擎作用。

2018年1月，深圳市委六届九次全会提出，要主动服务粤港澳大湾区建设，在更高水平对外开放上实现新突破。

2018年7月，深圳市委六届十次全会强调，抢抓粤港澳大湾区建设重大机遇，努力形成全面开放新格局，以及携手周边城市共建粤港澳大湾区核心引擎和"一带一路"建设支点。

2018年8月，粤港澳大湾区建设领导小组借助已有优势，提出建议建设"广州—深圳—香港—澳门"科技创新走廊。这意味着广深科技创新走廊进一步延伸至港澳，并最终形成环珠江口的创新环道。

2019年1月，深圳市委六届十一次全会在部署2019年十项重点工作时表示："举全市之力推进粤港澳大湾区建设，努力形成全面开放新格局"，会议强调说，粤港澳大湾区建设是深圳新时代改革开放的总牵引,是开拓高质量发展的大机遇,必须贯彻到全市改革发展全过程,着力增强粤港澳大湾区核心引擎功能。

2019年2月18日,《粤港澳大湾区发展规划纲要》正式发布,这份纲领性文件对粤港澳大湾区的战略定位、发展目标、空间布局等方面做了全面规划。

2019年8月18日,中共中央、国务院发布《关于支持深圳建设中国特色社会主义先行示范区的意见》(以下简称《意见》)。2035年,深圳高质量发展成为全国典范,城市综合经济竞争力世界领先,建成具有全球影响力的创新创业创意之都,成为我国建设社会主义现代化强国的城市范例。

2019年,《纲要》与《意见》间隔6个月推出,并且指向同一个区域,传递着如下信息:

第一,改革开放是发展与合作的原动力。发展需要改革,合作更离不开改革。深港合作的历史可以梳理出这样的逻辑:深圳向香港学习,借鉴香港市场经济运作经验,通过"学习—借鉴—改革—发展",建设经济增长、社会稳定、文化繁荣的现代化城市,一方面深圳"先行先试"发挥改革开放"试验田"的作用,另一方面深圳发展推动香港经济转型升级,发挥服务香港的功能。深圳在《意见》中被确定为"先行示范区",就是要继续发挥好改革开放是发展与合作的原动力,通过加快深圳全面改革,进一步推动粤港澳大湾区与深港合作发展。

第二,准确把握"一国两制"原则及推动实践。《纲要》传递的信息是,港澳是中国的一部分,国家发展规划不会忘记港澳,"保持香港、澳门长期繁荣稳定"[①]是中央始终不渝的立场。《意见》传递的信息是要准确把握"一国两制"原则,任何发展与合作,都不会是"齐步走",深圳要发挥好"先行示范区"作用,主动推动粤港澳大湾区与深港合作。

---

① 《一文速览!十九届四中全会公报要点摘编》,2019年10月31日,人民网(http://cpc.people.com.cn/n1/2019/1031/c164113 - 31431657.html)。

相关链接：世界四大湾区

粤港澳大湾区是继美国纽约湾区、美国旧金山湾区、日本东京湾区之后世界第四大湾区。

东京湾区有全世界最密集的轨道交通网，湾区内80%—90%通勤客运依赖轨道交通。在庞大港口群的带动下，东京湾地区逐步形成了京滨、京叶两大工业地带，钢铁、石油化工、现代物流、装备制造和高新技术等产业十分发达。东京湾区可称为"产业湾区"。

美国的纽约湾区是世界金融的核心中枢，其金融业、奢侈品、都市文化等都具有世界性的影响力。湾区中有纽约曼哈顿（世界第一大经济体美国的经济和文化中心，也是联合国总部大楼的所在地）、华尔街（世界金融的心脏，拥有纽约证券交易所和纳斯达克证券交易所），和2900多家世界金融、证券、期货及保险和外贸机构，美国7家大银行中的6家均设于此。纽约湾区可称为"金融湾区"。

旧金山湾区，以科技发达著称，拥有举世知名的硅谷和斯坦福、加州伯克利等20多所著名大学，谷歌、苹果、Facebook等互联网巨头和特斯拉等企业全球总部。这里气候环境宜人，集聚了越来越多的高科技人才，科技发展迅猛。旧金山湾区可称为"科技湾区"。

粤港澳大湾区和以上三大湾区有很大的不同，三大湾区都是基于一个城市的经济发展带动四周，都是在同一种社会制度、同一种体制的框架内进行建设，而粤港澳大湾区，有着一个国家、两种制度、三个关税区和三种货币的条件，制度方面的差异较大，所以更需要考虑机制创新和地区之间的合作，才能实现共赢。

二 搭建多个重要合作平台

在传统合作发展基础上，深港合作有两大特色：第一，深港合作向外挖潜力，与其他合作平台对接，形成相互促进的共生发展生态,深港合作对接"一带一路"倡议。第二,深港合作向内挖潜力,搭建专业性强、更紧密合作的平台。

(一)深港与外围合作平台

深港是"一带一路"的重要节点城市。"一带一路"的发展为深港合作开辟了新的合作空间,带来了新的商机。

截至2018年,中国同"一带一路"国家共建82个境外合作园区,同"一带一路"国家贸易总额超过6万亿美元,对"一带一路"国家直接投资超过900亿美元,"六廊六路多国多港"的互联互通架构基本形成。

1. 深港设施联通

基础设施互联互通是"一带一路"建设的优先领域。

深港在基础设施建设上的合作从20世纪80年代就开始了。中国最重要的基建类股份制企业都在香港上市。深港携手可以在"一带一路"基建领域发展作用。包括:抓住交通基础设施的关键通道、关键节点和重点工程,开展基建工程招投标合作,合作建设,强化基础设施绿色低碳化建设和运营管理。

2. 深港贸易畅通

贸易合作是"一带一路"建设的重点内容。

深港在贸易上的领先优势明显。香港是重要的转口贸易港,积累了丰富的贸易、物流、航运经验,拥有大批相关人才。深圳货柜码头管理一流,服务优质,航线遍布全球。深港携手可以为"一带一路"沿线国家与地区的港口、码头提供发展经验与优质服务。

截至2018年6月,通过直接或间接的投资方式,招商局参与中国15个码头、海外15个国家的21个码头的投资,具体如表2-2、表2-3所示。除此之外,招商局港口通过收购法国码头运营商TerminAl Link的部分股权,间接投资和运营位于8个国家的13个海外港口。2018年中报显示,仅2018年上半年,招商局港口海外码头项目集装箱吞吐量就达到1009万TEU,同比增长18.2%。

表2-2 招商局港口海外码头业务分布（截至2018年6月）

序号	国家	港口	备注
1	斯里兰卡	科伦坡	由招商局港口直接开发、投资、运营
2		汉班托塔	
3	尼日利亚	拉各斯	
4	多哥	洛美	
5	吉布提	吉布提市	
6	土耳其	伊斯坦布尔	
7	巴西	巴拉那瓜	
8	澳大利亚	纽卡斯尔	
9	科特迪瓦	阿比让	通过Terminal Link间接参与投资、运营
10	马耳他	马沙斯洛克	
11	比利时	安特卫普	
12	希腊	塞萨洛尼基	
13	韩国	釜山	
14	摩洛哥	卡萨布兰卡	
15		丹吉尔	
16	法国	福斯	
17		勒阿弗尔	
18		敦刻尔克	
19		蒙图瓦尔	
20	美国	迈阿密	
21		休斯敦	

表2-3 招商局港口海外投资的具体对象（截至2018年6月）

年份	海外投资对象	港口	国家	持股比例/%	项目主要业务	备注
2010	Tin-Can Island Container Terminal Limited	拉各斯港庭堪岛码头	尼日利亚	28.5	集装箱码头服务	通过一间附属公司（持股60%）收购TICT 47.5%的股份

续表

年份	海外投资对象	港口	国家	持股比例/%	项目主要业务	备注
2011	Colombo International Container Terminals Limited	科伦坡港	斯里兰卡	85	集装箱码头服务	2011年获得55%的股份，2012年进一步收购30%股份
2012	Lomol Container Terminal S. A.	洛美港	多哥	35	集装箱码头服务	2012年收购50%的股份，2014年减持20%
2013	Port de Djibouti S. A.	吉布提港	吉布提	23.5	多功能码头服务	2012年通过一家全资附属公司与吉布提港口和自由贸易区管理局签订购股协议，2013年完成收购PDSA
2013	Terminal Link SAS	涉及全球13个集装箱码头	法国	49	集装箱码头服务	在欧洲、地中海盆地、非洲、美洲及亚洲经营集装箱码头
2015	Kumport Liman Hizmetlerive Lojistik Sanayive Ticaret Anonimsirketi	伊斯坦布尔港康普特码头	土耳其	26	集装箱码头服务	通过一家附属公司（持股40%）收购Kumport 65%的股份
2017	Hambantota International Port Group (Private) Limited	汉班托塔港	斯里兰卡	85	港口管理及设施营运服务	根据特许经营权协议，招商局港口收购HIPG 85%的股份，同时，HIPG收购HIPS 58%的股份
2017	Hambantota International Port Services Company (Private) Limited	汉班托塔港	斯里兰卡	49	港口管理服务	根据特许经营权协议，招商局港口收购HIPG 85%的股份，同时，HIPG收购HIPS 58%的股份

续表

年份	海外投资对象	港口	国家	持股比例/%	项目主要业务	备注
2017	TCP Participacoes S. A.	巴拉那瓜港	巴西	90	港口设施营运服务	巴西第二大集装箱码头，2018年完成收购
2018	Gold Newcastle Property Holding Pty Limited	纽卡斯尔港	澳大利亚	50	干散货码头服务	全球最大的动力煤出口港，2018年完成收购

3. 深港投资与资金融通

资金融通是"一带一路"建设的重要支撑。

深港在投资与资金融通上的优势突出。首先，深港民间资金、市场资金充裕。其次，深港投资企业在投资领域具有丰富的经验。最后，深港对外投资具有无法比拟的制度优势。香港是最大的人民币离岸结算中心。

根据SWIFT（环球银行金融电信协会）的资料显示，2014年1月至2017年10月，香港完成的离岸人民币清算占70%—78%。SWIFT于2018年4月公布的"人民币追踪"显示，香港目前是全球最大的人民币清算中心，占中国境外人民币业务的74.98%。香港也是人民币支付的主要中介地，有77.70%的人民币商业支付通过香港中转。（根据SWIFT公布的数据，伦敦市场占人民币货币对外汇交易量的38.63%，排名第一。）

根据SWIFT数据，自2012年至2017年，人民币外汇交易数量由222万增长至1460万，据其公布的2018年3月外汇交易量最大的国家（不包括CLS，CLS是领先的全球外汇结算服务提供商，约占银行间外汇交易50%的份额。），内地外汇交易金额总量占比10.12%，仅次于美国，位居第三，香港占比6.35%，伦敦是离岸人民币外汇交易确认量领先的市场，约占38.63%的份额。

(二) 深港双方合作平台

1. 前海自贸区现代服务业平台

"前海自贸区"是深港搭建的现代服务业平台。

2015年4月27日上午9时，作为广东自贸区组成部分之一的深圳前海蛇口自贸区在前海举行挂牌仪式（见图2-9）。

图2-9 前海深港现代服务业合作（赵玲 摄）

2. 落马洲河套科技合作平台

落马洲河套地区是深港合作的又一重要片区。

2017年1月3日，深港两地政府正式签署《关于港深推进落马洲河套地区共同发展的合作备忘录》，同意在落马洲河套地区合作建设"港深创新及科技园"，吸引国内外顶尖的企业、研发机构和高等院校进驻河套。同年7月1日签署《深化粤港澳合作，推进大湾区建设框架协议》，将港深创新及科技园列为重大合作平台项目。随后在10月6日，香港科技园公司成立附属公司——港深创新及科技园有限公司，负责落马洲河套地区"港深创新及科技园"的上盖建设、营运、维护和管理。

2018年2月28日，香港2018年至2019年度财政预算案公布将预留200亿港币用于落马洲河套地区"港深创新及科技园"第一期发展，包括土地平整、基础设施、上盖建设和早期营运。

第三章 深港合作模式及主要领域

> 理想一起去追
> 同舟人誓相随
> 无畏更无惧
> 同处海角天边
> 携手踏平崎岖
> 我们大家
> 用艰辛努力写下那
> 不朽香江名句
> ——《狮子山下》，罗文演唱，黄霑作词，顾嘉辉作曲

深港合作首先是经济的合作，合则双赢，分则双输。这是深港合作40年的历史经验，也是深港未来发展的基本轨迹。

深港合作处在不同的经济发展阶段，都有一种比较突出的合作模式。深港合作模式，并不是深港的选择，而是市场经济自发的选择。这种自发选择的经济合作模式能够适应经济发展不同阶段的需要。因此，不同经济合作模式之间并不存在绝对的高低与好坏。"好"的合作模式能够实现双赢，反之就是"坏"的合作模式。当然，在不同的经济发展阶段，肯定有一种主流的合作模式；但是，这并不等于在不同的经济发展阶段只能对应一种合作模式。深港合作的实际情况是，每一个发展阶段有一个主流的合作模式，兼顾多种合作模式并存。

深港合作40年，先后经历"前店后厂"模式、"双向合作"模式、"全方位合作"模式、"对接国家规划合作"模式。深港在经

贸、投资、金融、科技、旅游、基础设施、人才教育等主要领域逐步展开合作，优势互补，携手开创更加辉煌的深港合作新篇章。

第一节　深港合作的模式演变

20世纪70—80年代，香港已是全球三大金融中心之一，亚洲四小龙之首，是耀眼的"东方之珠"。

1980年8月26日，深圳经济特区登上了历史舞台。深圳在学习香港、借鉴香港过程中，拉开深港合作的序幕。深港经济合作成为影响推动深圳改革开放和城市发展的重要因素，对深圳推进国际化城市建设产生深远影响。作为中国改革开放最重要的一扇窗口，深圳也成为香港与内地经济联系和资源输送最重要的天然通道，为香港经济和社会民生发展提供重要条件。

深港在不同的经济发展阶段先后创造四种合作模式，即"前店后厂"模式、"双向合作"模式、"全方位合作"模式、"对接国家规划合作"模式。

一　"前店后厂"模式

在深港合作的起步探索阶段，深港利用长期的交流历史所建立的社会网络，充分发挥经济效应，利用亲缘、乡缘优势，香港企业家回到广东投资，将制造业产业链中的低价值部分转移至广东，形成"前店后厂"的跨境合作模式。

（一）合作模式概况

1978年12月，深圳引进的第一家外资企业就是香港的怡高实业公司，合作项目是简单的"三来一补"加工。[1] 自1978年起，香港商人在深圳成规模地进行工业投资，香港的资本占据深圳外商直接投资中的大部分。处在改革开放的初期阶段，深圳市出土地、厂房，香港方出资金、设备技术合作生产经营的合作方式是主要合作

---

[1]　黄朝永：《港资北移与粤港经济一体化研究》，《地域研究与开发》2002年第21卷第2期。

模式，这种合作模式即"三来一补"。1979—1989年深圳利用外资的比重达53%左右，合资为27%，独资占19%。1979—1985年间，深圳批准的4696项外商投资项目中，"三来一补"3576项，占76%。1979年至1993年，香港在深圳的实际投资为38亿美元，占深圳外资的60%以上。

但进入20世纪90年代后，港商在深投资项目转向资金密集、技术密集型项目，一是为适应国际产业转移的新形势，二是受深圳积极引导外商投资高新技术项目和基础设施等产业政策的影响。数据显示，1990年"三来一补"项目所占比重下降到54.8%；1996年合作方式利用港资的比重下降为13.5%，合资升至45.1%，独资升至41.5%。①

深圳当时的七大主导产业，如计算机及其软件、微电子及其基础元器件、视听设备、通信设备等，其中大多数为港商投资企业，例如康佳、中华自行车、开发科技、联想电脑、科兴生物、康泰生物等。同时，深圳的一些重大基础设施，如盐田、蛇口、赤湾、凯丰等港口码头，平南铁路，梅观、机荷高速公路，广东核电，妈湾电力等先行产业，都有港商参与投资兴建。

（二）合作模式特点

在深圳对外开放之初，香港主要是将轻型加工业向外转移。这一时期港商在深圳的投资项目，主要集中为食品、电子、纺织服装、玩具、家具、钟表、自行车、塑胶、五金等劳动密集型项目。在这个模式下，香港来深办企业主要采用"三来一补"的形式，香港接单、深圳生产，再通过香港转口贸易。

这一模式下，香港在深圳投资的都是劳动密集型企业，这解决了大量劳工就业问题。最初，是深圳、东莞本地的劳动力满足办厂所需要的工人。随后，大量的企业先后进入深圳开办更多的工厂，吸引广东省内如粤东、粤西、粤北地区的劳动力。随着工厂越办越兴旺，逐步扩大到吸纳邻近广东的湖南、广西、江西等地的剩余劳动力。港资企业与内地劳动部门合作，派包车接民工来到珠三角。

---

① 资料来源：深圳市统计年鉴。

20世纪80年代、90年代百万民工下深圳，形成特殊的民工潮，深圳成为最早聚集打工仔的城市。

同时，随着香港制造业向深圳的大规模迁移，深圳的工业化进程显著加快，在很短的时间内取得前所未有的成绩。深圳经济特区创建初期，深港的经济发展水平相差悬殊。但改革开放后深圳作为我国对外开放的桥头堡之一，积极承接香港的产业转移，在成为香港的加工业基地的同时，启动自身的工业化进程。工业化的发展相应促进城市化的推进，这较大地改善和发展深圳的基础设施建设和相关服务业。同时，香港制造业大量迁出，也使香港完成后工业化的产业转型，即由制造业转型为服务和金融业。

香港利用其金融优势，为深圳的经济起飞提供资金支持。内地金融市场在当时还不健全和完善，融资困难，制造业的发展刺激深圳的经济发展，亟须大量资金，香港扮演为深圳及广东经济的发展融资的角色，而深圳的资金需求也促进香港金融市场的进一步繁荣。

这一阶段合作仍然表现为市场导向、港商投资为主等特点。在合作主体和合作促进方面，主要局限在民间层次的交流合作，由两地政府推动的合作较少，两地也缺乏由低层次合作向高层次合作升级的共识。在两地的合作方向上，首先是在以制造业为代表的工业领域，在运作机制上合作较少；其次主要是在部分生产场所，港口设施，水电、交通等城市基础设施，但在城市规划与城市职能之间的合作相对缺乏，跨境服务能力的限制阻碍两地合作在现有基础上的进一步扩大。这些因素都不同程度地影响深港合作的进一步深化和扩展。

在"前店后厂"这一合作模式下，深港合作的主要动力来自民间和企业，香港与内地政府间并没有密切的沟通，更缺乏主动的制度性互动。尽管如此，深港在这一阶段的合作中，均实现各自的基本目标和利益诉求：一方面，深圳工业化快速起飞，并加入国际产业链条；另一方面，香港也进入后工业化时代，形成以现代服务业为主体的产业结构。深港产业的关联与互补，为今后的发展和合作奠定良好的基础。

相关链接：打工妹

深港"前店后厂"需要招聘大批工人，这就催生改革开放移民潮。20世纪80年代、90年代百万劳工下深圳，深圳成为聚集打工者的城市。打工妹就是改革开放移民潮中新的"孔雀东南飞"。

词人左河水以传统的鹧鸪天词牌格律创作了这《鹧鸪天·打工妹》，作品反映了一位农村姑娘进城打工的故事，一位勤劳的姑娘不甘心一生在乡下种地，决心到远方的城市闯天下。经过一番努力打工，终于成为服装企业绣衣出口的能手。作品表现了农村姑娘在改革开放大潮中，从农村走向大都市的"二次大转变"。

二 "双向合作"模式

在深港合作的转型与升级阶段，特别是香港回归之后，"双向合作"模式逐步取代"前店后厂"成为深港合作的主要模式。"双向合作"模式突破资金及资源配置主要是沿着"香港到深圳"的单向渠道，形成深圳和香港资金、资源双向配置的合作模式。CEPA的签署，使得深港内部的资源流动逐渐以经济性往来取代习俗性交往成为主要交流形式。这是深港经贸交流与合作的一个历史性时刻，意味着深港经济整合从制造业转移、走向服务业承接，深港开始展开双向合作。

（一）合作模式概况

经过以市场为导向，民间推动、香港企业家主导的内部跨境产业分工和承接发展，香港成功地通过内迁制造业至深圳及其他珠三角地区逐渐实现产业结构调整升级，催生一定数量和规模的制造业领域的合资、合作经营、股份制等形式的私营公司。

1997—1999年间深圳实际利用港资相当于之前18年间总额的六成。1999—2003年，在深圳的外商直接投资总额中，香港投资占80%以上。1998年，为再度激起并鼓励粤港澳三地跨境合作，持续改善以劳动力为关键生产要素的流动状态，粤港之间率先开始政府层面的对话，建立粤港合作联席会议制度，共同解决口岸"通关"

及交通"通行"等基础硬件设施建设，粤港澳经济合作关系也从早期的单向转为双向。深圳本土的企业也发展起来，不少企业开始拓展海外业务，纷纷到香港投资，开办与贸易、地产、服务及工业相关的企业。深圳的驻外企业中，有差不多一半是设在香港。

（二）合作模式特点

2003年6月，CEPA签署，这是内地与港澳经贸交流与合作的重要里程碑。CEPA是开放性制度合作平台，极大地促进粤港澳生产及生活要素的流动，推动粤港澳大湾区经济合作。

这个模式下，深圳的港口物流业获得长足发展，高科技产业也粗具雏形，金融等服务业进一步提升。高新技术、物流和金融三大支柱产业的兴起，大大增强深圳的经济实力，这使得深港的合作不再是初期类似于产业垂直分工的合作，而是建立在地位相对平等基础上的合作，这为深港深化合作的"全方位合作"模式奠定了坚实的基础。

三 "全方位合作"模式

在深港合作从转型与升级阶段向创新驱动发展阶段转变的过程中，"全方位合作"模式逐步主导深港合作。"全方位合作"模式突破深港合作主要由市场选择与决定的局限，形成了"充分发挥市场在深港合作中的主导作用，更好发挥政府在深港合作中的引导作用"的新模式。

深港拓宽合作范围，包括传统的制造业、经济重心的服务业、基础的跨境交通设施和口岸海关、制度上的行政和城市管理、社会民生等领域。"全方位合作"模式打造出深港共同享有的商品、物资、资金和人才等要素市场，形成民间和政府合力推动产业优化、城市功能和制度衔接。

（一）合作模式概况

深圳不断优化投资环境，吸引更多国际产业巨头落户。2016年，深圳深化外资审批制度改革，大大提升外资企业投资便利性；同时落实CEPA框架协议，扩大对港澳投资者的开放，备案16家香港投资企业，合同外资41亿元人民币。截至2017年，深圳新引进港商投资项目5693个,实际利用港资是65.72亿美元,占全市外资总额的88.8%;外贸进出口总额超过2.8万亿元,其中对港进出口总额6569.5亿元,约占23.5%。香港也是深圳企业境外投资的主要地区,深圳企业共在香港投资设立4341家境外企业和9家境外机构,深圳方投资额达250.64亿美元;2017年全年,深圳企业在港投资设立162家企业,合计投资额2.62亿美元,两地的人员交流也非常密切。目前经深圳口岸每天进出人员有60多万人,其中大概40万人是港澳人士。

图3-1 紫荆花是香港的区花,紫荆广场的升旗仪式也是香港观光游的特色之一(陈舒琦 摄)

深港之间现有沙头角口岸、文锦渡口岸、罗湖口岸、皇岗口岸、福田口岸以及深圳湾口岸开通。同时,深圳也积极谋划建设深港商贸旅游消费新平台,包括规划建设口岸经济圈,开通莲塘口岸,推进皇岗、沙头角口岸重建,提升罗湖、深圳湾口岸环境品质,拓展购物、休闲、文化等功能,建设跨境消费新兴商圈,编制沙头角和罗湖深港国际旅游消费合作区发展规划,推动深港共同开发建设,打造深港旅游消费合作新平台,为粤港澳大湾区探索在社会、生态、文化各领域深度融合发展提供样本。

可以看到，深港的深度合作自西向东逐步推开，将逐步形成西有"前海粤港澳大湾区合作示范区"、中有"深港科技创新合作区"、东有"沙头角罗湖深港国际旅游消费合作区"的深港更紧密合作战略新格局，整个口岸经济带今后将成为粤港澳大湾区的战略支撑点和重要发展极。

（二）合作模式特点

内地与香港已形成全方位、宽领域、高层次的交流合作格局。2004年深港两地政府签署的《深港政府合作备忘录》及相关协议（"1+8"协议），标志着深港合作进入新阶段。这个阶段的最大特点，就是深港在民间为主导的合作基础上，明显增强政府层面的合作，而且产业合作也由制造业为主转向二、三产业并重，开启全面合作的新纪元。从创新合作机制来看，"1+8"协议专门阐述深港合作机制，强调在粤港合作的框架下，深港双方可以就涉及两个城市的合作内容进行深入探讨，这实际上突破长期以来两地合作中的局限性，为双方建立直接对话平台和合作机制开辟了新的路径，从技术上看有利于创新深港合作机制。两地政府出面推动深港合作的最大优势，在于可以把来自民间、企业、研究机构等的各种动力形成合力，推动深港合作更快更好地发展。

"1+8"协议签署以来，深港双地政府建立固定的沟通交流机制，彼此加强城市规划、产业规划等的沟通和讨论，很多事关深港的重大问题提到政府的议事日程，如西部通道的协作、东部通道的论证、河套地区的开发、港口之间的分工、携手共建深港创新圈等。港深两地正在"一国两制"的框架下探讨如何实现两地经济和生活的互利共赢。

2007年是深港合作迈上"全方位合作"新台阶的一年。两地政府签署"1+6"合作协议。"1+6"合作协议中的"1"，就是香港特区政府与深圳市政府签署的《关于近期开展重要基础设施合作项目协议书》。另外6个协议包括深港环保、城市规划、服务贸易、旅游、深港创新圈互动基地以及医疗护理交流等方面的合作内容。这些协议的签署，为加强双方优势互补，进一步推动和深化深港合作，奠下重要的基石。

四 "对接国家规划合作"模式

随着我国走向更高层次开放型经济,深港合作及粤港澳大湾区上升为国家发展战略层面。深港的协同合作成为提升粤港澳大湾区整体国际竞争力的重要引擎。

(一)合作模式概况

2014年12月,《前海深港现代服务业合作区促进深港合作工作方案》在北京正式发布。这是首个针对香港的整体合作方案,也是新时期全方位深化深港合作的重要框架体,标志着以前海为平台的深港合作将迈向更深层次、更高水平。前海是一个三区叠加的地方,即"深港合作区+自贸试验区+保税港区"叠加,既有全国自贸试验区共享的政策,也有前海合作区自身特色。前海紧邻香港、肩负深港合作历史使命,这是前海的特色,也是前海的重要优势。准确把握"依托香港、服务内地、面向世界"的战略定位,全方位拓展与香港合作的深度广度,既推进前海的大开发大发展,也为香港扩大发展空间、推动香港经济结构优化方面起到重要作用。

目前深港双方已形成共识,科技创新是大湾区建设的关键,深港科技优势互补,创业生态完善,把香港的科研实力雄厚、高等教育全球化等优势,与深圳科技成果转化能力强、新兴产业快速发展的优势结合起来,共同建设深港科技创新合作区,推动创新要素的流动,打造国际化开放创新平台,为粤港澳大湾区科技创新中心建设,特别是深港科技创新走廊建设提供有力的支撑。

(二)合作模式特点

站在新时代、新起点的深港合作模式,重点是对接国家发展战略,在"一带一路"倡议下,贯彻落实《粤港澳大湾区发展规划纲要》。推进粤港澳大湾区建设,携手港澳构建陆海内外联动、东西双向互济的全面开放新格局,构筑"一带一路"对接融汇的重要支撑区。

香港是"一带一路"建设的重要节点,在"一带一路"建设中具备区位优势、开放合作先发优势、服务业专业化优势、文脉相承的人文优势。香港位处亚洲中心要冲,位置得天独厚,是连接"一带一路"的超级联系人。而深圳正借助"一带一路"倡议以及产业优势,打造协同创新平台和国际产能合作人才高地,构建国际合作技术创新网络,助力企业"走出去",助推国际产能合作。

深港在"一带一路"倡议下的合作会形成"叠加"效应。第一,有助于持续加强与世界各地的联系,保持领先全球的联系能力,以促进贸易物流、金融及专业服务、旅游等传统优势产业的发展,开拓创意、文化、艺术、创新科技等产业的新机遇。第二,有助于香港发挥金融综合优势,为"一带一路"建设拓展资金渠道,对冲金融风险,同时拓展"一带一路"沿线离岸人民币业务,强化香港在全球离岸人民币业务枢纽地位。第三,有助于香港各类专业人士发挥作用,"一带一路"建设将产生大量的投资风险评估、并购咨询、法律服务等专业服务需求,深圳的企业可以充分利用香港的专业服务优势,与香港的资金、人才"拼船出海",实现互利共赢。

第二节 深港合作的主要领域

深港合作与改革开放同步推进,涉及改革开放的各个领域,较好地体现了以开放带改革、以改革促开放的发展思路。深港合作的主要领域都是在不断革除旧的体制机制并创建新的体制机制的过程中实现的。

一 经贸领域

(一) 深港经贸领域合作概况

深港经贸合作是深港合作的基础,主要有如下几个特点:

第一,深港经贸合作涉及面广泛。

深港经贸合作包括从生产到流通服务多个环节。在深港合作的起步与探索阶段,主要涉及电子、纺织、轻工行业等领域的合作。在深港合作的转型与升级阶段,主要涉及商业、物流、房地产等领域的合作。

在外贸方面，1990年广东对港贸易依存度为77.62%，1995年则上升至83.97%。此后由于出口市场多元化，加上1998年国家海关统计口径的变化，1998年对港贸易依存度下降为23.62%，1999年为21.68%，但均超过全省进出口的1/5以上。1995年香港对内地的贸易依存度（对内地贸易占香港对外贸易的比重）为34.81%，1999年为38.56%，2000年为38.94%，其中绝大部分为对粤贸易或对粤转口贸易。

第二，深港经贸以转口贸易为主要特点。

最初深港经贸合作主要采用"前店后厂"。1984年12月19日，《中英联合声明》签署确定香港定位，维护了信心，留住了资金。自此之后，"前店后厂"模式蔚然成风。香港的纺织、服装、鞋帽、玩具，以及日用电子品等劳动密集型企业，纷纷北迁到土地与劳动力成本低廉的深圳与珠三角地区，来料加工、来样加工、来件装配和补偿贸易蔚然成风，深港之间的转口贸易发展起来了。

在1985—2010年期间，香港转口贸易额是港产品出口额的8.8倍。转口的货物主要来自深圳及内地。转口贸易年均增幅为15%，超出整体出口年均增幅10.8%，港产品出口年均增长幅度为-2.1%，大大低于平均增幅。图3-2反映的是1993年至2018年之间深圳对香港货物进出口情况变化。

第三，深港的贸易规模持续攀升。

从1993年的4.8亿美元大幅攀升至2016年的105.4亿美元，年均增长13.7%；25年间，两地贸易规模增长超20倍。1997年香港回归祖国以来，两地贸易增速明显加快，深港经贸关系更加紧密。

（二）深港经贸领域合作分析

深圳是第一批四个经济特区城市之一，也是发展最快的经济特区。深圳的发展除自身的因素，与香港的助力密不可分。香港在助力深圳发展的同时，也实现自身经济的成功转型，摆脱低端加工制造业对发展的困扰，实现以现代服务业为主的经济结构，具备为珠三角以及内地经济发展提供现代服务的地利优势。作为"弹丸之

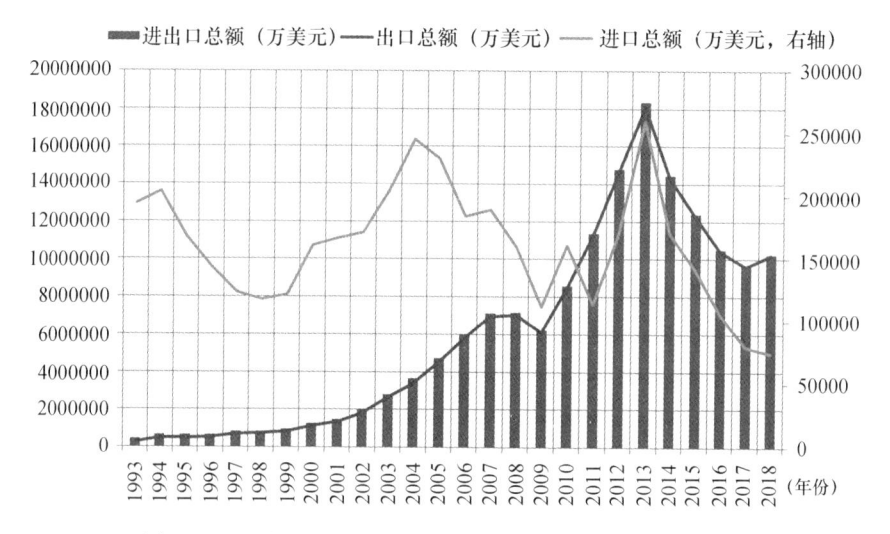

图 3-2　深圳对香港货物进出口总额（1993—2018 年）

地"的香港，能够长期跻身世界十大经济体，长期位列世界前十强城市，深港合作功不可没。

经贸领域的合作态势对深港未来合作有如下启示：

第一，CEPA 效应对于深港经贸合作的效应不同。

CEPA 虽然为香港提供巨大的内地市场，但由于香港几乎没有工业，也没有港产品，因此 CEPA 对于港产品向内地出口没有产生太大效应。CEPA 对香港开放内地服务贸易市场十分有利，并有助于巩固香港金融中心、商贸中心地位，但是，由于香港与内地法律体系不同，内地并不是香港法律界专业人士可以发挥优势的市场。因此内地在 CEPA 框架下向香港开放服务贸易市场，无疑是巩固香港作为现代服务业中心的"强心针"。

CEPA 直接从两个方面促进深圳服务贸易的发展：首先，由于深圳毗邻香港，深圳无疑是香港生产服务北上的主要落户中心城市，这势必大大促进深圳服务贸易的发展。其次，在香港服务贸易的推动下，深圳的商业、物流业将保持发展与繁荣态势。

第二，深港合作助推跨电子商务业务发展。

深港的经贸合作将更多结合电子商务合作，同时，深港物流合作，特别是空港物流合作将成为深港经贸合作的重点领域。另外，经贸合作必然要求解决跨境电子支付的问题,随着深港经贸合作的发展,跨境电子支付合作将提上议事日程。

二 投资领域

(一) 深港投资领域合作概况

深港投资合作是深港合作的重点,主要有如下几个特点:

第一,港资占深圳利用外资的大头。

在深港合作的起步与探索阶段,港资是深圳经济增长的"引擎",包括深圳在内的广东对香港投资依存度高。1979—1999年,广东实际利用外资1106.73亿美元,其中港资为766.01亿美元,所占比例高达69.21%。

随着中国加入世界贸易组织,全方位开放市场,深圳招商引资的港资比重有所下降;但是,即便是外资,也往往通过香港投资深圳,从这个角度看,香港对于深圳的地位不仅没有降低,反而更加重要。图3-3为1987—2017年深圳实际利用港澳地区外资额及利用外资投资协议数的情况,可以看到,不论是实际利用港澳地区外资额还是签订的利用港澳地区外商投资协议项目,都在逐步增长,这也说明深港投资领域的合作愈来愈紧密。香港是"一带一路"经贸投资和专业服务的首选商贸平台,深港合作能够发挥招商引资、项目风险评估及管理、专业服务的优势,共同开拓"一带一路"市场。

第二,"香港对深圳单向投资"转向"香港与深圳双向投资"。

在深港合作的起步与探索阶段,主要是港资投资深圳。随着深圳经济的发展,特别是香港回归以来,为了应对多次外来金融危机的冲击,寻求内地经济的支持,深港之间形成了双向投资格局。

据数据统计,累计至2019年3月底,前海自贸片区注册港资企业11231家,注册资本10458.07亿元。2018年全年新增注册港资企业3698家,占外资企业的90.13%,同比增长49.0%。2018年注册港资企业纳税总额109.84亿元,占24.63%;完成固定资产投资占 34.60%；实际利用港资 33.90 亿美元，占 86.39%。[①]

香港与深圳双向投资格局的升级和完善，需要取消投资禁区、解决资金自由进出等，因此，这需要深港加强政府协商与沟通，制定相应的配套政策与建立相应的沟通机制。1998 年"粤港合作联席会议"制度是香港与内地合作的一个良好的开端，两地高层行政负责人定期会面，共同商讨发展对策，并在经济合作、口岸建设、环境整治、城市发展、联合打击犯罪等方面加强联合协同行动。粤港联席会议经过多年的发展，推动与形成深港合作会议机制的建立，这为深港投资领域的合作创造了良好的政策环境。

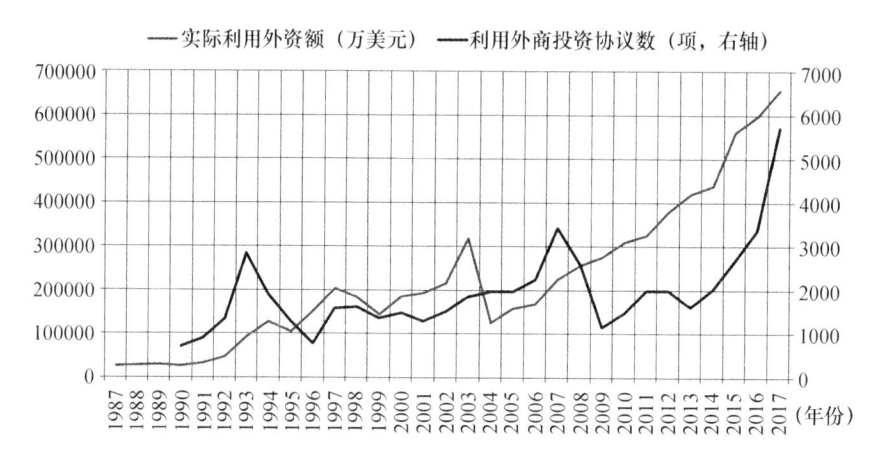

图 3-3　深圳利用港澳地区外资额及签订投资协议数（1987—2017 年）

（二）深港投资领域合作分析

香港是仅次于伦敦和纽约的世界第三大国际金融中心，拥有一个以商业银行为核心，包括财务公司、保险公司、黄金市场、外汇市场、证券交易所、外国银行代表处等机构的庞大金融体系，在亚太地区的经济活动中发挥着重要作用。

投资领域的合作态势对深港未来合作有如下启示：

第一，深港投资领域的合作是发展的需要。

---

① 资料来源：前海管理局网站关于 2018 年、2019 年前海蛇口自贸片区经济运行情况。

改革开放以来,大量港资进入深圳,极大地推进深港经济合作进程。随着香港传统制造业转移结束,推动深港合作的动力正在减弱,必须寻找新的推进机制,在更高层面开展区域合作。事实上,香港回归之后,深港投资领域合作日益密切,深圳大胆地利用香港国际金融中心的有利条件,推动深港金融界的业务合作,创造多种灵活多样吸收国外低息优惠贷款或商业贷款、国际银团贷款的方式,逐步发展租赁业务,发行股票和债券,提供多元化的金融与保险服务。

第二,深港投资领域合作是双赢的结果。

深港投资领域形成"双赢"与"互动"(InterAction)发展格局。[①] 自 2008 年国际金融海啸以来,深港加强了投资领域的合作。深圳对包括香港在内的海外市场开放;同时,允许内地资金透过深交所的特殊制度与安排投资包括香港。海外投资者投资 A 股的瓶颈突破了。目前形成合格境外机构投资者(QFII)、人民币合格境外机构投资者(RQFII)、沪港通和深港通等渠道。沪港通和深港通已是外资配置 A 股的主要途径之一。港资,以及在港的国际资金能够投资内地,这不仅推动内地经济的发展,而且增加作为国际金融中心的香港,对于国外大资金的吸引力。

三　金融领域

(一) 深港金融领域合作概况

深港金融合作是深港合作的核心,主要有如下几个特点:

第一,深港跨境金融基础设施逐步完善是合作基础。

深港跨境人民币即时支付项目已于 2013 年 1 月完成系统平台建设并顺利开通业务处理。2016 年初,深交所、中国证券登记结算公司联合香港金管局等推动建设的基金互认平台正式上线,目前有超过 40 家基金拟使用该平台,综合市场占有率约 74%。深港金融业务合作稳步推进。截至 2016 年底,深圳 57 家银行共为近 1.2 万家企业办理跨境人民币业务累计超过 5 万亿元,交易涉及 159 个国家

---

① 程健、田莹莹:《香港在粤港澳大湾区建设中的优势》,《中国经济报告》2017 年第 6 期。

和地区，其中香港地区业务量约占 2/3，高于全国平均水平。前海跨境人民币贷款实际办理金额达 365 亿元，占全国企业境外人民币借款提款总额约 40%。

第二，深港通是深港金融合作的创新形式。

2016 年 12 月 5 日，深港通正式启动，使得内地尤其是深港金融市场互联互通的道路变得更为宽阔。深港通这座大桥合龙，深港区位优势凸显，深港金融合作进一步得到深化。

图 3-4 和图 3-5 反映的是自深港通车以来（2016—2018 年）的交易情况。① 可以看到通车以来，不管是深股通还是港股通，交易金额均成倍增长。深港通进一步扩大内地与香港股票市场互联互通的投资标的范围，满足投资者的多样化跨境投资以及风险管理需求，有利于投资者更好地共享两地经济发展成果。

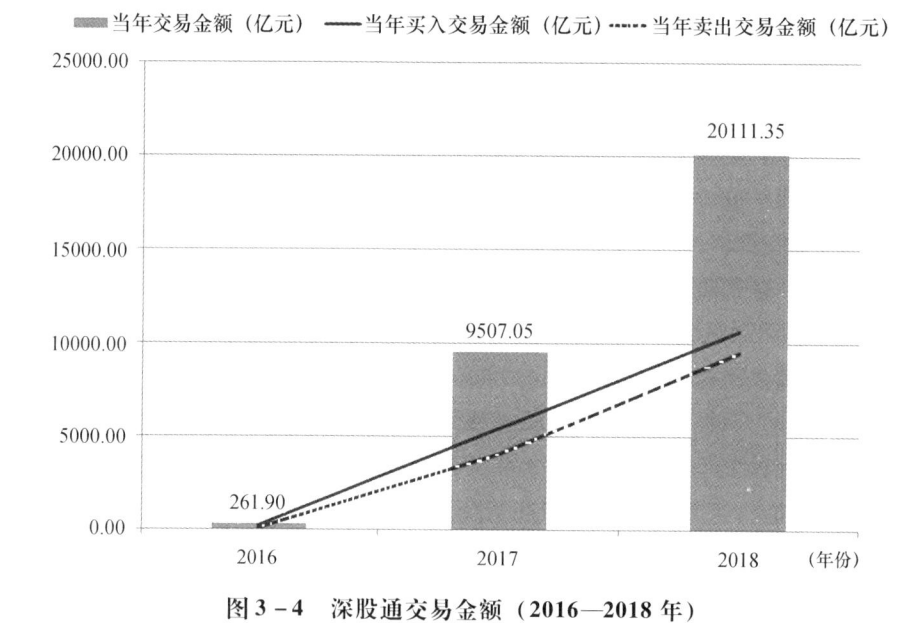

图 3-4 深股通交易金额（2016—2018 年）

第三，深港通覆盖面广，几乎囊括所有重要的核心企业。

---

① 资料来源：深圳证券交易所深股通、港股通交易年报（2016—2018 年）。

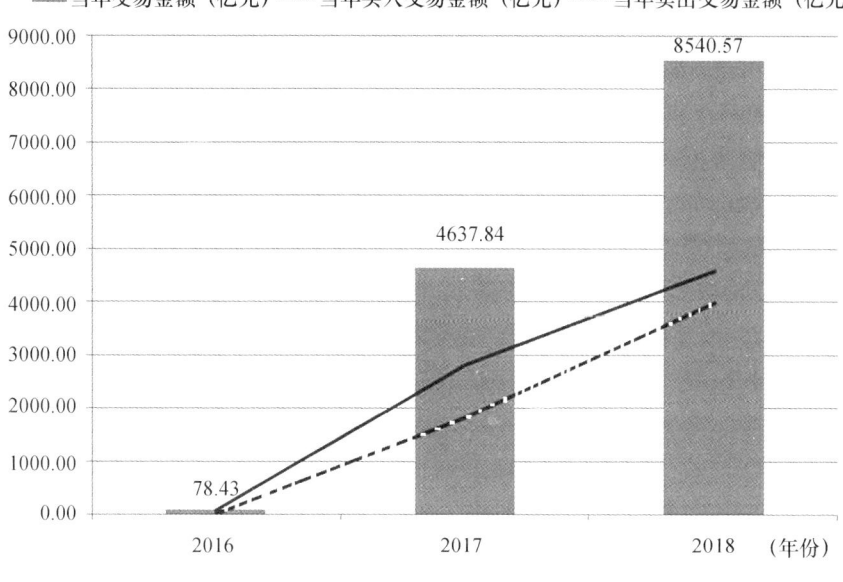

第三章　深港合作模式及主要领域　153

■当年交易金额（亿元）——当年买入交易金额（亿元）-----当年卖出交易金额（亿元）

	2016	2017	2018
当年交易金额	78.43	4637.84	8540.57

图 3-5　港股通交易金额（2016—2018 年）

截至 2016 年 7 月 29 日的数据估算，深港通下的深股通涵盖大约 880 只深交所的股票，其中包括约 200 只来自深圳创业板的高科技、创新股票，与沪股通投资标的形成良好互补。对比深股通和港股通的历年交易金额（见图 3-6），我们可以发现深股通的交易情况更为活跃。深港通下的港股通涵盖约 417 只港股，比沪港通下的港股通新增了近 100 只小盘股（包括恒生综合小型股指数成分股及深市 A 股对应的 H 股）。投资标的扩容，可以满足不同类型投资者的投资需求。深股通标的股票涵盖部分主板、中小板和创业板上市公司，聚集信息技术、可选消费、医药卫生和电信业务等新兴行业，凸显新兴行业集中、成长特征鲜明的市场特色，充分体现深交所多层次资本市场特点。

第四，深港在金融多个领域实现创新合作。

跨境人民币债券取得突破。自 2015 年前海金控在香港成功发行 10 亿元离岸人民币债券后，招商局集团（香港）有限公司又成功在银行间市场公开发行人民币短期融资券，形成前海区内企业及其境外母公司跨境双向发债示范效应。

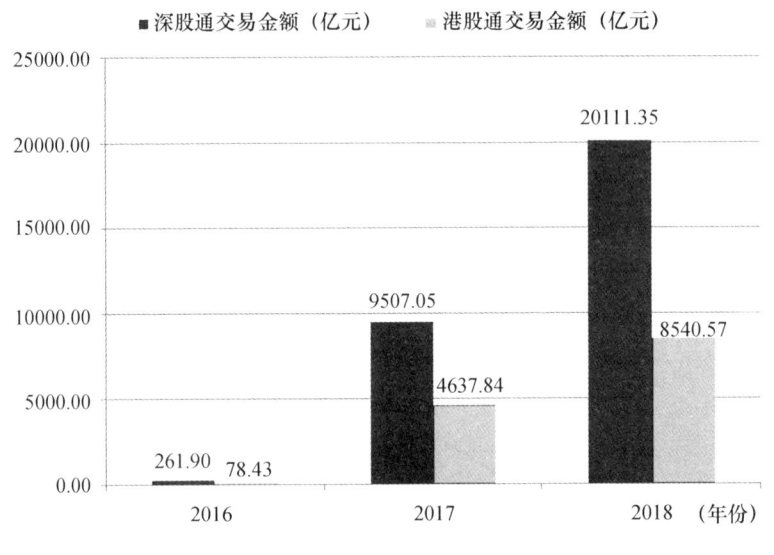

图 3-6　深港通交易金额对比（2016—2018 年）

跨国公司外汇资金池业务取得进展。2016 年以来，前海蛇口自贸片区先后启动前海跨国公司外汇资金集中运营试点和集团内跨境双向人民币资金池业务试点，为"走出去"中资企业、跨国公司全球资金集中运营和跨境结算创造条件、降低申请门槛。截至目前，已有 9 家跨国企业开展的跨境资金池业务约 13 亿元人民币，形成了良好的示范效应。

双"Q"稳步有序推进。前海先行先试外商投资股权投资试点（QFLP）和合格境内投资者境外投资试点（QDIE）。截至 2016 年底，QFLP 试点管理企业已达 118 家，基金 20 家，合计注册资本（认缴资本）270.5 亿元人民币。在合格境内投资者境外投资试点（QDIE）方面，目前已有 41 家企业获得 QDIE 试点资格，累计备案 35 家境外投资主体。

外债宏观审慎管理试点有序推进。2015 年 3 月前海率先获得国家外债宏观审慎管理试点。截至目前，前海企业办理 20 多笔外债试点业务的登记手续，签约金额 10.6 亿美元，平均融资成本较以往低 1—2 个百分点。

第五，前海成为深港金融合作的试验田。

金融涉及面广，牵一发而动全身，需要"先行先试"，总结经验，逐步推广。前海已经成为深港金融合作的试验田。

前海微众银行作为全国第一家民营互联网银行，是李克强总理2015年1月考察的首家企业。① 该银行通过科技创新开展普惠金融，陆续推出微粒贷、微车贷等针对小微企业和创业企业的产品。台湾玉山银行是前海第一家外资法人银行。2015年3月获核准在前海筹设玉山银行（中国）有限公司，注册资本人民币20亿元。2015年3月招联消费金融公司获中国银监会批复开业许可，该公司成为首家CEPA框架下落户前海的消费金融公司（见图3-7）。

图3-7 1992年香港汇丰银行总部前的休闲广场（赖明明 摄）

证券机构方面。CEPA框架下争取获批港资控股全牌照证券公司和基金公司并落户前海。中国证监会给予前海先行先试政策，允许在前海设立2家港资持股的全牌照证券公司，其中1家港资合并持股比例最高可达51%，1家港资合并持股比例不超过49%。目前中国证监会已正式受理汇丰集团、东亚银行的合资证券公司申请，已正式批复恒生银行申请的合资基金公司。

---

① 前海微众银行是全国第一家互联网银行，落户前海。

银行保险机构方面。前海再保险公司是落户前海的首家再保险公司。中国保监会明确支持前海作为全国两个再保险中心之一，前海再保险股份公司于 2016 年 3 月获得中国保监会批复，注册资本 30 亿元。众惠相互财产保险总社也已获得保监会批复。前海蛇口自贸片区金融及类金融企业加速集聚，截至 2016 年底，前海金融及金融配套服务机构达 5 万家，占全部入区企业一半左右，比年初增加 2.9 万家，金融集聚效应明显。

创新金融产品方面。首先，创新资产证券化业务。2015 年，鹏华基金与万科设立"前海万科 REITs 封闭式混合型基金"，成为国内目前首只公募房地产信托投资基金（REITs）产品；德润公司发起的"德润租赁资产支持专项计划"在上海证券交易所挂牌交易，标志着前海首单租赁资产证券化项目成功落地，融资总规模 8.18 亿元人民币。其次，推进跨境保险互联互通。在前海开展内地与香港保险市场对接与合作，促进市场互联、资金互通，探索两地再保险产品创新和模式创新，实现协同发展。再次，吸引大型基金落户深圳前海。前海母基金总规模 215 亿元人民币，国内最大商业化募集母基金落户前海，该基金将采取子基金投资与项目直投相结合模式。此外，总规模 2000 亿元的中国国有资本风险投资基金也于 2016 年落户前海，该基金将大力投资中央企业技术创新、产业升级项目，同时投资地方国企、民营企业包括中小微企业的创新项目，通过市场化机制和专业化运作推进国家战略实施。最后，抓住人民币跨境流动做文章。前海在全国率先推动实现跨境人民币贷款、跨境双向发债、跨境双向资金池和跨境双向股权投资等"四个跨境"。特别是跨境人民币贷款保持快速增长，截至 2016 年 11 月底备案 1100 亿元，累计提款 364.57 亿元，业务规模领先全国。推动港交所前海联合交易中心落户前海，启动建设前海深港基金小镇。积极培育新型金融业态，2016 年底，片区累计注册金融类企业 51188 家，其中持牌金融机构 195 家，商业保理、融资租赁业务规模分列全国第一、第三，成为全国最大的新金融、类金融机构集聚地。2019 年深圳正携手香港积极推动国务院出台深港金融创新的"20 条"政策措施。

(二) 深港金融领域合作分析

深港金融合作具有得天独厚的优越条件,充分吸收借鉴香港金融业在产品、服务、投资、人才等方面的先进经验和市场化模式,对推动深圳金融业创新发展意义重大。深港在金融领域的合作长期看好,值得期待。

金融领域的合作态势对深港未来合作有如下启示:

第一,跨境人民币业务是深港金融合作的重点。深港应该围绕两个交易所继续开发新产品,抓住跨境人民币业务继续探索金融制度创新、深港金融合作机制创新。

第二,深港不断探索金融领域更紧密合作方式。粤港金融合作专责小组、粤港澳深四地保险监管联席会议等机制,以及保险经代交流会、银保交流会、保险中介人培训等活动,深港双方金融交流日趋紧密,深港监管部门不仅要在反洗钱、打击假保单等领域开展更为密切的合作,更要深入探索深港金融领域的创新合作模式。

四 科技领域

(一) 深港科技领域合作概况

深港科技合作是深港合作的关键,主要有如下几个特点:

第一,国家发展规划推动深港科技合作。

"十一五"提出建设创新型国家战略目标,深港科技合作的重要性上升到国家战略高度。2007年深港创新圈的创立使得深港科技合作的目标、层次和战略与过去30年相比有了很大不同,深港科技合作已经突破两个独立的城市创新体系之间的交流合作范畴,[1]将成为与硅谷、筑波齐肩的具有国际竞争力的一体化区域创新体系,担负着推动高新产业通向国际舞台的历史使命。

第二,科技合作的领头羊位置互换。

在深港合作起步探索阶段,香港在深港科技合作中发挥着领头羊作用。深港科技合作主要采用技术引进、成果转让、合作发展、委托开发等方式。这些合作多出于民间自发,产业档次低,合作层

---

[1] 资料来源:深圳科创委的2009年对外公布数据。

次低，零星分散，缺乏系统规划和组织，港企占据主动地位，深企处于学习和吸收地位，没有形成普遍的规模化方式。即便如此，早期的深港科技合作对促进深圳产业技术能力提升、带动香港转口贸易发展仍起到巨大推动作用。

在深港合作的转型与升级阶段，深圳在深港科技合作中发挥着领头羊作用。早在1997年，香港特首董建华在施政报告中提出建设数码港与中药港。但是，数码港项目最终变成房地产项目，中药港项目在香港遭到冷遇。香港在高科技发展的高瞻远瞩并没有转化为推动香港经济转型升级的实际动力。反观澳门，却能慧眼识宝，联手内地发展中药产业链，目前，中药研制、开发、生产已经成为横琴的支柱产业，澳门后来居上建成中药港。

与香港在科技发展的停滞形成鲜明对比的是深圳。图3-8反映的是自2009年以来深圳新兴产业增加值及在国民生产总值的占比情况。新兴产业包含了新一代信息技术、互联网、新材料、新能源等高科技高技术高含量的产业。随着社会主义市场经济的建立，深圳提前谋划部署，成功拖动经济结构向创新科技产业转型升级。目

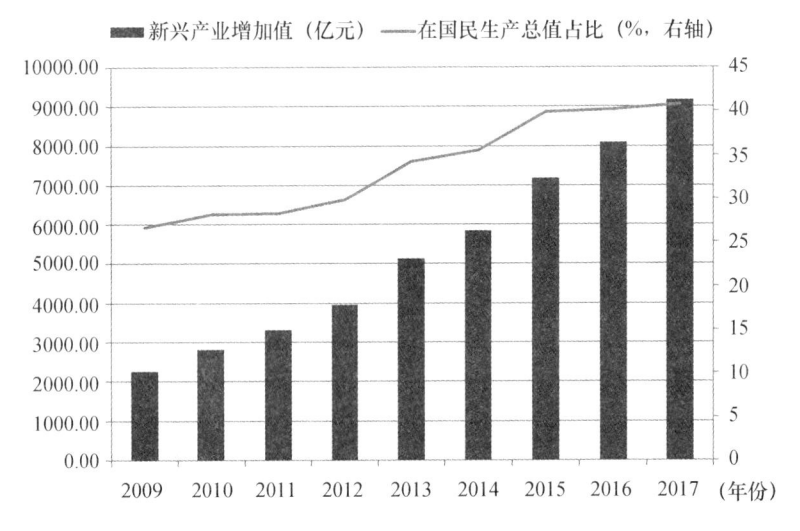

图3-8 深圳新兴产业增加值及在国民生产总值的占比（2009—2017年）

前，全球最重要的高科技企业都落户深圳。深圳的高科技产值占GDP的比率在全国领先，将香港远远抛在后面。

正是由于深港对待高科技发展的不同态度，深港科技合作陷入逐步萎缩至相对停滞的阶段。除深港产学研基地等少数项目外，多个科技方面的合作项目搁浅。直至2004年6月，深港签署《关于加强深港合作的备忘录》及八项合作协议（1+8协议），深港之间的科技合作才提上议事日程。

（二）深港科技领域合作分析

当前，在科技领域，深圳发展超过香港是不争事实。分析科技领域的合作态势，对深港未来合作有如下启示：

第一，深港科技合作应该寻找新的结合点。

有一种观点认为深圳高校少，香港多所高校都有诺贝尔学者，随后得出结论是香港高校科研实力雄厚，深圳科研基础不牢固。其实，这是一种误解。深圳高科技发展早已探索出一条市场经济推动科技创新发展的新路。这条新路就是企业在高科技发展中担当主角，高科技研发与高科技产业化紧密结合，消除科技成果与转化脱节的现象。在深圳高科技发展历程中，深圳社会主义市场经济制度发挥了重要作用，是推动深圳高科技创新发展的关键因素。

因此，深港科技合作应该寻找新的结合点。首先，深圳应该欢迎香港高校科研项目深圳落地，欢迎香港高校在内地设立分部。深圳虚拟大学园、深港产学研基地、深港生产力基地是深港科技合作的主要平台，香港科技园、香港主要高校均设有分部。其中，香港科技大学的纳米技术、香港理工大学的药物筛选项目都在深圳找到合作伙伴，香港城市大学的医药中心也已在深圳实现产业化。而香港新建成的五大研发中心以及深港发展研究院更成为两地研发合作的主要桥梁。其次，深圳应该坚持以企业为核心的科技创新发展方向，通过政策倾斜、机制扶持，打造类似华为这类具有原创能力的大型跨国企业集团，保持在高科技领域的科研领先优势与经济领先优势（见图3-9、图3-10）。

图 3-9　左侧为深圳虚拟大学园区（钟春江　摄）

图 3-10　深圳高交会是深港科技交流合作的平台（赵玲　摄）

第二，深港科研合作应该主动对接国家发展规划。

《粤港澳大湾区规划纲要》中制定深港科技走廊的发展规划。图3-11为"广州—深圳—香港—澳门"科技走廊规划图。推进"深港"科技创新走廊建设，探索有利于人才、资本、信息、技术等创新要素跨境流动和区域融通的政策举措，共建粤港澳大湾区大数据中心和国际化创新平台。

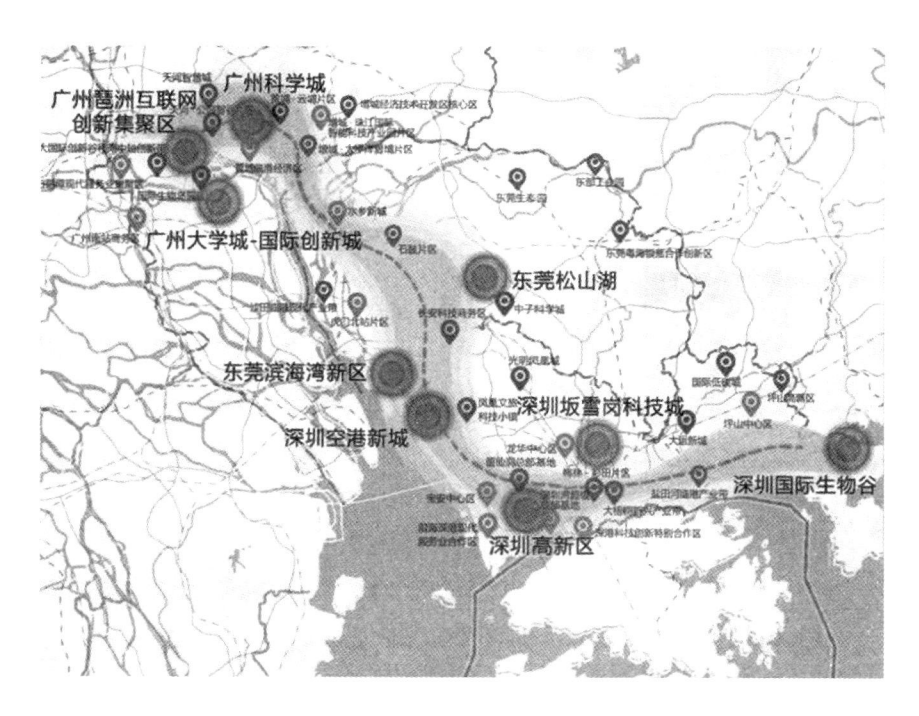

图3-11 "广州—深圳—香港—澳门"科技走廊规划图

第三，深港利用好河套地区推动科技合作。

位于深圳福田区南部、深港接壤地带的深港科技创新合作区——河套地区，是香港融入国家发展大局的直接对接点，也是"深港"科技创新走廊建设的最好实践。2019年1月，深港科技创新合作区首批11个项目（见表3-1）集中开工，总投资达344亿元，年度投资21亿元。

表 3-1　　　　　　　深港科技创新合作区项目概况

序号	项目类别	项目名称
1	落户类项目	广东省南方量子科技协同创新研究院
2		香港科技大学创新项目
3		深圳清洁能源研究院
4	签约类项目	福田区政府和中科院深圳先进技术研究院战略合作项目
5		南华村棚改项目
6	启动类项目	中国（南方）知识产权营运中心
7		深港科技创新合作区展示交流中心
8		深港科技创新合作区公司
9		鲲鹏福田深港科技创新合作区基金
10	集中建设类项目	广田深港国际科技园
11		福田国际生物医药基地

落户类项目中，广东省南方量子科技协同创新研究院是其中一个亮点。该研究院主要包括量子学科排名前列的粤港澳三地大学及研究院所，将建设联盟总部基地、院士工作站、诺奖中心、国际量子理论合作交流中心、公共共享实验平台、成果转化中心等，计划引进诺奖获得者和国内外知名院士、知名教授等杰出人才。

启动类项目中，中国（南方）知识产权营运中心是重点。该中心承担国家知识产权运营公共服务平台金融创新试点平台建设任务，积极探索知识产权金融新产品新服务新模式。深港科技创新合作区公司由市投控、深业集团、福田区三家出资组建，注册资金为100亿元；鲲鹏福田深港科技创新合作区基金，为加快合作区开发建设，整合全球顶尖投资团队及各方资源，为合作区提供资金支持，促进合作区产业导入。

集中建设类项目中，广田深港国际科技园项目通过政企合作方式，引进深港及国际重大科研项目和创新型企业，共同创建面向全球的深港国际科技创新中心。福田国际生物医药基地，将搭建临床研究和培训中心、生物医药研发中心、医学医药企业孵化中心，引进一批集科技创新与产业化于一体的科研、教育、医疗项目，最终打造成为国际领先,国内一流的政、产、学、研医学医药产业基地。

五 旅游领域

(一) 深港旅游领域合作概况

深港旅游合作是深港合作的亮点,主要有如下几个特点:

第一,"自由行"推动深港建立紧密旅游关系。

为支持香港旅游业的发展,内地与香港把发展旅游业作为重要的议题纳入《内地与香港关于建立更紧密经贸关系的安排》(CEPA)之中,其中自2003年7月起,内地与香港分为几个阶段开放并允许指定地区的居民个人赴港旅游,内地旅客赴港自由行政策落实后,内地游客蜂拥而至,蓬勃增长的消费需求拉动香港旅游业、零售业、酒店业等各行各业的发展。香港长期以来实施的免税的自由港政策,不仅带来香港经济贸易的发展、繁荣稳定,促进香港购物天堂的形成和旅游业的发展,而且为香港居民带来便宜、安全、多元化的消费品,使香港分享全球经济发展的成果,提高香港居民的生活质量。

由图3-12关于内地访港旅客人次和港澳同胞来访深圳人次情况,我们可以看到,2003年至2018年,内地赴港旅客数量从682.52万人次升至5103.8万人次,年均增长43%左右,15年间增长了近8倍。赴港"个人游"开通15年,据数据统计,累计访港旅客约4.5亿人次。

第二,深港旅游合作有助于巩固香港商贸中心地位。

香港的旅游资源主要集中在香港的形象旅游、中西文化交汇和购物天堂方面,对内地游客具有很强的吸引力。

旅游业一直以来是香港的四大实体经济核心支柱产业之一,增长速度为四大经济核心支柱行业之冠,对于推动香港的持续发展具有重要的深远影响。2000年至2017年,旅游业增加值平均每年增长9%,远高于这期间整体经济4%的增速。其中,内地是香港旅游的主要客源地。

随着内地居民消费能力的不断提高,内地到香港进行旅游的需

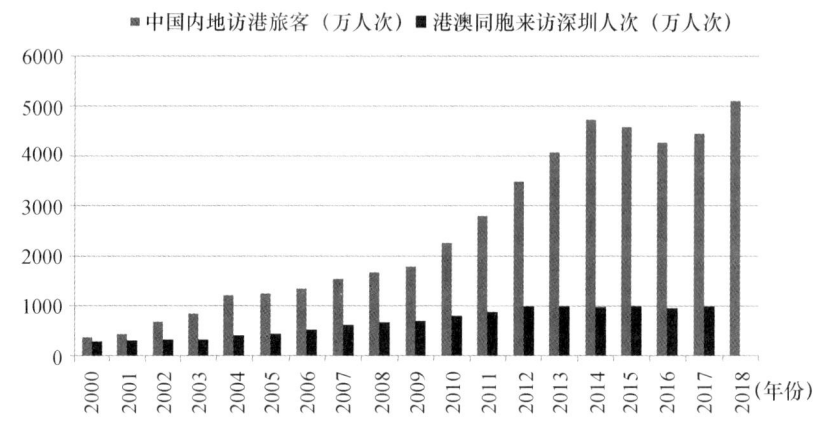

图 3-12 内地访港旅客和港澳同胞访深人次（2000—2018 年）

求也不断增长。和旅行团旅客不同的是，"个人游"旅客的消费能力覆盖范围更广，除在香港观光和购物外，还对香港的金融、保险、物业投资、教育、医疗等多个领域和行业带来新的经济效益，也为香港就业市场带来新的工作岗位。内地游客对香港旅游的贡献，不仅是增加海洋公园、迪士尼乐园、香港航空公司、地铁公司、巴士公司、酒店业、餐饮业的收入，而且推动香港商贸发展，对于香港保持国际商贸中心地位具有重要作用（见图 3-13）。

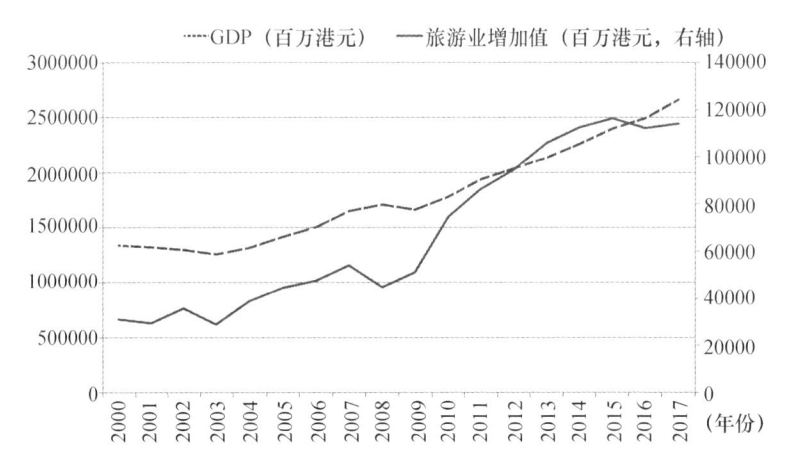

图 3-13 香港旅游业增加值和 GDP 的历年对比情况
（2000—2017 年）

图 3-14 反映的是香港的旅游业增加值与内地访港旅客的关系。"个人游"优惠政策实施以来,为香港旅游业和其他行业的发展带来极大商机,估计为香港带来几十万亿元进账,刺激香港旅游经济的快速发展(见图 3-15、图 3-16、图 3-17)。

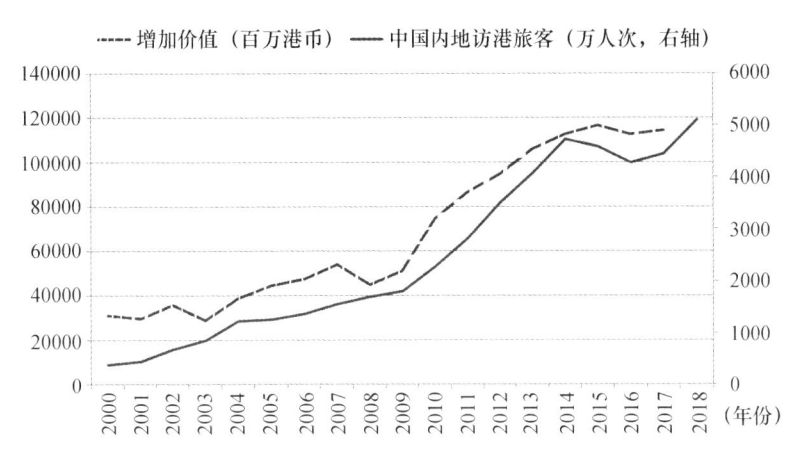

图 3-14 香港旅游业增加值和内地访港旅客人次
(2000—2018 年)

图 3-15 飞龙是香港旅游标识,天坛大佛是香港主要旅游景点之一
(赖明明 摄)

图 3-16　印有香港旅游飞龙标识的游船在
　　　　　维多利亚港（赖明明　摄）

图 3-17　维多利亚港印有飞龙标识的游船近影，可以清晰地看到
　　　　　船身上写着"亚洲国际都会"，这是香港旅游致力发展的
　　　　　目标（赖明明　摄）

（二）深港旅游领域合作分析

旅游领域的合作态势对深港未来合作有如下启示：

第一，深港旅游合作需要创新发展。

香港游的特点是"旅游+购物"模式，深港正在探索推动"旅游+购物+电商+自贸区"的合作模式。深圳成立全国首个深港的跨境电商安全示范区，推进"网购保税"等跨境电商业务安全管理模式的创新，建立前海（香港）全球最大跨境商品购物中心，为内地居民购买港货等多种全球进口商品提供便利。

第二，深港旅游合作需要协商发展。

旅游业是一个涉及人数最广的行业。由于内地幅员辽阔，人口众多，不同地方具有不同的生活方式、饮食习惯、民风民俗，随着香港游人数的逐年递增，在香港游中难免会出现极个别游客公德缺失的现象。但是，极个别人不能代表内地游客的整体水平，更不能因噎废食，否定香港游。

深港应该为香港游的可持续发展而积极探索构建保障体系。包括，建立内地游客诚信制度，对于"失范"游客，取消或者限制其香港游；根据香港酒店与公交的承载能力，探索"错峰"签发内地游客赴香港旅行证件，即在香港公众假期限制内地游客香港游次数，在香港非公众假期增加香港游的人数配额。

六 基础设施领域

（一）深港基础设施领域合作概况

深港基建合作是深港合作的突破口，主要有如下几个特点：

第一，围绕口岸加强基建合作。

在过境陆路交通和口岸建设方面，目前深港之间有陆路连接的口岸有罗湖、福田、皇岗、深圳湾、文锦渡、沙头角。最新建设的深圳莲塘口岸，总建筑面积约13.7万平方米，设计交通流量为过境旅客3万人次/日，车辆17850辆次/日，是一座位于深圳东部的大型综合性客货联运陆路口岸。2013年11月正式揭牌并动工建设，项目的功能定位为主要承担连接香港与深圳东部、惠州以及粤东、赣南、闽南之间的过境货运交通兼顾过境陆路客运，是实现深港跨界交通"东进东出、西进西出"总体格局的东部重要综合性口岸。作为深圳跨境贸易营商环境指标的重要载体，口岸进出口货物通关的时间成本和费用成本，直接反映资源要素流动的畅通程度。

　　跨境通道和基础设施建设、跨境金融服务区等国际合作项目不断加快发展，口岸建设、深圳河治理、西部通道投资等重大跨境基础设施项目陆续建设，为深化深港合作提供便捷高效的跨境城市设施。其中深圳河东段是近年来深港对接的最前沿和最中心地带，是深港经贸合作、特区经济发展的先发地。从罗湖口岸、文锦口岸至莲塘口岸并向东延伸，绵延十多公里。随着粤港澳大湾区发展战略的深入实施、推进步伐明显加速，深圳河沿线战略的意义和价值日益凸显，积极地对接"香港2030+规划"，加强对河道的整治，推动深港两地的产业和文化对接，加强经贸和文化科技交流，对于加强和优化深港经济合作，加快推动深圳河沿线东西区域均衡协调发展具有重要的战略意义（见图3-18）。

图3-18　深圳湾大桥（李静　摄）

第二，围绕城市轨道交通加强基建合作。

在深圳城市轨道的交通建设方面，2005年11月4日，由香港地铁公司以 BOT 形式投资建设的深圳地铁 4 号线二期工程试验段动工，于 2009 年建成通车。深圳轨道交通 4 号线是 CEPA 正式规划实施以来深港首次达成合作的最大城市基建轨道交通项目，由香港地铁投资 60 亿元人民币，全长共 20.5 公里，是由一期和二期组成的双轨设计的市区铁路；4 号线以港深边界的皇岗口岸为起点，直达龙华清湖站，共有 15 个车站，是深港相连的主要轨道交通干线。目前，深圳正在进行的地铁三期建设、四期规划中，有好几条线路就将直接惠及与香港的连接。比如在福田口岸与香港地铁连通的深圳地铁 4 号线，现在已开始三期建设，2020 年完工后，将进一步延长线路，扩大辐射范围。深圳轨道四期规划中，13 号线将通到深圳湾口岸，14 号线则将连到惠州，将深、港及周边城市都纳入轨道交通网络。

在高铁运输方面，深港高铁拉近的不仅是香港与深圳的距离。深圳方面，先后相继开通深圳北站、福田高铁站，积极参与高铁建设，除与国内 20 余省（市）连通高铁，目前还在全力推动深茂高铁、赣深高铁的建设。香港方面，深港高铁香港段于 2018 年 9 月 23 日正式竣工通车并投入运营，香港高铁借道深圳接入全国高铁交通网络，并实现与粤东、粤西的高铁互通，实现粤港澳大湾区高铁全覆盖。除高铁的建设，快速联系深港乃至粤港澳的城市地铁、城际高速轨道也在积极推进。

第三，构建深港空港与海港群。

深港正着力打造世界级空港群与海港群。

深圳由于地处粤港澳大湾区的重要核心战略位置，在推进空港与海港的交通建设方面，有着举足轻重的积极推动作用。深圳交通"十三五"规划已经明确提出，深圳将努力建成国际一流的综合轨道交通枢纽中心城市，通过努力构建一个现代化国际一体化的综合交通运输网络体系，支撑深港引领粤港澳大湾区城市群发展。这个"国际综合交通枢纽城市"中，就包括构建"功能完备的国际航运枢纽、便捷发达的国际航空枢纽"。

在空港建设方面，一方面，香港作为连接"一带一路"的超级枢纽，乘客只需 4 小时即可从香港国际机场飞往亚洲各个主要机场，而全球一半以上的人口，位于香港5小时的机程范围内。香港港口航线遍达全球逾500个目的地；同时，深圳也正在进一步加快对香港机场基础配套设施的建设，启动第三条主跑道、T3卫星候机厅、T4航站楼规划等工程建设；构建通航欧美澳热点城市、覆盖"一带一路"沿线节点城市的国际航线网络。另一方面，香港机场在国际客运旅客中转、货运的集散、人员的交流和管理等多项服务领域也与内地（深圳）展开广泛合作，打造一体化的机场服务体系。比如通过"空地联运"和"空海联运"为往返深港航空旅客提供便捷高效的无缝中转服务。目前，旅客从深圳机场码头可以乘船直达香港机场，每天往返两地机场的船班14班，2016年累计运送旅客近21万人次。此外，深圳机场在香港市区开设有6座城市候机楼，为往返内地与香港的旅客提供异地值机、购票以及地面运输等多项服务。

在海港建设方面，深圳不断地进一步强化海港基础配套设施的建设，正在积极推进20万吨级超大型集装箱泊位的规划和建设，拓宽和疏浚西部港区的出海航道；同时，大力发展海铁联运、江海联运，加强与"一带一路"沿线国家及地区的交通运输和物流对接。为加强与香港国际港口的物流合作、实现共赢，深港港航业根据各地货主的要求和国际市场的需要，合理地调配班轮货源和规划开辟远、近洋的国际班轮船期航线。如班轮航线在两港间调剂，周六、周日及其他节假日停靠深圳港的班轮数量较多，而其他时间班轮停靠香港港较多；进口重箱多在香港港，而出口重箱多在深圳港；货物价值高、时间紧，对船期及航线密度要求高的多在香港港，反之则多在深圳港。未来，深港将进一步加强两地港航界更多层次的广泛交流，以深港组合港的建设为核心，推进深港成为携手合作共建的国际航运物流中心。

（二）深港基础设施领域合作分析

基建领域的合作态势对深港未来合作有如下启示：

第一，国家发展规划助推深港基建合作。

《深化粤港澳合作推进大湾区建设框架协议》于2017年7月1日在香港签署，标志着大湾区的建设正式启动、全面推进，粤港澳合作迎来重大的机遇。随着深港产业合作的不断推进,深港启动以口岸建设、深圳河治理、西部通道投资等为代表的重大跨境基础设施项目的建设,为深化深港两地口岸的合作与发展提供便捷高效的跨境城市设施。同时,深港各自编制的城市发展策略特别是近年来所编制的城市发展策略,为两地在城市功能方面的衔接打下良好基础。目前深港已形成较大面积、多个渠道的口岸衔接,交通、能源、通信等跨境基础设施建设与对接也不断深化,使深圳在城市功能上基本具备与香港国际性金融、贸易、航运、信息中心等功能互补的条件。深港形成日益紧密的人流、物流联系,不但使得深港成为全国最繁忙的口岸城市,而且也逐步推动深港共同发展成为中国与国际经济接轨的最重要通道。

第二,围绕深港通关打造口岸经济带。

口岸经济带包括保税区、商贸中心、城市综合体。在以货物通关为主的口岸,重点建设与发展保税区、自贸区。在以人员通关为主的口岸,则重点建设与发展商贸中心、城市综合体。

建设连接深港口岸经济带有利于进一步发挥"一国两制"的制度优势,有利于密切内地与港澳的交流与合作,推动粤港澳大湾区宜居宜业宜游的优质区域生活圈建设,助力港澳融入国家发展大局;有利于深入落实"东进战略",搭建粤东和境外市场无缝对接的平台,推动区域协调发展,为进一步对外开放和辐射内地提供支点。为建设布局合理的深港公路口岸,深港间目前正沿西部、中部和东部三条发展轴线形成三条主要的过境通道系统,从而在空间上实现"西进西出、东进东出"的格局。西部客运通道及远期的东部客运通道经济带建成后,中部客运通道的服务应逐步从以公路货运过境服务为主的方式过渡,从而达到以提供公路客运通道过境为主的服务功能,西部客运通道和东部客运通道则主要是承担货运过境的功能,实现公路客运通道"货走两边,客走中间"的公路客运分工管理体系。

七 人才教育领域

(一)深港人才教育领域合作概况

深港教育合作是深港合作的新领域,主要有如下几个特点:

第一,深圳积极支持深港青年创业。

深圳出台的鼓励香港青年来深创新创业优惠政策,为促进深港的产业结构优化起到杠杆作用。

2016年3月,出台《关于促进科技创新的若干措施》(深发〔2016〕7号),推出62项扶持政策,其中第38项"深化深港创新圈合作"指出,"推动两地青年创新创业基地建设,支持两地青年创新创业团队在深发展"。

2016年3月,出台《关于促进人才优先发展的若干措施》(深发〔2016〕9号),其中的第"(十九)"措施项提出,完善留学人员来深创业资助政策,出国留学人员来深创业,符合条件的将给予30万—100万元创业资助,特别优秀项目给予最高500万元的资助。赴港留学深造后来深创业的留学生如符合条件,可申请深圳市留学人员创业前期费用补贴。

2018年7月1日,《深圳"深港创新圈"计划项目管理办法(试行)》发布,这也是深圳依据《香港特区政府、深圳市人民政府关于"深港创新圈"合作协议》设立的一项深港科技合作项目资助计划,目的在于进一步地支持深圳高校、科研机构、企业与香港高校和科研机构开展科技交流与合作,促进香港人才、科研和资金更加便利地流动,推动粤港澳大湾区产学研深度融合。[①] 未来深圳将充分利用大湾区的人才聚集优势、产业融合发展优势、毗邻港澳的地理位置优势,以政府性资金推动、市场化产业运作、差异化创新发展的方式积极推进深圳人力资源与服务综合产业园的建设,目前已在深圳建立覆盖近10万平方米的"一园多区"的人力资源服务产业园促进深港创新圈人才的合作。同时,深圳政府从财政资金投入、培育企业品牌、政府购买服务、支持创业创新、落实税收优惠、推动产业集聚、加强人才培养、加强对人力资源服务调查数据研究及人力资源行业统计八大领域和方面的政策措施,加大对于人力资源管理服务业的发展扶持力度,推动人力资源市场加快发展。

第二,香港多家大学在深圳设立研究机构。

---

① 资料来源:深圳市人民政府网站(http://www.gd.gov.cn/zwgk/zcfgk/content/post_2531532.html)。

香港6所大学均在深圳设立研究机构,其中香港中文大学、香港科技大学、香港理工大学、香港城市大学4所高校在深圳虚拟大学园国家大学科技园兴建产学研基地,共计占地面积2.6万平方米,建筑面积6.5万平方米,总投资约4亿港元,现已全部投入使用。

深圳前海大力推进与香港在专业服务领域的合作,成立内地首家粤港合伙律师联营事务所,目前国家批准的10家粤港合伙律师联营事务所7家落户前海,为企业"走出去"和"引进来"提供法律支撑和保障;嘉里前海项目首次实行"香港模式"管理,为香港建筑工程业向内地输出人才和标准提供先例;启动深港设计创意平台项目,拟从深港创新商务中心办公资源中安排4000—6000平方米的空间,以此为载体引进香港设计创意专业机构和人才;深圳国际仲裁院引入国际商事仲裁的先进制度,350名境外仲裁员有1/2来自香港;打通深港人才双向流动通道,推动注册税务师、注册会计师、房屋经理等十多类香港专业人士在前海直接执业(见图3-19)。

(二)深港人才教育领域合作分析

教育领域的合作态势对深港未来合作有如下启示:

第一,着手解决深港的制度差异。

深港两地专业资格管理制度存在差异性,深港互认涉及教育制度、行业管理制度以及其他法律法规的衔接。

深圳已印发《关于香港专业服务人才在前海直接提供服务的试点方案》,并发布《香港注册税务师服务深圳前海深港现代服务业合作区管理暂行办法》《香港房屋经理前海执业资格认定试点方案》《香港特别行政区会计专业人士申请成为前海深港现代服务业合作区会计师事务所合伙人暂行办法》,上述港澳专业人士可以到前海蛇口执业。不仅如此,深圳相关部门与广东省人力资源社会保障厅签订《共建人才工作改革创新窗口单位备忘录》,支持前海探索更加开放、更加国际化的执业环境,进一步研究在许可规划、工程咨询、设计、测量、建造和现代服务业等领域取得香港执业资格的专业人士在前海从业(执业),支持前海先行先试,探索价格鉴证师、

图 3-19　前海深港青年梦工场（赵玲　摄）

执业药师和社会工作者等执业资格互认试点。

第二，推动深港教育"双向"合作。

目前，深港教育合作主要是香港在深圳设立研究中心，以及设立校区，面向内地生源招收学生。如同深港经贸、投资、旅游成功走出了一条从"单向"到"双向"的发展道路。深港在教育领域也应该最终实现"双向"合作。也即，除香港在深圳办学设点之外，深圳的高校以及在深圳有分校的内地著名高校也应该探索在香港设点或者办学。

特别是香港回归后国民教育缺失、去殖民化教育处于空白，深圳通过深港合作机制，在香港办教育（包括办教育培训机构），是值得鼓励与提倡的方面。教育合作需要发挥市场作用，鼓励民营教育机构走出去。河套地区是一个重要的平台，它不仅可以成为深港科技合作的平台，也可以成为深港教育合作的平台。

第三节 深港区域创新合作的展望

深港两个城市是通往亚洲乃至世界的重要门户。在土地空间上，深港合起来土地面积有3000平方公里，这意味着2000万人口每天生活在约3000平方公里的土地区域内，经济发展的集聚效应凸显出来了，但是，在经济发展空间上，3000平方公里限制了两个城市的发展，故而不仅需要深港合作，而且需要在深港合作基础上与大湾区其他城市合作，拓展发展空间。

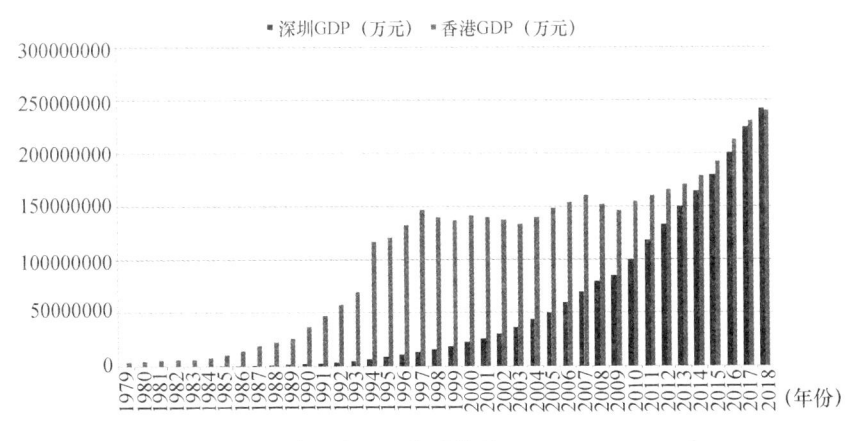

图3-20 深圳香港当地生产总值情况（1979—2018年）

深港合作不仅有利于保持香港经济的繁荣与稳定，而且助推深圳的多元化与国际化发展。深港合作双方应保持各自的相对独特性，以自己的比较优势吸引对方并与之合作，以实现优势互补，共同发展（见图3-21）。

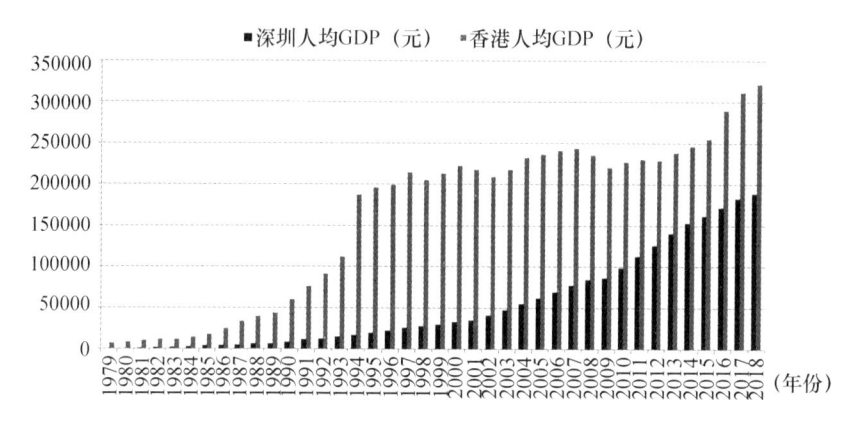

图3-21　深圳香港当地人均生产总值情况（1979—2018年）

深港合作不是建立在此消彼长的基础之上，经过40年的经济交往和产业合作，深港实现了优势互补与双赢发展（见图3-22）。

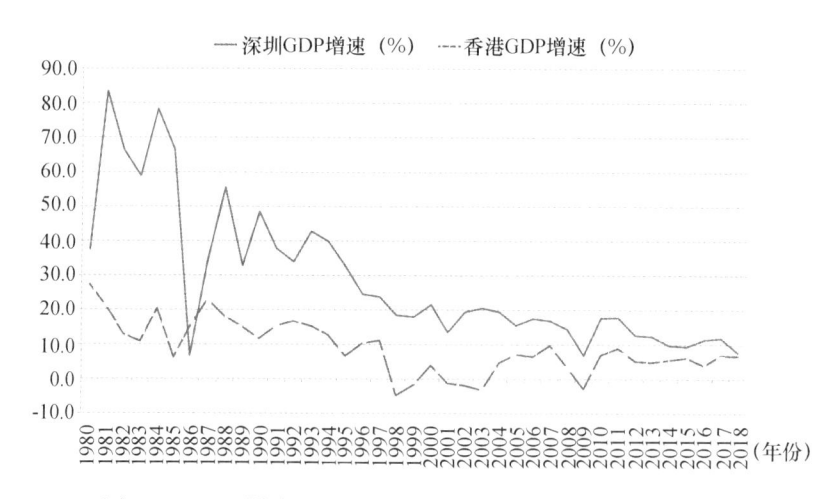

图3-22　深圳香港GDP增速情况（1980—2018年）

香港具有自由的市场经济制度、完善的法律和政策体系、充足的科研资金、发达的国际资讯交流网络等。目前深圳的高科技自主创新产业以快速发展的水平和自主创新科研成果高效转化的能力在国内和世界极具知名度和影响力,创造的社会效益有目共睹。

　　随着对深港各自产业战略定位的优化,都以加快发展高科技自主创新为核心的知识密集型产业作为共同的选择,二者优势互补又将步入一个新的发展阶段。可以展望,深港在地理位置上相互毗邻,各具比较的优势,拥有共同的文化和经济发展腹地,而且互为重要的跳板,香港是推动深圳走向世界的重要跳板,深圳则是香港辐射内地的跳板,采用互补式的自主创新合作发展模式、打造深港区域自主创新合作体系,将形成1加1大于2的效应,并共同提升国际竞争优势。

第四章　深港合作机制及政策引领

一百年前我眼睁睁地看你离去
一百年后我期待着你回到我这里
沧海变桑田　抹不去我对你的思念
一次次呼唤你　我的1997年
一百年前我眼睁睁地看你离去
一百年后我期待着你回到我这里
沧海变桑田　抹不去我对你的思念
一次次呼唤你　我的1997年
1997年　我悄悄地走进你
让这永恒的时间和我们共度
让空气和阳光充满着真爱
1997年　我深情地呼唤你
让全世界都在为你跳跃
让这昂贵的名字永驻心里

——《公元1997》，靳树增作词，肖白作曲

在深港合作的转型与升级阶段，政策引领显示重要作用。深港有效合作显然不能单单靠资本流向市场这只"无形的手"调剂，更多地需要政府这只"有形的手"在深港合作中继续发挥积极的推动作用。

2004年以来，深港每年召开一次与"深港合作"研究有关合作的会议，签署系列重要协议，深港合作机制逐步建立和完善，合作领域逐渐扩大，合作水平得到明显提升。在《内地与

香港关于建立更紧密经贸关系的安排》（CEPA）及其补充协议的指导下，内地与香港合作关系越来越密切。

深港合作的内容不仅仅是产业间或经济领域的合作，也是深港两地市场化的管理体制、社会与政府经济管理的能力、文化与香港人民生活的水平、国际化以及两地营商与环境、商业与文明等社会经济因素的交流与合作。在这种市场化的全方位多层次的社会经济因素相互融合与衔接发展的过程中，引领深港合作发展的"制度要素"包括市场体制、沟通机制、管制方法、国际化标准、法治与商业文明等，这些都十分重要。

第一节 深港合作机制协调创新

深圳经济特区建立之初，利用毗邻香港地理区位优势，承接香港大量产业转移，发展出"三来一补"的模式，与香港形成"前店后厂"的产业发展格局，带动了深圳的经济在相当短时间内飞速健康增长。40年间，深圳在发展资金、技术、人才、管理等各个方面都充分得益于"香港经验"，并慢慢地摸索总结出自己的"深圳经验"。纵观深港经济特区合作的发展历程，合作和机制的创新始终都是稳定和推动深港两地之间经济关系可持续健康发展的重要战略驱动因素。也正是在不断地破除旧的合作机制、建立新的机制的合作创新过程中，深港经济特区合作才最终取得了历史性的辉煌成就。

一 深港合作目标

深港经济区域合作其实就是在"一国两制"的模式下，通过对深港经济区域比较利益的平衡和引导，在深港合作的总体目标不断协同发展进程中把深港的资本、市场和经营管理的综合优势与深圳的地理区位、政策和成本的综合优势很好地结合起来，进而逐步形成深港的优势互补、分工协作、合作与共赢的经济区域型交流与合作模式。经过40年的积累与发展，已经初步形成以创新型产业区域合作、跨境基础设施的建设与公共服务、运行机制与政策的协同为合作重点的区域型合作共赢发展格局（见图4-1）。回顾深港经济区域合作的发展背景和历程，正是通过产业链协同层面、城市功能协同层面与经济运行机制协同层面三大区域合作内容不断扩展与逐渐走向深化的一个过程。

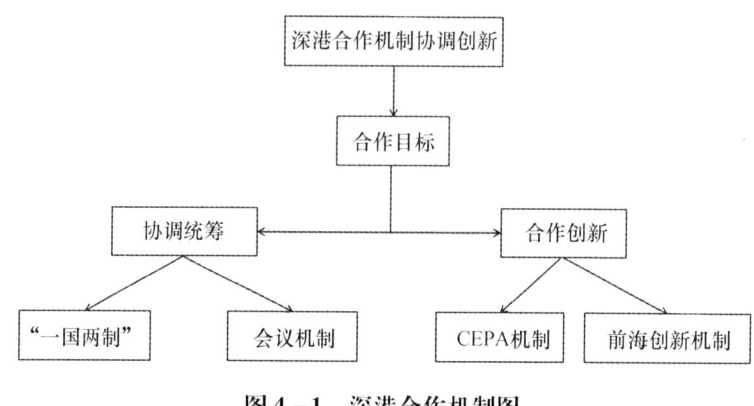

```
          深港合作机制协调创新
                  │
               合作目标
                  │
         ┌────────┴────────┐
      协调统筹            合作创新
        │                    │
   ┌────┴────┐         ┌─────┴─────┐
"一国两制"  会议机制   CEPA机制  前海创新机制
```

图 4-1 深港合作机制图

（一）目标协同

深港于20世纪80年代开始经济交流合作，80年代和90年代两地经济快速发展、合作深入推进，经历世纪交替之际的战略协同转型与升级阶段之后，2003年以来深港合作进入整体提升的阶段。随着深港经济合作进入新的战略协同发展升级阶段，深港两地长期发展与合作的重大动力形成机制要以合作总体目标协同为核心。

1. 以"经济领域合作"为目标

深港经济合作的主要内容首先从深港经济合作领域的战略性合作交流开始。实际上，深港的"前店后厂"的模式早在20世纪80年代初期就已经建立，这种模式以产业之间垂直分工为主要特征，建立战略性产业交流和合作战略伙伴关系，同时发展劳动密集型现代制造业为主体的战略性产业合作，为两地区域经济的发展和两地经济结构调整提供理想的环境和成长发展空间。21世纪以来，两地的战略性产业交流和合作从传统的战略性制造业合作扩展到包括金融、物流、旅游等在内的战略性服务产业。在战略性经济交流和合作的领域，以"深港经济合作模式"为主要目标模式的概念有以下提法："深港经济区""大保税区模式""自由贸易区模式""共同市场"等。

2. 以"都市功能合作"为目标

随着深港产业合作领域的不断推进，深港在城市层面开展积极的合作，主要涵盖城市功能、基础设施建设、服务交流在内的合作项目。高新技术基础设施包括口岸的衔接、交通设施、能源、通信等的相互对接与合作也不断发展和深化，使得深圳与中国以及香港在区域城市功能上已经形成一定的互补优势。与此同时，未来深港在公共服务方面包括鲜活产品的供应、水电供应、跨地区的居住、旅游等都将形成日益紧密的区域城市依存关系，相关的公共服务合租也不断稳步推进，为未来两地进一步的衔接合作打下良好的区域社会经济基础。深港在人流、物流、信息流等方面也形成保持着良好的区域经济沟通与联系。在此发展阶段，深港以"都市合作模式"为目标的基本概念有以下提法："深港创新圈""深港都市圈""深圳湾区""双子城""一都两区""一都两制"。

3. 以"国际大都会定位"为目标

伴随着深港经济活动的合作深入与两地在其城市结构与功能上的衔接与合作治理领域的不断融合扩展，两地在其经济运行的机制、管理机制、城市功能治理等各个方面也都进行相互的管理机制衔接与城市功能合作。同时，中国区域经济全球化的发展趋势越来越明显，大都市圈是一种新型的城市组合形态，城市化与区域经济紧密关联，出现在特定地域发展空间上产生中心区域性城市集聚与转化，逐渐成为世界上部分国家和地区的战略选择，以此拓展更大发展空间，同时也是中国具有世界经济核心竞争力的重要象征。随着中国区域经济的全球化和核心区域经济一体化发展加速的推进，经济全球化中心区域性城市、核心区域性城市、国际级城市所形成的集聚与辐射功能日益完善，城市群、大都市圈（区）的相互关联与转化扩散的效应日趋明显，中心大都市圈地区集中大量的资金、人才、科技、财富与创意，是城市化和区域经济一体化的重要的经济载体与主要的推动力量，国际社会选择发展大都市圈是全球性的主流趋势。深港共建一个国际全球化大都会，符合全球区域经济城市化和区域经济一体化的发展趋势，是合理正确的战略选择。

（二）互补共赢

深港两地政府区域相互促进、优势互补形成有效的社会经济互动合作机制，通过合作实现促进区域政治和社会经济协调均衡发展，是实现互惠合作共赢社会经济重要途径。深港两地政府区域合作的目标是在不断地革除旧的行政管理体制和机制，并进一步创建新的行政管理体制和机制，多年来，随着我国深化改革和开放的不断深入和完善，以及深圳周边地区社会政治和经济的快速健康发展，深港的合作关系越来越密切。基于"互利共赢"机制指导下，深港相互依存、相互融合、相互影响和相互促进达到更高的水平，从而基本实现了优势互补、合作利益共赢。"互补共赢"合作机制是政府和区域间社会经济协作的根本发展动力和机制，也是推进区域合作的共同动力和目标。

首先，深圳充分利用香港投入的资金，引进技术和现代化的设备，以及其管理的方法和经验等，促进深圳经济特区外向型经济的快速发展。借助香港这个世界最大国际贸易中心的外销和进出口网络平台，采用"香港借船出海"的贸易方式，把深圳经济特区的产品直接打进国际市场，有效地直接促进深圳经济特区外向型企业国际经济的快速发展。

其次，香港也充分利用香港临近深圳优势，弥补香港工业经济发展的许多缺陷和不足，促进深圳和香港社会经济的繁荣与稳定。目前，香港的经济发展整体结构表现不合理，存在行业结构类别较窄的问题，工业上原材料、元器件等较为薄弱，企业规模普遍比较小，高科技开发企业人才存在劳动力不足的现象，发展的空间受到限制，土地资源匮乏，劳动生产成本高等一系列问题，而目前深圳已经是新技术开发的中心城市，有着广阔的经济腹地和国内宏大的制造业和科技创新力量,有香港作为强大的经济后盾,发展的空间较大,存在许多潜在的产业优势。因此,深港之间的合作,需要创造的条件是多方面的,而集中考虑实现两地互补有以下几个方面:

第一,实现香港产业结构的优势互补。

目前香港虽然是重要的国际金融、贸易中心,但是香港由于经济发展受到资源贫乏、劳动力紧张等一系列客观因素造成严重制约,决定目前香港自身产业结构的严重不合理的发展状况。因此从根本上形成香港自身经济的发展具有很强的对外经济依赖性,出现香港自身产业结构中的低技术增长倾向,发展后劲不足等产业结构问题,改变这种产业结构状况,靠集中发展香港自身实现经济发展是很困难的,从目前的经济发展情况可以看出,香港本身的高科技和工业结构分布点趋于饱和,短期经营行为的依赖性特点难以完全形成集中开发高科技的技术和产业力量。目前深圳经济特区的发展可以充分依托国内宏大的工业高科技队伍和雄厚的科技创新力量,逐步地增强对新一代技术、新材料的产品开发和新技术研制的能力(见图4-2)。

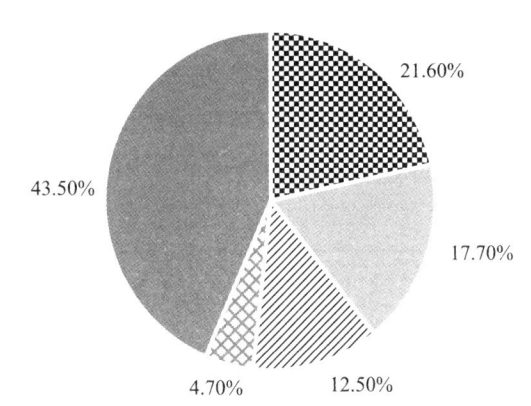

图4-2 香港产业结构图

资料来源:2017年数据香港特区政府统计处。

第二，在构建国际重要港口城市的核心功能与重要基础配套设施上突出重点实现优势互补。

目前香港虽然已经是一个多功能的开放型的国际城市，同时还是国际重要性的港口城市，但是由于占地面积狭小而且人口密度很高，诸如香港国际机场、葵青货柜码头已满负荷运转，空间扩容存在难度。深圳在可规划空间比香港更具优势，且能够承接香港现代服务业功能的外移。

第三，在人才及政策制定方面实现互补。

香港高等院校较多，并且施行市场化模式。深圳经济特区一方面由市政府制定一些相关优惠政策，采取一些政策扶持措施，吸引国内外的高校和科研机构、大专院校、有自主开发创新能力的大企业进入深圳经济特区，一些已经拥有多项国家发明专利的高新技术专业人才也以深圳民间科技投资企业的主要身份和形式来到深圳。另一方面对深圳相关高新技术产业的发展进行扶持和引导，科技成果转换的效率高。

深港不仅在资金、技术、贸易、市场和投资以及人力、土地和资源等各个方面优势互补，而且在互利的同时，也将其合作的范围扩大到基础配套设施的建设、科技开发、原材料和加工以及基础元器件的研发生产和分工，以及双方共同建立经济信息网络、市场销售服务网络和国际融资合作网络等各个方面，从而实现区域间的互补共赢（见表 4-1）。

表 4-1　　　　　　　　　深港资源要素优劣分析

香港优势	香港劣势	深圳优势	深圳劣势
技术、设备先进	产业结构不合理	政策优势	技术、设备相对落后
管理经验丰富	劳动力成本高	人才优势	管理水平相对较低
国际金融中心	对外依赖性高	内需市场大	国际化水平相对较低
国际贸易中心	面积狭小、人口密度高	腹地相对广阔	对外贸易限制

续表

香港优势	香港劣势	深圳优势	深圳劣势
高等院校实力强	基础设施饱和	基础设施可规划空间大	高校相对匮乏

二 协调统筹机制

密切关注深港两地政府的合作会议,是近年来深港进一步实现双方合作体制创新和机制有效对接、优势互补的重要基石。"一国两制"原则是深港双方合作中重要的基本制度和前提。自1997年香港回归后,在深港两地政府的推动下,合作会议机制的创新合作取得了一系列丰硕成果。一方面深港之间的交流和合作不断地深化,建立相互沟通的渠道和交流合作的平台。特别重要的是2004年以来,随着深港CEPA合作协议的实施和深港双方政府合作会议机制的完善和建立,打通机制创新体制的有效衔接,使得深港双方合作的效率和功能得到快速的提升。另一方面深港在有关政策的操作、机制的创新、沟通协作等各个方面的交流和合作大大加强,从促进深港的交流和合作来说,建立深港双方政府合作会议的制度确实对合作是一个重大突破。

(一) 基本制度

坚持"一国两制"制度是香港稳定发展繁荣的基石。

坚持"一国两制"在深港合作上体现为,一方面坚持"一国"原则,另一方面保持"两制"特点。既保持香港现存的自由、公开、具有竞争力的市场经济制度,以及廉洁政府等一系列要素不变,又保持深圳"对外开放"的发展态势不变。深圳坚持实行改革开放的基本方针,建立不断完善市场经济体系,并在市场经济的基础上,扩大对外开放,推动深圳逐步走向国际化、全球化。

"一国两制"制度框架下的深港合作,不是要制造两个完全独立的体系,而应当是两个制度互助互补,走向双赢。"一国两制"的制度安排促进深圳与香港之间的合作衔接。

(二) 会议机制

香港回归以来,深圳与香港之间的官方、半官方往来日益频繁。"深港合作会议"已经成为一项长效机制。深港合作会议机制于2004年建立,一般每年召开一次会议,会议由深圳和香港轮流主办,重点研究双方重大合作事项并统筹协调落实。2004—2017年,深圳与香港特区政府在会议上签署53份合作协议(见表4-2)。

表4-2　　　　　　　深港合作协议(2004—2017年)

序号	年份	协议名称	合作机制
1	2004	关于加强深港合作的备忘录	有关成果向粤港合作联席会议报告
2		法律服务合作协议书	
3		香港工业贸易署—深圳市贸易工业局合作协议	
4		关于投资推广的合作协议	
5		旅游合作协议	
6		关于加强深港旅游市场管理合作协议	
7		科技交流与服务合作协议	
8		深圳高新区—香港数码管理有限公司战略合作协议书	
9	2005	香港政务司司长与深圳市长会晤,回顾"1+8协议"落实情况	未签订协议
10	2006	"深港金融合作恳谈会"	未签订协议
11	2007	关于深港创新圈合作协议	建立深港创新及科技合作督导会议,香港工商及科技局和深圳副市长共同担任主席;每年召开2次会议,可根据需要召开临时会议;日常工作由香港创新科技署与深圳科技和信息局负责
12		关于近期开展重要基础设施合作项目协议书	成立深港边界区发展联合专责小组、港深机场合作联合专责小组

续表

序号	年份	协议名称	合作机制
13	2007	加强深港环保合作协议	建立定期交流会议,成立"深港持久性有机污染物合作协调小组"
14		深港加强城市规划合作协议	建立城市规划联席工作会议机制,设立联络渠道和联络员
15		深港加强和促进服务贸易合作备忘录	双方建立网站,加强信息互通,鼓励两地人员互访及交流
16		旅游合作协议	联手在海内外广泛推广"优质诚信深港游"
17		"深港创新圈交互基地"合作备忘录	双方互留研发场
18		医疗护理交流合作安排	加强双方高层交流及互访,协商建立医疗机构间转诊及沟通机制
19	2008	"落马洲河套地区综合研究"合作协议书	计划在2009年聘请顾问进行规划及工程可行性研究
20		教育合作协议	鼓励和支持两地学校、教师、学生之间多方面的协作活动,两地每年举行交流会议,共同探讨未来发展路向,开展推行合作项目
21		加强深港清洁生产工作合作协议	加强深港企业开展节能减排工作,研究推行更多激励措施,制订具体实施方案
22		更进一步加强文化合作协议	在现有的合作基础上,在文化领域上建立更紧密的合作关系
23		双方旅游合作协议	加强两地旅游业界和推广机构的沟通和合作

续表

序号	年份	协议名称	合作机制
24		深圳学校试办港人子弟班施行细则	香港教育局和深圳教育局根据需要召开交流合作会议，共同协调解决问题
25		2010年文化及体育交流合作协议	香港民政事务局和深圳文体旅游局共同举办各类活动，并推动两地售票系统的合作
26		关于水生动物疫病检测的合作安排	香港渔农自然护理署和深圳出入境检验检疫局每年安排2次技术交流活动
27	2009	深化"深港创新圈"建设合作	密切督导会议日常联络工作，积极推动高端服务业的合作
28		双方旅游合作协议	建立定期沟通渠道，就旅游市场拓展方面分享信息
29		深港创新圈创新技术科技合作协议	深圳出入境检验检疫局与香港大学开展实验室间的科技合作
30		香港大学深圳教学医院合作安排	深圳卫生人口计生委员会与香港大学成立专责小组，就合作项目开展研究，为签署正式协议做好前期工作
31		公司/企业注册交流合作协议	建立合作平台，每年进行互访交流活动，建立网站链接，加强跨境宣传
32	2010	香港和深圳检测认证交流合作协定	定期召开检测认证联席会议，并成立专责小组开展工作
33		关于促进港深检测认证科技创新合作协议	建立双方负责人定期互访制度，并各指定一名联络人员
34	2011	法律合作协议	建立深港法律合作联席会议制度，每年会晤1次，按需成立专责小组和举办合作论坛、座谈会，香港律政司法律政策科和深圳法制办为联络单位

续表

序号	年份	协议名称	合作机制
35	2011	推进落马洲河套地区共同开发工作的合作协议	在"港深边界区域发展联合专责小组"架构上开展工作
36		关于加强进出口食品安全的合作协议	建立信息交流平台,香港食品环境卫生署和深圳出入境检验检疫局各指定一个部门负责联络
37		数值天气预报技术长期合作协议	香港天文台和深圳气象局定期举行会议
38	2012	推广两城文化艺术发展合作协议	深圳文体旅游局与香港艺术发展局合作
39		关于水生动物疫病检测的合作安排	深圳出入境检验检疫局与香港渔农自然护理署合作
40		关于共同推进深港青年创新创业基地建设合作协议	深圳科技创新委员会与香港创新科技署合作
41		投资促进合作协议	深圳投资推广署与香港投资推广署合作
42	2013	旅游合作协议	香港旅游发展局与深圳旅游局合作
43		深圳学校开设"港籍学生班"合作协议	香港特区政府和深圳政府合作
44		深圳前海管理局与香港科技园公司战略合作协议	前海管理局与香港科技园
45	2014	CEPA关于内地在广东与香港基本实现服务贸易自由化的协议	香港特区政府和内地自由贸易
46	2015	前海合作协议	把握前海政策优势,助力深港高质量发展
47		金融合作协议	积极推动深港通的开通
48		青年交流合作协议	双方将重点推动青年交流、实习和创业三个方面的合作
49		医疗服务合作协议	探索推动香港长者在港大深圳医院使用长者医疗券的试点工作

续表

序号	年份	协议名称	合作机制
50	2016	在深圳前海深港现代服务业合作区试行香港工程建设模式合作安排	深圳住房和建设局与香港特区政府发展局合作
51		关于促进创意产业合作的协议	香港特区政府和深圳政府合作
52		深港水生动物检验检疫合作协议	香港渔护署和深圳检验检疫局合作
53	2017	港深推进落马洲河套地区共同发展的合作备忘录	香港特区政府和深圳政府合作

深港合作会议是深港之间商讨政策层面的合作，但实际上落实下来，不少细则都和民生挂钩。"深港合作会议"领域依然十分宽广，在粤港澳大湾区背景下，在会议沟通机制的基础上两地的密切往来将越来越多。

三 创新合作机制

CEPA 与前海创新机制是在深港初期合作基础上的创新合作机制，开拓了深港澳区域合作的又一个新篇章。CEPA 的形成和确立，使深港经济合作的关系不断得到巩固和深化，区域政治和经济的一体化发展步伐不断加快，取得巨大的成果。近年来，前海创新机制的建立，是粤港澳大湾区建设背景下深港合作的重要基石。

（一）CEPA 机制

为了加强内地与香港特别行政区之间的贸易和投资合作，促进双方的共同发展，2003 年 6 月《内地与香港关于建立更紧密经贸关系的安排》（CEPA）确定先行先试机制。CEPA 的正式实施标志着内地与香港经贸关系进入一个崭新的阶段，是内地与香港经贸合作先行先试的新起点和里程碑，将为内地与香港的经济融合和发展提供新的动力和空间，同时也是帮助香港经济复苏、实现内地与香港共同发展的重要举措。其主要内容是货物贸易和服务贸易自由化的具体承诺，双方将通过不断扩大相互之间的开放，后期相继签署补充协议及其他相关协议。

CEPA 的正式实施，这对深港合作而言是一个实质性的政策和制度提升。2004 年，深圳与香港双方签署《加强深港合作的备忘录》及其他八份合作协议（"1+8"协议）。"1+8"协议专门阐述了深港合作机制，强调在粤港合作的框架下，深圳与香港双方可以就涉及两个城市的合作内容进行深入探讨，这实际上为双方建立直接对话平台和合作机制开辟新的路径，从技术上看，有利于创新深港合作机制。"1+8"协议是港深合作在 CEPA 和粤港合作框架下迈出的重要一步，标志着两地合作进入更高层次、更宽领域、更大空间的新阶段。"1+8"协议明确提出港深合作的前提和基础，就是要维护和发挥香港在大珠三角和泛珠三角地区的龙头作用，实际上是希望把稳定和繁荣香港列为国家战略的同时，也把深港合作提升到国家战略的高度。

CEPA 和深圳与香港"1+8"协议在合作内容上涉及众多领域，而且还可以根据实际需要不断增加新的内容，从而为港深合作提供一个开放式的合作空间，极大地拓宽深港合作范围，开创区域经济一体化合作的全新格局。在深圳与香港特区政府的积极引导下，香港企业对深圳的投资持续增加，投资领域进一步拓宽，到目前为止，港商投资涉及行业几乎涵盖所有允许的分工、携手共建深圳与香港外商投资的领域：如港口、码头、电力等基础设施，农业、制造业、房地产、建筑、商贸、金融、旅游、餐饮业、社会服务、文化教育、体育卫生、社会福利等。深圳与香港特区政府建立固定的沟通交流机制，彼此加强民生领域、城市规划及产业规划等各方面的沟通和讨论，很多事关深圳与香港的重大问题提到政府的议事日程，如教育、文化、医疗合作；西部通道的协作；东部通道的论证；河套地区的开发；港口之间创新圈；深圳与香港青年交流合作；等等。

（二）前海创新机制

2011 年 3 月，国家将深圳前海开发作为"粤港澳合作重大项目"纳入"十二五"规划纲要以来，深圳从体制机制创新、争取政策、规划建设、招商引资等方面加快推进前海开发开放。前海蛇口自贸区一直以来是深港合作交流的试验田和高地。在制度建设领域，已经出台并实施"一条例、两办法"，即《前海深圳与香港现代服务业合作区条例》《前海深圳与香港现代服务业合作区管理局暂行办法》《前海湾保税港区管理暂行办法》。2017年，深圳已将《深圳经济特区前海蛇口自贸片区实施〈中国（广东）自由贸易实验区条例〉办法》列入立法计划，重点关注投资领域门槛高、开放领域有待拓宽、体制机制不顺畅、促进深圳与香港创新创业融合发展等问题，在立法权限范围内争取突破目前深港合作交流制度上的瓶颈和桎梏。

在深港合作体制机制方面，前海建立深圳与香港特区政府常态化会晤机制，形成香港"咨询—监管—社会参与"多层面参与前海开发建设的交流合作机制。前海管理局专门为服务香港设立"香港工作处"，并在香港开设窗口公司，聘请前海香港事务首席联络官，充分听取香港"声音"。加强深圳与香港特区政府在公共服务等领域的合作，以前海管理局法定机构为依托，打造高效廉洁的服务型管理机构，减少和规范行政审批，提供"e站通"一站式便捷服务，营造国际一流的政府服务环境。支持设立前海香港商会，密切与香港工商社团合作，推动香港工商界全面参与前海开发建设。

当前，前海正迎来"一带一路"和粤港澳大湾区的重大发展机遇，广东省明确提出要把前海建设成为粤港澳深度合作示范区和城市新中心，前海成为深圳与香港现代服务业合作区、自贸试验片区、保税港区、粤港澳深度合作示范区"四区叠加"之地。进一步深化深港合作既是深圳与香港自身发展的迫切需要，也是粤港澳大湾区世界级城市群整体发展的迫切需要，是深圳与香港实施国家发展战略的重要举措（见表4-3）。

表4-3　　2015—2018年深（前海）港合作创新制度汇总

制度创新	制度名称	主要内容
投资便利化	开展深港工商跨境文书流转信息化改革	港资企业在前海蛇口自贸区办理商事登记时采用新版公证文书

续表

制度创新	制度名称	主要内容
投资便利化	设立"内港通"助港企拓展内地市场	为帮助港企北上拓展内地（珠三角）市场，解决其面临的注册、税务、法律和劳务等问题，并支持内地企业通过香港拓展"一带一路"机遇，深圳前海香商会发起成立"内港通"
	成立深港国际区块链孵化器	前海发起成立前海深港国际区块孵化器，依托全球区块链技术和资源，加快区块链创新新型企业在前海孵化发展，前海深港国际区块孵化器还具有创业培训功能，提供包括团队管理、财税知识、法务处理，以及邀请区块链行业专家提供区块链专业知识
	设立前海香港商会搭建深港合作重要平台	前海商会由新世界、嘉里建设、汇丰银行、东亚银行、华商林李联营律师事务所等50家知名港企为商会首批会员单位组织成立
	创新"飞地经济+双港连通+跨境金融"为特征的奥港经济外溢发展新模式	前海蛇口自贸区管委会大力吸引海外总部、国际业务总部落户，支持中资企业在"一带一路"沿线的国家和地区投资开发海外综合性产业园、港口、交易所等项目
贸易便利化	创新香港籍船舶证书签发模式	为进一步深化深港海事合作，提高香港籍国际航行船舶办理效率，大幅节省香港籍船舶办证费用
	深港陆空联运改革	通过将香港机场空运打板理货服务前置到前海保税区，以出口"卡车航班"方式，对口岸中控采取非侵入式查验，解决货物拆箱后重新打板的问题，构建深港贸易无缝衔接通道，化解原有通关时间不确定、香港空运转口不可预期两个长期困扰我国出口贸易的痛点
	推进深港陆路跨境快递通关	针对前海现代服务业"港仓内迁、港店深仓、门店直配"等特点和需求，采用跨境快速通关和先入区后报关模式，叠加"安全智能锁"和"智能化卡口"措施，实现货物在海关特殊监管区域与陆路口岸间通关流程的职能控制、车到起闸、即到即放的便捷快速通关

续表

制度创新	制度名称	主要内容
贸易便利化	建立港资港企港货交易中心	该中心按照"港资建设、港企运营、港人收益"的原则，主要为内地居民购买港货的全球商品提供便利，同时也为香港企业提供在内地创业的平台
金融开放创新	"黄金深港通"正式启动	"黄金深港通"日前启动后内地与香港黄金市场互联互通升级再进一步
	香港本土银行同业熊猫债落地	2016年5月，香港创兴银行有限公司（以下简称"创新银行"或"发行人"）成功发行2016年第一期人民币债券（熊猫债）
	CEPA10框架下合资证券、合资基金项目取得突破	在CEPA10框架下，前海拟设立2家港资持股的全牌照证券公司，其中1家港资合并持股比例最高可达51%，1家港资合并持股不超过49%
法治创新	推动涉外涉港澳台商事案件审判机制改革	2018年6月24日，前海法院发布《涉外涉港澳台商事审判白皮书》向社会公布涉外涉港澳台审判机制改革取得的成效
	深圳国际仲裁院与世界银行国际投资争端解决中心合作建立商事纠纷解决机制	为进一步促进保护中国企业在"走出去"过程中的各种利益，更为中国在美就近解决商事纠纷提供便利，深圳国际仲裁院与世界银行签署合作协议，协议的签署为双方的深入合作奠定基础，也标志着中国经济区国际仲裁的国际影响力进一步提升
	探索深港澳检察工作交流机制	加强粤港澳合作，构建检察工作交流互鉴新格局，为"一带一路"倡议和粤港澳大湾区战略提供法制保障
	探索护航深港经济发展和创业青年成长的"前检模式"	为精准服务自贸区经济建设，保障自贸区国际化、市场化、法治化营商环境的构建，前海检察院以青年梦工场为依托，设立检察联络室，打造服务深港青年创新创业的新平台
	审结首例适用香港特别行政区法律的案件	前海法院成功审结原告东亚银行诉被告L公司等主体的涉港融资租赁案件，这是该院首例适用香港特别行政区法律的案件

续表

制度创新	制度名称	主要内容
法治创新	探索涉港案件当事人转交送达制度	前海法院针对涉港案件送达时间长、成功率低等问题，结合涉外涉港澳台案件审判机制改革，深入研究、认真探索有效送达的新方式，完成《民商事送达机制改革研究报告》的调研课题，制定《关于涉外、涉港澳台民商事案件司法文书送达的若干规定》
	推进涉外、涉港澳台案件审判机制系统改革	前海法院不断探索建立符合涉外、涉港澳台商事案件特点的审理制度，通过推进案件送达机制改革，让有关当事人和律师参与到送达机制中来，共同保障当事人的诉讼权利
	实行港籍陪审员选任制度	前海法院推行具有特色的复合审判模式，首次引进实行港籍陪审员选任制度，从符合条件的香港居民中选任陪审员，随机参与案件审理
	中国港澳台和外国法律查明研究中心	法律查明工作主要致力于帮助解决企业在"走出去"和"请进来"过程中的法律不适应问题以及由此带来的种种潜在风险
	内地与港澳律师事务所合伙联营试点	试点开展内地律师事务所与港澳律师事务所合伙联营试点工作至今已批准设立5家粤港合伙联营律师事务所，在境内外法律界以及粤港合作领域都有积极反响
人才管理改革	实现港澳居民在前海免办就业证	前海是"粤港澳人才合作示范区"，也是中央人才工作领导协调小组批复成立"全国人才管理改革试验区"，积极为港澳居民在前海开展创新创业、执业从业提供便利条件，一直是前海人才工作的重点
	实现港澳居民在前海可缴存住房公积金	2018年初，港澳台居民缴存和提取住房公积金的便利举措，在前海率先落地，并在深圳全面实施
	允许港澳金融和法律领域专业人才在区内提供专业服务	研究推进在区内工作的港澳专业人士（金融业）通过培训测试的方式申请获得内地从业资格（金融业），其在港澳的从业经历可视同内地从业经历

续表

制度创新	制度名称	主要内容
人才管理改革	港澳台居民申请船员培训发证国民化待遇	国际海事公约缔约国之间相互享有优惠便利待遇，因此，持有国内海事部门签发的船员适任证书，可以更便捷地在国际航行船舶上工作并得到相应的船员权益保障
	深港职业资格准入制度创新	根据《香港特别行政区会计专业人士申请成为前海深港现代服务业合作区会计事务所合伙人暂行办法》《香港注册税务师服务深圳前海深港现代服务业合作区管理暂行办法》《香港房屋经理前海执业资格认定试点方案》，取得香港执业资格的税务师、会计师、房屋经理、调解员等专业人士可以到前海执业，极大促进深港跨境人才流动，推动前海服务业发展
	创新前海深港人才合作常态交流合作机制，共建全国人才管理改革试验区	前海管理局着力推动深港行业协会、人才中介等组织进行对接，开展人才交流、资格互认、项目合作，共同建设前海全国人才管理改革试验区
	创新深港国际海员管理与服务	国家海事局正式批复同意国内首家外商独资海员外派机构骅林海事服务（深圳）有限公司，将国际海员外派范围由香港籍船舶扩大至其管理的所有船舶，该政策的正式落地在全国尚属首例
	设立"前海深港青年梦工厂"青年创新创业平台	为推进粤港深度合作，支持粤港青年创新创业，在前海蛇口设立"前海深港青年梦工场"青年创新创业平台，为青年大学生特别是粤港大学生创新创业提供服务
体制机制创新	试行香港工程建设模式	2016年2月29日，前海管理局、深圳住房和建设局与香港特区政府在香港举行仪式，共同发布《在深圳前海深港现代服务业合作区试行香港工程建设模式合作安排》

续表

制度创新	制度名称	主要内容
体制机制创新	发行深港"互通行"（前海）卡	"互通行"在"深圳通""八达通"的基础上，继续完善身份识别、电子商务、跨境（区）应用等普通交通卡不具备的新型功能
	探索常态化深港公务人员双向交流机制	前海依托粤港澳人才合作示范区平台，利用深港两地政府常态化沟通机制，拓展深港人才合作领域

第二节 深港合作政策渐进整合

深港合作从区域间的制度衔接上升到国家发展规划层面的顶层设计，从产业领域的渐进合作到现阶段综合全方位合作发展阶段，是由渐进发展到整合的过程。历史经验表明，制度性因素是深港合作的主要推动因素，在深港合作早期，由于缺乏制度的建立以及相关机制的推动，深港合作领域非常受限，随着早期的合作模式"前店后厂"以及"三来一补"模式的逐渐解体，服务市场的开放与合作成为深港合作的主要内容，而现代服务市场（金融、科技、文化）的开放相对于产品贸易市场更依赖于政策的推动（见图4-3）。

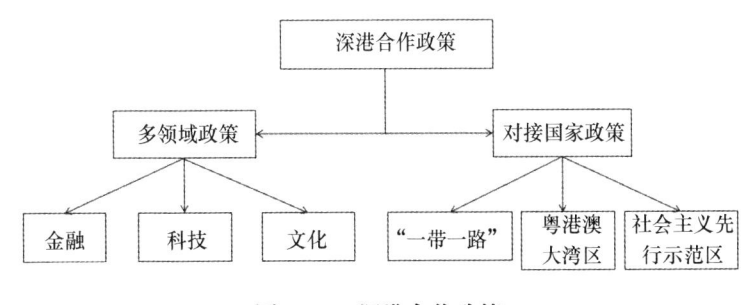

图4-3 深港合作政策

一 多领域政策"并联"发力

服务业的持续健康发展,尤其是我国现代服务业的持续健康发展必然充分依赖于国家政策的支持和推动。一方面我国现代服务业的市场制度发展管理水平直接决定其市场机制的健康完善和开放程度;另一方面我国现代服务业的发展依赖于服务市场的健康发育和服务市场开发的程度。二者的发展是相辅相成的。发达的现代市场经济管理制度与高度健康发展的现代服务业制度是并行不悖的。因此,现代服务业的持续健康发展必然充分依赖于现代服务市场的发育和开放与市场机制完善。在深港合作中,开放与完善的服务市场需要政策的引领推动。深港合作为推动现代服务业(金融、科技、文化)的发展,出台一系列的政策措施。

(一)政策助力金融发展

1. 深港合作金融政策

深圳与香港地域相连,唇齿相依,得天独厚的地缘因素,加上原有的深厚市场基础和金融业发展基础,两地间的金融合作备受深圳与香港的高度关注和重视。多年来,在金融合作方面取得了显著的成绩,两地间互设诸多金融机构,两地在财富管理方面有了初步合作,深圳与香港、监管机构、研究机构建立初步的沟通协调机制,尤其香港人民币业务得到极大的发展。

资料显示[①],截至 2016 年 11 月,到深圳开展业务的港资金融机构已近 50 家,位居内地城市榜首。汇丰、东亚、渣打、恒生等银行在深圳开设了分行,渣打、中银香港、南洋商业银行等金融机构纷纷在深圳设立后台服务中心。两地在银行卡清算、票据清算、代理汇划、信贷业务、跨境人民币和港币业务等方面的合作持续深化。此外,港商在深通过直接或间接参股方式合作的保险机构有 12 家,其中 5 家保险代理公司、5 家保险经纪公司和 2 家保险公估公司。与此同时,总部在深圳的法人银行机构也以香港为"桥头堡"走出去,加快国际化。招商银行较早在港开设分行,2010 年又出

---

① 2016 第二届中国国际投资论坛暨深港新金融合作对话。

资 193 亿元收购了香港永隆银行。深圳发展银行在香港设立代表处。

在机构合作方面，平安证券通过引入香港管理层，进一步提升公司治理水平；南方基金发行以投资港股为主的 QDII，积极探索国内基金业全球化资产配置。此外，深圳本地大型骨干企业也借助两地资本市场不断发展壮大，如招商银行、中兴通讯、深圳高速等公司 A+H 上市，广深铁路和中国平安蓝筹股回归 A 股市场等。

实际上，深圳与香港金融合作如此高效率实现，主要得益于政策的大力支持。2008 年 6 月初正式发布的《深圳经济特区金融发展促进条例》，明确深圳在全国金融格局中的"金融中心城市"定位。2008 年 12 月，深圳与香港达成共识，支持香港巩固和发展其作为中国的世界级国际金融中心的地位，支持深圳建设区域性金融中心。2008 年 12 月底《珠江三角洲地区改革发展规划纲要（2008—2020 年）》和 2009 年 5 月的《深圳综合配套改革总体方案》等国家文件，明确深圳要大力建设金融改革创新综合试验区，赋予深圳在金融改革与创新方面先行先试权。

2010 年，深圳经济特区成立 30 周年之际，国务院正式批复《前海深圳与香港现代服务业合作区总体发展规划》，为深圳与香港深化金融合作和深圳金融创新开放提供良好的发展空间。2011 年 12 月底，深圳政府推出的《深圳金融业发展"十二五"规划》明确指出，利用人民币国际化和金融市场开放契机，深化深港合作，通过支持香港建设人民币离岸金融中心，强化深圳作为人民币跨境流通主要渠道和人民币计价金融产品与服务创新重要主体的地位，加强资本市场和财富管理业务等优势领域的国际合作，有效参与国际金融合作和竞争，提升深圳金融业的开放度和影响力。

2012 年 4 月 12 日，深圳市政府常务会议研究通过《关于加强改善金融服务支持实体经济发展的若干意见》。根据《意见》，推进前海金融创新，积极探索构建更具国际竞争力的现代产业体系，将是未来的一项重点工作，其中包括推进前海股权交易所建设，加快深圳与香港跨境人民币贷款业务试点等内容。

2. 金融合作发展阶段的政策推动

深圳与香港之间的金融合作主要经历三个发展阶段：第一个阶段是 1998 年以来，香港金管局与中国人民银行签署的相关协议，实现支付结算系统的连通，实现金融基础设施的初步建设。第二个阶段是随着 CEPA 的签署，深圳与香港的金融机构进入紧密联系合作阶段。第三个阶段随着 2011 年《前海深圳与香港现代服务业合作区条例》的通过，标志着深港合作以金融试点带动深港合作金融创新圈发展的阶段到来。

第一个阶段是政策支持下支付结算系统的连通。深圳与香港地域相连，人员和经济交往频繁，两地间金融基础设施合作起步较早。为配合跨境银行业务的拓展，自 1998 年以来，香港金管局与中国人民银行深圳中心支行密切合作，陆续推出深圳与香港港元和美元双向票据交换安排，以及深圳与香港港元及美元双向实时支付结算系统联网。这些安排为香港和深圳之间的外币资金往来提供高效和安全的信道，对促进两地经济和两地金融的融合与发展起到积极的作用。目前深圳与香港在支付清算系统方面的合作已经涵盖票据交换和实时支付系统，在支付工具方面包括香港人民币支票、银行卡和港币、美元等外币票据。

自 2003 年 11 月起，中央政府分阶段允许香港银行经营个人人民币业务，中国人民银行深圳中心支行于 2004 年 2 月 25 日起为香港银行办理香港个人人民币业务提供清算安排。人民币清算机制这一制度性的安排，使香港的人民币业务由非正规的、自发性的业务逐渐纳入正规的、规范的银行市场，从现钞和个人业务逐渐向非现钞和非个人领域扩展，促进两地经济金融融合的日益加深以及人民币资金流动的迅速增加，促进人民币有序回流及加强对境外人民币的监测，并成为未来人民币逐步走向区域化和国际化的基本平台，为进一步试验人民币的可兑换打下基础。

第二阶段是政策引领下的金融机构的设立。从 2004 年开始，随着 CEPA 推出，深圳与香港金融合作进入第二个阶段，香港银行在深圳加快设立金融机构。受惠于 CEPA 降低银行准入门槛到 60 亿美元的规定，香港中小银行纷纷在深圳开设分行或以收购重组的方式在深圳开展业务。目前深圳港资银行已经达到25家。总部在深圳的深圳法人银行机构也在香港设立分支机构,招商银行在香港设立分行,资产规模90亿港元。深圳发展银行在香港设立代表处。中国国际期货和金瑞期货两家期货公司在香港设立从事期货业务的子公司。招商证券、平安证券两家证券公司在香港设立分支机构。

第三个阶段是政策试点下金融创新圈的构建阶段。2011年《前海深圳与香港现代服务业合作区条例》通过,对进一步深化深港合作影响深远。《条例》明确前海将与香港进行深入金融创新试点。从而带动深圳与香港金融创新圈的构建。深圳是香港进入内地的门户,深圳在香港金融业进入内地的战略上起三个作用:一是先头阵地作用。深圳是香港金融业进入内地的"试水池",香港金融机构可以先在深圳进行"试水",取得经验,再向内地拓展。二是后台基地作用。深圳可以成为香港银行的后台业务基地,目前这个后台业务基地已经在深圳平湖动工建设。三是构建连通境内外统一的资本市场。香港与纽约、伦敦和东京资本市场竞争中,需要与深圳资本市场合作,建构连通境内外统一的资本市场。

深圳与香港金融业合作的最终目标是打造一个统一的世界级国际金融中心,深圳连通香港,成为香港国际金融中心的一部分,深圳与香港共建世界级大都会。但由于中国金融体制改革还处在攻坚阶段,外汇管制的解除与资本项目可兑换的目标实现还需要一定时间,所以深圳与香港金融业合作还需在持续的政策引领下分阶段推进,逐步实施。

3. 政策推动下金融合作案例

《深港通实施方案》主要目的是更进一步深化内地与香港国际投资金融业的交流合作,巩固和进一步提升香港作为国际金融中心的重要地位而重新制定的一项政策法规,《深港通实施方案》自2016年8月16日起正式发布实施。

深港通的顺利开通对于中长期资本进入市场来说具有重要的意义。深港通的顺利开通有助于资本市场引进中长期的资金进入到A股资本市场,改变A股资本市场长期以来以散户和基金为主的投资局面，可助力和推动中长期经济的持续健康转型和升级。

（二）政策助力科技发展

1. 深港合作科技政策

深港两地之间在科技与创新领域存在着比较多相互补充的优势和合作发展机会。两地科技与创新多年以来的合作发展取得丰硕的经验和科研成果，科技与创新合作的体制和机制初步建成，两地之间科技的往来频繁，科技与创新的相互依存度不断提高和增加。

深港科技合作的发展同样得益于政策的引领。特别是1997年香港回归祖国之后，深港双方谋求合作的主动性大大增强，各级别、各层次的战略协调越来越多，包括科技合作在内的粤港合作从此走上了新的发展阶段，达到了前所未有的新水平。

2004年，《CEPA协议》正式签署。

2007年，《深港合作创新圈协议》正式签署。

2009年，广东省委、广东省政府联合出台《关于推进与港澳更紧密合作的决定》与《粤港合作框架协议》。

2017年，《港深推进落马洲河套地区共同发展的合作备忘录》正式签署。

这些"顶层设计"促进深港科技合作，通过多种方式推动港深两地的科研机构和粤港澳产业的高新技术对接与交流合作，促进粤港澳科技成果的转化。

2018年，香港高校已在深设立创新基地和载体44个、科研机构72家，累计成功承担科技创新项目1300多项，一批优秀的香港科技创新团队和企业在深圳发展壮大。

2. 科技合作发展阶段的政策推动

深圳40年的超高速增长创造世界奇迹，快速增长动力很大程度是源自香港的辐射和带动，深圳与香港两城息息相关。深圳与香港之间科技的合作关系经历五个阶段：1980年始，香港"三来一补"产业单向转移至深圳，吸引港资实现深圳原始积累为特征的合作"初级阶段"；1991年至香港回归前后，深圳调整发展目标，着重引进高新产业，深圳与香港合作处于"停滞观望"阶段；2003年始，CEPA协议（《关于建立更紧密经贸关系的安排》）签署后，深圳与香港经济社会要素流动逐渐加强，两地合作进入"探索阶段"；2007年11月《"深圳与香港创新圈"合作协议》签署，两地科技合作进入紧密联系阶段；2010年后，前海深圳与香港现代服务业合作区的提出以及两城共同探讨河套地区发展等事件，标志着两城的合作进入"深化阶段"。

第一阶段：制定"三来一补"企业贸易形式政策尝试阶段。1995年，广东省深圳市人民政府关于《加强"三来一补"管理的若干规定》制定相关的产业政策。由于深港地理位置毗邻，文化相近，产业水平和服务水平悬殊，面临产业升级压力的香港亟须转移生产加工环节和进入广阔的内地市场，而刚成立的经济特区深圳也亟须香港的技术、信息、资本和服务，双方互为需要，因而来自香港的"三来一补"开始深圳工业化进程，也成为深圳科技水平发展的起点。早期深港科技合作主要采用技术引进、成果转让、合作发展、委托开发等方式。这些合作多出于民间自发，产业档次低，合作层次低，零星分散，缺乏系统规划和组织，港企占据主动地位，深企处于学习和吸收地位，没有形成普遍的规模化方式。

第二阶段：深圳产业转型后的相对停滞期。进入20世纪90年代，面临产业转型升级的深圳在战略和制度层面提出发展高新技术产业，实现整个工业体系的进步，用高新技术改造传统产业并带动第三产业。同时，来自港澳台以外的外商直接投资快速增长，带来新的西方先进技术和人才，外商投资型高技术企业成为深圳计算机、程控交换机、基因工程等产业发展的重要力量。这其中，港资投资的高新技术企业数量却很少。90年代中期至2004年的十年间，深圳从传统低端产业向高新技术产业转移时，深港科技合作陷入逐步萎缩至相对停滞的阶段。

第三阶段："1+8"协议后的一体化时期。直至2004年11月，深港签署《关于加强深港合作的备忘录》及八项合作协议（1+8协议），开启了深港之间的科技合作。深港科技合作在进展缓慢的几年间，双方经济状况对比发生了巨大变化。根据国家统计局数据，深圳国内生产总值与经汇率调整的香港国内生产总值的比值从1997年的7.7%上升到2004年的31%，2013年达到87%，经济悬殊差距快速缩小。2004年签署的"1+8"协议涵盖法律服务、工业及贸易、投资推广、旅游、科技及高新技术等方面,标志着两地之间的科技合作正式纳入政府推动和制度主导的层面。一方面,经济差距的缩小促进深港科技合作的互补需求和层次升级;另一方面,回归后的香港在主导经济方面较之前港英政府更加积极主动,由此深港科技合作的层次、规模、平台和活动更多纳入到制度化框架中。

第四阶段:深港创新圈的建立。2007年11月《"深港创新圈"合作协议》正式签订,标志着基于国家战略高度的深港科技合作新战略地位的确立。深港创新圈建立后,深港科技合作的制度化建设、平台构建、重大项目和活动主要依托于深港创新圈,形成政府主导与民间合作两条腿走路的格局。在深港科技合作的第四阶段,无论深圳还是香港都各自具备平等合作的丰富资源和基础。

第五阶段:河套地区以及前海地区相关政策文件的签署。2017年双方签署《港深推进落马洲河套地区共同发展的合作备忘录》,打造落马洲河套地区与前海地区成为深港合作的创新科技区。与前四个阶段深圳以吸收为主、香港以输出为主的不对等地位不同,第五阶段深圳与香港都是经济实力雄厚但又秉性不同、特点不同的科技创新型城市,累积形成富有特色且互补性强的市场环境、产业结构、基础设施、产业政策、人才结构等科技资源,在塑造中国区域创新先锋和全球创新中心的过程中,两地科技合作的一体化融合具备良好的宏微观条件。

(三)政策助力文化发展

1. 深港文化政策

文化创意是信息化时代的重要资本。深圳具有开拓创新的包容氛围和广阔的创意市场,香港在知识产权、多元人才和管理制度上具有显著优势,深圳与香港功能互补、错位发展,正是香港文化创意资本入驻内地市场、深圳文化创意产业国际化提升的快捷方式。

香港的文创产业优势最早辐射到深圳,也是最能够体现深圳与香港融合的领域。资料显示①，截至2017年，香港聘用文化产业人才超过21万人，占总就业人口的5.7%，其生产总增值已超过1000亿港元，约占本地生产总值5%。香港的文创产业在多个领域建立优势，包括：电影、会议展览、各式设计以及艺术品交易。

深圳文创产业迅速发展。2018年深圳全市文化创意产业实现增加值2621.77亿元，占GDP的比重超过10%，文创产业已经成为深圳国民经济的支柱产业。深圳与香港的文化产业蓬勃发展，香港授权展、深圳文博会不断加强深圳与香港之间的文化交流。此外在设计领域，深圳和香港享有得天独厚的地域优势，两城之间的生活早已一体化、同城化发展，设计方面的交流与合作已经很成熟。

深圳与香港文化领域的合作也离不开政策的推动引领。

2002年11月，具有标志意义的粤港澳艺文合作会议在香港召开，首次建立粤港澳政府的合作机制，为深圳与香港文化合作提供新的可能。

2003年，CEPA协议的签订与实施对深港合作带来重大意义。

2004年6月，深圳与香港政府签署"1+8"协议，标志着深港合作进入一个新的历史阶段。其中第7条明确提出"加强教育、文化领域交流合作"，使两地的文化合作事实上成为深港合作总体框架的一部分。

2009年5月，《深圳综合配套改革总体方案》获国务院批准，深圳将以深圳与香港紧密合作为重点，全面创新区域合作机制，形成国际文化创意中心。

2010年4月，广东省政府和香港特别行政区正式签署《粤港合作框架协议》，提出重点联手发展文化创意等八大服务行业。

2014年11月6日召开的粤港合作联席会议第十七次会议签署此项协议。提出8个重点合作项目，分别是培养文化艺术创作、经营、管理人才；推动优秀文艺作品、文博藏品巡演巡展；提升公共文化服务水平；拓展网络及无线移动终端文化服务功能；组织多元化小区文化交流活动；推进粤剧传承与发展；加强文化产业合作；

---

① 《文创产业体现深港融合》，2017年3月13日，新华网。

增进青少年文化交流。

2. 文化合作发展阶段的政策推动

深港文化合作大致情况可以分为两个阶段：

第一阶段，深港文化合作起步与探索阶段（1980—1991年）。以深港两地民间文化交流与合作为主。20世纪90年代初，深港就已基本完全实现两地新闻媒体的交相对接覆盖，香港3家广播电视台近10个新闻频道的节目直接覆盖深圳等珠江三角洲地区。

第二阶段，深港文化合作转型与升级阶段（1992—2012年）。

香港回归以来，深港文化交流与合作不断提升层次。1999年9月，《深圳特区报》集团收购《香港商报》49%股权，自此《香港商报》成为首家在珠三角自办发行的香港报刊。《香港商报》以报道财经及金融新闻为主，《香港商报》特有的波经、马经，以及香港游版、中国游版、世界游版赢得珠三角读者的喜爱。

深圳在政策创新理念引领下的全面探索深港文化合作。

2002年，粤港澳艺文交流合作领导会议在深圳和香港成功召开，这是一个具有历史意义的标志性会议，会议首次建立深圳与粤港澳政府的教育文化合作协调机制。

2003年，CEPA深港合作协议的正式签订与其实施对深港文化合作的发展带来重大意义。

2004年6月，深港两地政府正式签署"1+8"合作协议。其中第7条协议明确提出"加强教育、文化领域交流合作"，教育文化领域交流合作已经成为深港合作发展战略总体框架的一部分。

2009年5月，《深圳综合配套改革总体方案》提出探索创新深港区域合作协调机制，推动国际教育文化艺术创意交流中心建设。

二 深港合作对接国家规划

（一）"一带一路"倡议

"一带一路"是"丝绸之路经济带"和"21世纪海上丝绸之路"的简称，2013年9月，习近平总书记提出建设"新丝绸之路经济带"。2013年10月，习近平总书记提出"21世纪海上丝绸之路"的合作倡议。"一带一路"倡议旨在借用古代丝绸之路的历史符号，高举和平发展的旗帜，积极发展与沿线国家的经济合作伙伴关系，共同打造政治互信、经济融合、文化包容的利益共同体、命运共同体和责任共同体。

"一带一路"倡议给深港合作带来新的发展机遇。"一带一路"建设涉及海量的商业活动及跨境贸易，需要专业服务。深港合作在为"一带一路"向国家提供服务上有两种突出优势。

第一，经济规模效应优势。目前深圳与香港的GDP总额，加起来相当于沙特GDP。深圳与香港贸易量在全球是领先的。深圳与香港港口吞吐量相加超过上海和新加坡。

第二，金融与科技方面优势。香港是一个国际金融中心，IPO的融资在过去多年来一直排名第一。香港可以为"一带一路"企业走出去提供很好的专业服务。同时，深圳重点发展科技，是世界第二大硅谷，拥有华为、大疆、比亚迪、腾讯等一系列高科技企业。

（二）"粤港澳大湾区"规划

《粤港澳大湾区发展规划纲要》能进一步提升粤港澳大湾区在国家经济发展和对外开放中的支撑引领作用，支持香港、澳门融入国家发展大局，增进香港、澳门同胞福祉，保持香港、澳门长期繁荣稳定，让港澳同胞同祖国人民共担民族复兴的历史责任、共享祖国繁荣富强的伟大荣光。由中共中央、国务院于2019年2月印发实施。

"粤港澳大湾区"对于加强深港合作意义重大。粤港澳大湾区是开放程度最高、经济活力最强的区域之一，具备建成国际一流湾区和世界级城市群的良好基础。深港合作是粤港澳大湾区建设的重头戏和突破口，对于推动高质量发展、形成全面开放新格局、丰富"一国两制"实践等方面具有重要意义。当前，深港合作进入新阶段，迫切需要打破两地要素自由流动障碍和制度软环境落差，增强合作的利益契合度，以共建开放型科技创新高地、高端化生产性服务业体系、国际性综合交通枢纽、一体化优质生活圈以及完善国际高标准制度规则为重点，发挥"一国"之利和"两制"之便，全面深化深圳与香港的互利合作，努力成为粤港澳大湾区创新驱动的主引擎、新经济发展的策源地和高品质生活的示范区。

(三)"社会主义先行示范区"建设

中共中央、国务院印发的《关于支持深圳建设中国特色社会主义先行示范区的意见》再次赋予深圳特殊使命,要求深圳建设成为高质量发展高地、法治城市示范、城市文明典范、民生幸福标杆、可持续发展先锋。深圳建设中国特色社会主义先行示范区是更加需要智慧的伟大工程。无论是统筹推进"五位一体"总体布局,还是协调推进"四个全面"战略布局,都需要在开放的环境下进行,以开放为手段推进。

中国特色社会主义先行示范区下的开放不仅限于经济更涉及行政、法治、社会发展,转而重视"以人为本"的全面发展和存量分配的公平公正。

深圳与香港全面合作,将对深圳建设社会主义先行示范区发挥重要的作用。香港是国际商贸、金融、物流中心,而深圳是连接香港和内地的桥梁和枢纽。加强深港合作,对加强区域经济合作具有重要促进作用,可以有力地配合拓展深港经济腹地,同时为区域经济发展搭建更好的平台,助力社会主义先行示范区建设。

第三节 机制特点及政策引领

深港合作机制是基于深港发展水平以及合作现状的制度;政策是特定时期内的方向引领。从深港合作的机制具有多元性、双向性、渐进性的特点。深港合作政策引领作用体现在加速深港要素的流动(见图4-4)。

一 机制构建的特点分析

深港的合作从单一领域的经济合作开始发展到现在多元领域的合作;从单方的寻求合作到双方的相互合作;从民间资本的推动到政府民间的双重推动。深港合作机制推动着深港合作的发展历程,因此,深港合作机制也具有多元性、双向性、渐进性的特点。

(一)多元性

深港合作是从经济领域开始的。在机制构建方面,从单元合作

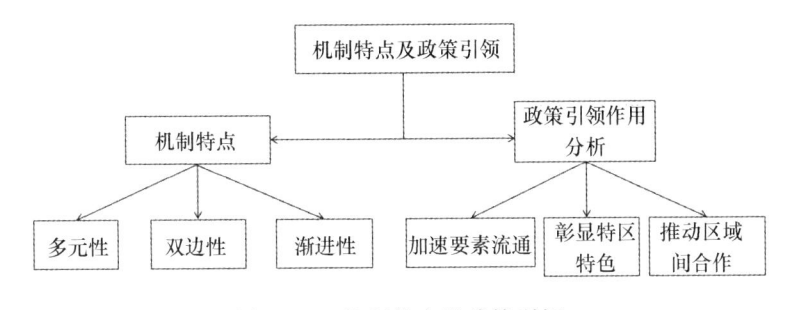

图 4-4 机制特点及政策引领

开始，进入世纪之交，两地合作呈现出新的特点，即从经济贸易领域的多元合作，逐渐地扩大发展到全方位的合作，呈现出深度融合、逐步形成三位一体的发展特点。在产业合作方面，已从传统制造业扩展到高新技术产业和服务业两个领域，金融业、物流业、旅游业等一些高端的服务业领域合作，范围不断扩大，贸易、投资、金融、消费等具体的经济贸易活动和服务等方面的跨境服务合作不断得到深化。在城市功能方面，深圳陆续开展包括跨境基础设施建设，口岸建设，深圳河流域治理、西部国际通道项目投资等重大的跨境城市基础设施合作项目，为开展和深化深港经贸合作提供便捷高效的跨境城市设施。在制度安排方面，形式更加具体和多样，例如，2009 年 8 月召开的第 12 次粤港合作会议，共同与香港签署 8 项深港经贸合作框架协议。港资对于深圳的贸易和投资持续地增加，投资的领域进一步地拓宽，投资所涉及的行业几乎涵盖了所有国家允许外商投资的领域：如港口、码头、电力等基础设施，农业、制造业、房地产、建筑、商贸、金融、旅游、餐饮业、社会公共服务、文化教育、体育卫生、社会福利等。

（二）双边性

由于地缘和血缘相近，深圳与香港居民往来一直比较密切。然而，由于社会制度不同，1979 年以前，虽然内地源源不断供应香港的饮用水、鸡鸭鱼肉等生活物资过境深圳，但深圳和香港基本是在两条平行线上运行，没有真正意义上的合作。

建立特区有一个比较明确的思想，就是结合香港因素，通过毗邻香港的优势搞一片试验区。因此，深圳对于与香港方面的合作意愿强烈，积极性比较高。

香港当时还属于英国统治，香港民众对内地的改革开放政策处于观望之中，对到内地投资较为谨慎，只有少数敢吃螃蟹者到深圳"试水"。因此，这一时期，还称不上严格意义上的"合作"。随着一部分香港资本在深圳投资攫取了丰厚回报的传播效果，加上香港经济的不景气，大量闲置资本急需向外扩张，因此到深圳投资者逐渐增多、投资额不断增大。

深圳引进香港资本搞"三来一补"，建立"前店后厂"式以加工制造为主垂直分工为特征的产业合作关系，由此，拉开了深港合作的序幕，实现了由"一头热"到双方联动、共同推进的格局。

（三）渐进性

在深圳经济特区创建初期这一阶段，深港合作的主要动力来自民间和企业，这一时期的深港合作以民间经济力量为主，合作实际上是在大的开放环境中，利用两地毗邻的地理优势和众多的人缘和血缘优势，按照市场经济规律开展的合作，合作领域相对集中于贸易和投资，合作的范围主要以制造加工业为主，而且只是简单的"前店后厂"合作，合作动力很大程度上出于资源和产业互补的需要。

1996年深圳牵头制定《深圳与香港经济衔接方案》，首次提出在运行机制方面的措施。这一阶段深圳与香港关系的主要特点表现为"衔接"，显示深港合作由较低层次进入一个较高的层次，而且"衔接"也能比较形象地描述经济合作之初的"磨合"以及城市设施、功能的对接。"合作"主要指资源配置，由于体制机制创新不够，制度因素尚不能在资源配置中发挥重要作用。

随着亚洲金融危机爆发，以金融业、房地产业、运输业、服务贸易业为主导的香港经济受到严重冲击。而毗邻的深圳随着深化经济体制改革，经济水平不断提高，呈现出一派欣欣向荣的景象。

深圳与香港之间的这种巨大变化大大改变了香港民众对深圳的看法，并对深圳的优势和未来前景开始看好，香港特区政府高层开始考虑一些实质性的合作项目和措施，以此提高香港的国际竞争力。由此深圳与香港的合作明显增强、共建国际大都会达成共识，深港合作进入历史最好时期。

二 政策引领的作用分析

在40年的深港合作历程中，政策的引领作用巨大。一是加速深圳与香港的要素流通。从产品贸易到服务贸易，要素的流通也逐渐从物质资源到人力、科技等资源的配置，政策促进了两地的高端要素的加速流通；二是实现深港合作的优势互补。市场"无形的手"发挥出重要作用，政府"有形的手"推进特区特办、特事特批；三是整体上促进深圳与香港区域经济社会发展。深港合作是一种区域合作，政策引领对推动区域合作尤为重要。

（一）加速要素流通

区域政策作为政府调控区域经济社会发展的方式，具有信息传递、稳定预期、控制风险等多种功能，对生产要素地域空间与产业配置、企业市场行为具有导向作用，直接影响生产要素配置与企业经济活动效率改进。可以说，生产要素配置与企业经济活动是区域经济政策制定的主要微观依据，生产要素配置效率与企业经济活动效率是区域经济政策评价的主要微观数量指标。

在深圳与香港的合作中，政策对两地要素间的流通尤为关键。但在实际经济工作中，深圳与香港经济合作尚处于浅层次，合作方式主要是围绕"物质资源配置"的"硬合作"，尚不是主要立足于以合作开发要素配置为主体特征的合作。

近年来，在政策的驱动下，深港深化合作在满足两地市场需求、增强两地国际竞争力的共同目标下，逐渐结成以市场目标为基础的利益共同体，建立起跨行政区的多渠道、多层次制度化的组织协调机构。

1. 深港要素合作背景

在关税壁垒、非单一货币等约束条件下，深圳与香港之间尚不具备全要素合作的基本条件；而且双方也不能回到或长期停留于过去效率较低下的合作模式中。作为中国改革开放40年经济增长的受益者，香港与深圳拥有大量的优质资源。

双方应优先整合流动性较强、最具有增值效应的知识与技术等优质要素，建构资本流、信息流和知识流的集聚平台和集聚带，强化共同合作开发措施，在区内生成出更多创新要素因子，推动双方创新优势、竞争优势提升。深圳与香港经济优质要素合作的主要障碍是：深圳、香港受到非同一货币区、非同一关税区等的"类边界"限制，深圳与香港全要素合作仅是一种愿景，实现全面一体化的基本条件尚未形成，无法推动"同一市场"的实现。

但是，深港两地均面临经济转型与产业升级的巨大压力，均有通过合作提升核心竞争力的现实需求。同时，进行优质要素合作的基础条件具备，初步形成半小时都市经济圈。在此背景下，深圳与香港通过积极政策，鼓励知识经济的内生增长，力求通过知识要素的累积与作用的发挥，实现经济转型和产业升级。

2. 深港要素合作优势

深圳与香港经济要素合作的优势明显，深圳作为我国改革开放的经济特区，其综合竞争力长期处于前列。

深圳与香港实行要素合作的主要优势包括以下几方面：深圳的综合生产率居全国第二位，综合经济计划增长率和综合收入水平均居全国第一位，综合市场占有率和综合就业增长率排名全国前五位。深圳人才竞争力居全国第三位，仅次于北京、上海。其人力资源质量高，创业型人才和各类专业人才极其丰富，人力资源的消费需求、投资需求非常旺盛。

深圳的资本竞争力居全国第三位，是重要的金融中心。深圳的科技竞争很强，科技基础和创新能力提升很快，科技转化能力极强。结构竞争力迅速上升，经济体系健全、灵活、有效，高科技产业集群发展迅速，预示这种结构优势仍会持续。深圳基础设施竞争力强大，对外经济交流基础设施与对内社会服务基础设施都居全国第四位，信息技术基础设施位居第一位。

深圳企业管理竞争力、政府管理能力优势突出。企业管理技术和水平、管理普及程度、激励和约束机制都居于前五位，其产品和服务质量处于上乘地位。政府财力居全国第一位，在城市发展规划、城市营销、规范执法和服务创新等方面优势突出。香港的优势条件包括，香港经济拥有一个可有效利用和提升投入的商业环境和众多支撑机构；资本与劳动力在香港这个城市体系里拥有高度流动性；整个城市体系的经济力量异常强大，失业率低，普通市民拥有高质量生活。香港除"经济决定因素"（包括生产要素和基建等）已经拥有相当的雄厚的基础外，整个城市的"策略性决定因素"（包括政策和制度设计）也具有相当的优势。

当前，全球经济正在转向劳动分工，全球性技术变化与知识融合发展的新平台，中心都市圈成为技术和知识要素的集聚中心。

3. 深港要素流通的政策作用

深圳与香港要素合作，首先需要便利的"资源配置通道"，进行区域之间的知识配置、技术共享、管理分享。要突出围绕各种要素的"软合作"，而不是仅仅限于对某一城市区块或城市边界土地区域的共同开发，更不是传统意义上的口岸开发、基础设施共建共管、"三来一补"、单向利用港资或港方技术的"硬合作"。

深圳与香港经济要素合作，关键点是建立一个适应区域知识集聚与技术创新的结构系统，让各种要素通过各种"渠道""平台"通畅流动、合理共享，推动经济增长和结构转型真正建立在要素的合理配置和共同开发利用基础之。具体来说，深圳与香港经济要素合作的配置条件包括以下几方面：公共部门、私营部门和中介部门（组织）的各种机构组成对要素的配置流动网络平台。这些机构的活动和相互影响促进了创新知识、高新技术和科学管理工具与秘诀等的开发、引进、改进和区域内的迅速扩散。他们之间的这种联系与交流将决定着区域以及区域内企业的表现。而这些平台及渠道的搭建需要由政府及公共部门牵头，建立对区内"知识流""技术引擎"及要素开发的激励机制。

政策的协调是打开深圳与香港要素合作之门的"钥匙"。合理的政策制定可以有效避免双方的同质竞争，避免双方的"非合作性博弈"，优化与提升区内产业结构，催生新兴产业，提升区域创新能力，实现在经济全球化竞争背景下的共赢。

(二) 彰显特区特色

1. 深港合作的机制"障碍"

长期以来对港资提供的优惠政策与WTO的实现国民待遇、创造平等竞争条件这一原则有待调整。这些优惠政策与国民待遇原则如何平衡是深港合作面临同样的难题。如果解决得不好，势必引起全局性的影响。

2. 政策引领下的特区特色

通过"联席会议+咨询委员会+联合工作组"常态化机制加强深港合作。以联席会议、合作联席会议等协调机制，金融、法律等专业咨询会机制以及联合工作组协调机制，推动深圳与香港沟通协作，共同解决深圳与香港在具体事务。深港合作既是市场经济发展的必然结果，也是深港两地政府在政策引领下政府深入合作、共同推动的过程。

深港合作是从市场机制到政策引领深化的过程。由具体的工厂合作到产业实现互补，由产业协调到框架协议指引，由框架协议再到国家政策，这一系列的合作过程，实质上也是深圳与香港由单一合作到全面合作的过程。

强化前海深港联合工作小组的职能，加强小组与高层协调机制的联系，促进常态化工作机制的建立，及时研究解决深港合作和粤港澳大湾区建设中的重大问题，努力打造高层协调、高效灵活的现代服务业体制机制创新区。前海片区的深港合作进一步体现政策的特色特办引领特点。

(三) 推动区域合作

深港合作是一种区域之间的合作。经济区域化的发展在提升区域整体经济实力的同时，也推动了区域公共事务的合作。区域合作需要区域内的地方政府积极努力，需要政策的引导。

1. 达成双方合作共识

在深港合作初期，深圳与香港之间的自发合作主要靠利益推动。但基于当时两地经济水平的差距，深港合作的自发驱动受限。

深港合作不仅仅是经济领域中的产业间合作，随着合作的深入，许多公共社会事务也会随之关联出来。这些具有"区域公共"特性的事务，很难由市场行为去解决，此时需要政策的引导。

2. 实现区域协同发展

从深港合作40年两地的GDP变化看，深圳与香港的经济都取得长足的发展（见图4-5、表4-4）。

香港回归后，深港合作转为"一国两制"制度下的合作关系。

深圳与香港政策的引领持续地推动着区域的协同发展。

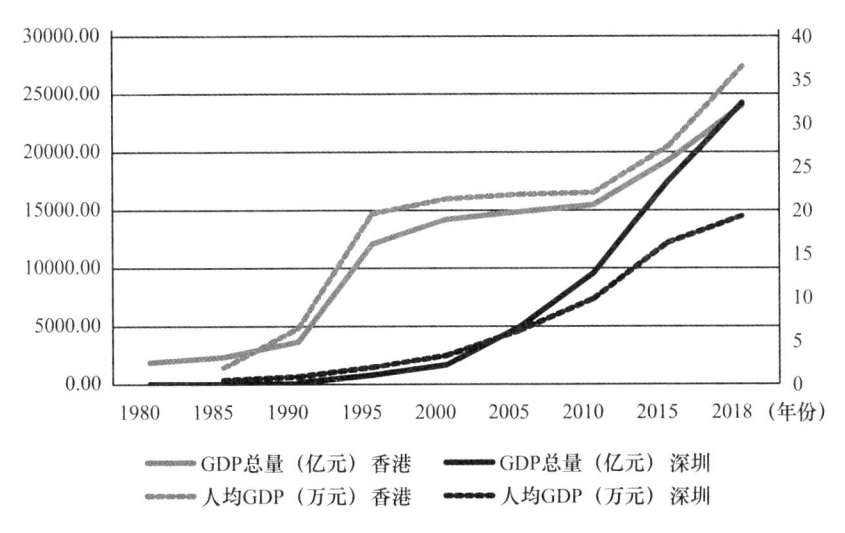

图 4-5 深圳与香港 GDP 与人均 GDP（1980—2018 年）

表 4-4　深圳与香港 GDP 与人均 GDP（1980—2018 年）

年份	GDP 总量（亿元）		人均 GDP（万元）	
	香港	深圳	香港	深圳
1980	1908.35	2.70	—	—
1985	2360.47	39.02	1.92	0.48
1990	3679.81	134.05	6.45	0.87
1995	12079.97	795.70	19.62	1.96
2000	14211.20	1665.24	21.31	3.33
2005	14874.57	4950.91	21.82	6.18
2010	15477.58	9581.51	22.03	9.84
2015	19267.08	17502.86	27.31	16.26
2018	24000.98	24221.98	36.50	19.33

资料来源：深圳数据根据深圳统计公报整理，香港数据根据官方公布 GDP 及年均汇率进行核算整理。

第五章 深港合作的定位、启示及价值

打开心灵，剥去春的羞涩

舞步飞旋，踏破冬的沉默

融融的暖意带着深情的问候，绵绵细雨沐浴那昨天　昨天

昨天激动的时刻，你用温暖的目光迎接我

迎接我从昨天带来的欢乐　欢乐，来吧　来吧　相约九八

来吧　来吧　相约九八，相约在银色的月光下

相约在温暖的情意中，来吧　来吧　相约九八

来吧　来吧　相约一九九八，相约在甜美的春风里

相约那永远的青春年华，心相约　心相约

相约一年又一年，无论咫尺天涯

心相约　心相约，无论咫尺天涯

——《相约九八》，靳树增作词，肖白作曲

深港合作40年历程不仅创造辉煌的经济发展奇迹，而且创造超越经济价值以外的价值，那就是深港合作证明：

改革开放是中国从"站起来"到"强起来"的必由之路！

"一国两制"是实现中华民族最终统一的唯一道路！

中国特色社会主义是科学社会主义的最新发展！

深港合作需要不忘"初心"，深港合作的定位、启示，以及当代价值，都值得深入研究与探讨。

第一节 深港合作的战略定位

回溯深港合作40年，无论是初期的自发性合作，还是后期越来越高层次的自觉性合作，深港一直在探索。深港合作战略定位的方向、内容和实质都在逐步展现新的魅力，也被不断赋予新的想象空间，这将最终推动两地经济社会迈向更加繁荣稳定的未来。其中，深港合作共同打造国际金融中心、国际航运中心、国际科技创新中心，共同建设生态共同体，协同参与全球治理行动都将是深港合作战略定位的重要内容。

一 深港共同打造国际金融中心

香港是全球第三大国际金融中心，随着深圳的金融服务体系和金融产业发展，深圳也越来越稳步地朝着全世界最重要的区域性金融中心迈进。深港双方在金融领域的合作发展自CEPA经贸框架签署以来越来越紧密。深港之间的金融合作因其优良的互补属性、长足的发展进步而备受全国乃至全球的关注，深港组合共同打造更具竞争力、更具规模效应的国际金融中心也将成为进一步深化深港合作的重要战略目标。作为人民币国际化最重要的窗口，香港是最大的人民币离岸市场。深圳则是内地企业直通香港的最重要金融市场，因此深港之间的跨境人民币业务成为香港人民币离岸业务的重要组成部分，业务总量也在不断增长之中。来自深圳金融办2016年的数据表明，当年深圳全市57家银行累计完成跨境人民币业务总额达到5.34万亿元，业务对象涵盖全球159个国家或地区，其中香港地区的结算额达到3.96万亿元，占到总量的74.16%。

作为深港金融合作的主要阵地，前海深港现代服务业合作区不断通过制度创新促进打造国际金融中心。例如，前海深港现代服务业合作区率先推行的实现跨境人民币贷款、跨境双向发债、跨境双向资金池、跨境双向股权投资和跨境资产转让"五个跨境"制度创新。再如，2017年5月11日，港交所联合交易中心落户前海，该中心定位创新型交易平台,成功将伦敦金属交易所的模式移植到前海深港合作区,使大宗商品在前海实现中国基准价格。前海的跨境双向人民币资金池业务不断开拓,至2016年备案资金池达到81个,备案所有者权益超过1.1万亿人民币;同年共有50家跨国企业办理跨境外汇资金池业务,跨境流出入资金总规模达到154亿美元。

2016年12月5日,备受关注的深港通正式启动,成为深港金融合作进入新时代的重要标志。根据深交所提供的数据发现,自深港通启动以来,港股通成交金额不断攀升。深港的金融合作还有包括深港互认基金、QFII、QDII等方面的进展,甚至包括不少深圳本地企业奔赴港股上市,进一步采取跨境股权融资的方式满足企业发展的金融需求。前海加大深港交易平台引进力度,比如香港金银业贸易场设立分支机构在前海进行保税交割,进一步加强贵金属市场区域性价格的识别功能。鼓励和引导深港创新型金融机构的集群发展,成立消费金融公司(全国首家CEPA框架下的),成立全国第一家港资控股的全牌照证券公司,成立全国第一家港资控股的全牌照公募基金公司。从金融功能上来看,香港作为全球金融中心的同时,更是内地与世界联通的金融通道和信息通道;而与香港天然毗邻的深圳,也必将作为内地与香港、内地与世界的另一扇窗口。深港合作共同打造的国际金融中心,既是紧密相连区域金融中心与全球金融中心的重要尝试,又将进一步成为加快中国制造和中国文化走向世界的融通之窗。

(一)深港金融人才交流合作

山水相连、人文相近的深港,在金融人才的合作交流上越来越深入,香港凭借其成熟的国际化金融体系为深圳的金融企业人才的培养与引进创造良好条件。深圳各区近年来都在构建长效沟通机制、基础设施共享互通、香港市民通关往来便利化等方面出台切实措施,为深港金融人才的交流合作打造优良环境。深圳已于2019年3月正式启动"深港金融科技师"专才计划,该计划有利于实现深港金融科技人才的"联通互享"。

此外,深圳积极以多方面的金融科技人才交流合作为出发点,强化深港金融人才交流合作。主要包括：第一，启动深港金融青年人才培养基地计划。深圳福田区在借鉴欧美先进经验的基础上于2017年6月启动这一计划。根据该计划，福田区内的金融机构和金融科技企业，可以通过相关程序成为金融科技青年人才培养基地，以年度为期制订和提交金融实习岗位计划，将能够依据计划的实际实行而享受政府补贴。截至2019年5月，福田区共挂牌认定两批37家，包括152人享受金融人才计划津贴（津贴额度达67.3万元）。第二，大力支持香港青年人才的"深圳金融科技暑期实习团"。该活动是由香港金融青年汇与香港金管局自2018年起联合推出的香港青年暑期研学活动，每年为50名香港优秀青年前往深圳金融科技企业实习提供机会，深圳方面也全方位为该活动提供有利条件。第三，加快制定金融人才专项扶持政策与配套政策。比如《关于支持金融人才发展实施办法》就是深圳在2019年初出台的最新政策，此项政策依托市级财政专款专用于金融人才的引进、培育和发展，出台相关规定对依托深港青年梦工场、博士后交流驿站等平台的深港青年金融人才和项目进行鼓励和支持。第四，进一步扩展深港金融人才创业的空间载体。比如福田区搭建约3万平方米的"湾区国际金融科技城"，加快港澳金融科技企业和海外金融科技企业的聚集，吸引更多的国际金融科技人才入驻或交流。

（二）深港金融合作路径创新

1. 强化深港金融合作与国家金融战略的衔接

目前状态下，深港金融合作一定程度上存在发展目标不明确的问题，更多地把着力点放在两地金融合作的具体细节，难以在更高层次上衔接到国家金融发展战略，一方面要以国家金融战略目标为目标，层层细化分解实现；另一方面要充分利用国家战略机遇。合作目标的不清晰导致协同机制的不完善，深港两地政府、企业和金融机构之间虽然有较为紧密的联系和沟通，但是与两地中央政府、省政府等上级部门在衔接国家金融战略上仍然需要更紧密沟通协商，推动将深港金融合作纳入到国家金融战略的层面。深圳金融监管联席会议的长效形式，将深港金融合作具体实践中出现的关键问题以及相关金融合作会议的重要主题，以常态化汇编汇报的形式，呈交驻深、驻港金融监管机构；深港金融合作政府机构、学术机构、金融机构与国家金融机构、监管部门之间形成协调机制，最大限度争取国家金融机构、监管机构对深港金融合作的战略指导；强化各级部门更多开展立足国家金融战略的专题研究，成立相关学术机构，深层次、大格局解决深港金融合作中的战略性问题。

2. 进一步构建更加开放务实的深港金融合作体系

进一步完善金融专业人才交流合作机制。人才是合作发展的基石，人才的流动性和能动性更是促进深港金融合作的重要内容，要构建更加高效的深港金融人才交流与合作机制：支持、鼓励和引导香港金融人才来深圳交流、学习和任职工作，支持和鼓励香港金融服务机构到深圳开展各类深港金融合作主题研讨会，使深圳的金融产业吸收到更加国际化的金融体系、金融制度和服务模式。支持和鼓励香港本地金融机构到深圳开展金融服务。香港本地银行等金融机构存在规模不足、发展不充分的问题，虽然都在深圳设立分支机构，但其影响力明显不足。根据中国银行保险监督管理委员会的部署，深圳支持和引导香港本体金融机构在深圳的发展，给予其在深圳发展的国民待遇，进一步支持香港中小微金融机构在深圳做大做强。在推动深圳金融机构改革的同时，积极引导和鼓励香港金融资本参与深圳金融机构改革重组。全面开放和支持香港金融资本对深圳本地高新技术产业的融资市场和融资服务。鼓励香港本地的金融资本投资深圳高新技术企业，同时鼓励深圳高新技术企业赴港股权融资和上市。

3. 促进两地证券交易所的合作

资本市场是具有强大的金融辐射能力，全球各大主要资本市场都是辐射当地经济发展的强大动力，例如纽约的金融市场包括银行和保险市场，长期以来占据美国的市场份额仅为3%左右，而其资本市场份额却大大占据到美国整体资本市场的40%—50%，其中的纽交所等证券交易市场更是占据重要市场份额。

内地的资本市场尚处于稳步发展阶段，这种阶段性的发展水平不应该因为市值总量、交易总额、流动性总量等规模性指标而发生改变，主要在于其资本市场的脆弱性和不成熟性，尤其是资本市场出现的包括交易规则有待优化健全、市场结构机制不平衡、金融衍生机制欠缺、上市发行审核与监管制度有待完善、持续融资能力不足等问题。通过深交所和港交所的紧密合作，吸收和利用香港相对稳定成熟、更加接近国际标准的市场机制，对于促进内地资本市场的可持续发展、高质量发展，以及监控深港资本市场的系统性金融风险都具有重要的意义。

二　深港共同打造国际航运中心

与深港共同打造国际金融中心一样，深港合作打造国际航运中心也具有坚实的发展基础广阔的发展前景。两地航运与港口无论在规模还是质量上都位居全球前列。尤其是深圳市政府在政策和规划层面上提前谋划，2018年6月，深圳市政府印发《深圳市人民政府关于促进深圳港加快发展的若干意见》，提出要"将深圳港打造成为绿色智慧的全球枢纽港，与香港港共建国际航运中心"。

深圳和香港都是珠江口的重要航运枢纽，在完善和强化粤港澳大湾区重要货物和客流运输方面有着举足轻重的作用（见表5-1）。根据深圳市交通运输委员会编制的"十三五"规划，"深圳将建成国际综合交通枢纽城市，通过努力构建现代化国际一体化综合交通运输体系，支撑深圳引领粤港澳大湾区城市群发展"[①]。这里提出深圳交通运输领域的一个重要战略定位，就是建设"国际综合交通枢纽城市"，为实现上述战略定位，主要从构建"功能完备的国际航运枢纽、便捷发达的国际航空枢纽"方面着手工作。首先是空港的发展建设，要加快推进第三跑道、T3卫星厅、T4航站楼的规划建设进程；要构建完全通航欧洲、美洲、大洋洲等热点空港城市，逐步全面覆盖"一带一路"沿线节点城市的国际航线网络。同时，积极开展与香港方面在客运货运航班中转、货物集散运输和仓储、航运人才培训与交流、机场运营管理等领域的深入合作，打造深港服务标准一体化、运输网络一体化的服务体系。

---

① 深圳市交通运输委员会、深圳市发展和改革委员会、深圳市规划与国土资源委员会：《深圳市综合交通"十三五"规划》，2016年12月。

表5-1　深圳港、香港港集装箱吞吐量对比（1979—2018年）

（单位：万国际标准箱）

年份	深圳港	香港港	年份	深圳港	香港港
1979	—	130.39	1999	298.6	1610
1980	—	146.5	2000	399.37	1810
1981	—	155.98	2001	507.86	1780
1982	—	166	2002	761.37	1914.4
1983	—	183.71	2003	1061.49	2045
1984	—	210.86	2004	1361.5	2198.4
1985	—	228.9	2005	1566	2242
1986	—	—	2006	1846.8	2323
1987	—	—	2007	2109.91	2388
1988	1.01	—	2008	2141.4	2424.8
1989	—	446.4	2009	1825	2098.3
1990	—	510	2010	2251	2369.9
1991	—	616.2	2011	2257	2422.4
1992	10.18	797.2	2012	2294	2311
1993	—	920.4	2013	2327.8	2228
1994	18	1105	2014	2403.7	2223.7
1995	28.37	1256	2015	2420.4	2011
1996	58.28	1346	2016	2398	1981
1997	114.93	1450	2017	2521	2075
1998	195.17	1458	2018	2574	1959

资料来源：整理自深圳市统计局网站、香港特别行政区政府统计署历年数据，其中，深圳港缺1994年之前的大部分年份数据，香港缺1986年、1987年、1988年三年数据。

根据表5-1制作的1989—2018年深圳港、香港港的年集装箱吞吐量对比图以及深圳港和香港港年集装箱吞吐量变化图（图5-1和图5-2）显示：

在海港方面，深港都具有天然的港口条件，港口货运和集装箱规模都已经位列全球前茅（详见表5-1、图5-1、图5-2）。深圳港作为连续多年世界排名前四的集装箱港口，是大湾区最为重要的

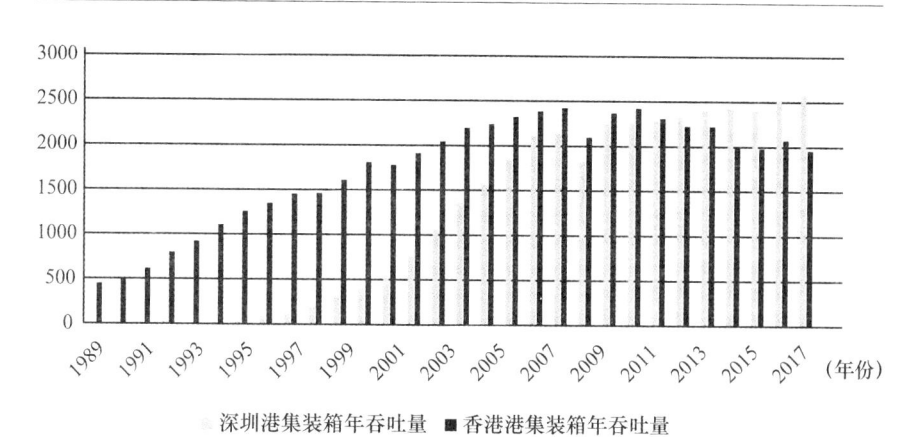

图 5-1　1989—2018 年深圳港 & 香港港集装箱年吞吐量对比（单位：万国际标准箱）

三大港口枢纽，应该在全球集装箱枢纽港网络中占据重要位置。深圳港背靠珠三角，毗邻香港自由贸易港，正不断提升通航能力，改善航运基础设施，加快智慧港建设，强化与"一带一路"沿线国家与地区的运输对接，强化大湾区 9+2 城市交通与物流运输的全面合作，与香港、广州两大巨型港口形成"错位发展＋强强联合"的共赢格局。如优化和调剂广、深、港三地班轮航线。港深航运要进一步实现深层次、多维度的常态化交流，以深港组合港的建设为重要

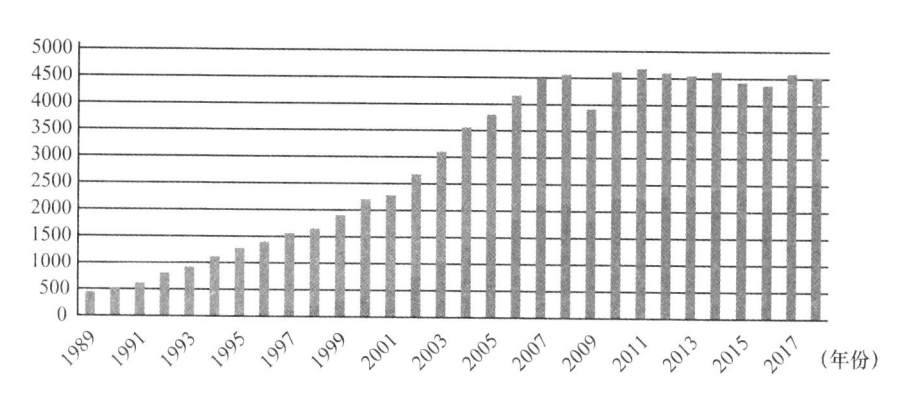

图 5-2　1989—2018 年深港"组合港"集装箱年吞吐量变化情况（单位：万国际标准箱）

目标，提升国际航运中的竞争力，打造国际航运中心。

(一) 深港合作打造大湾区港口群

珠江三角洲港口资源丰富，航运货物流量居世界前列，香港、深圳、广州已经发展成为世界级的港口。这三大港口又具有较高的差异化定位，香港与深圳以外贸为主（其中香港又以转口贸易为主），广州则以内贸为主。在打造大湾区港口群的合作层面上，深圳方面已经开足马力全面布局，通过盐田港集团相继在惠州、汕尾投资建设港口与码头基础设施，通过招商局港口在虎门、汕头和湛江收购港口码头。此外，深圳不断强化和推进与虎门、中山、顺德、惠州、江门、汕头、汕尾、湛江等港口的合作，加速实现大湾区港口通关一体化的建设进程。实施"珠江战略"，以广东省公共驳船快线为行动路线，推进沿线各地驳船码头的开发建设，并逐步增开驳船航线。

围绕大湾区港口群的建设，深港港口与航运业全面合作已经启动。2019年3月2日，第五届深港港口合作发展研讨会由深圳港口协会、香港货柜码头商会、深圳港口设施保安协会联合举办。这次研讨会以"粤港澳大湾区建设与深港港航合作新前景"为主题，邀请来自国务院港澳事务办公室、深港两地政府部门、深港港航企业以及深港相关研究机构和智库，共同探讨深港港航领域的全面合作事宜。同时，深港业界代表共同签署《粤港澳大湾区香港—深圳港航深度合作倡议书》，倡议深港航运合作在关键领域充分应用大数据、区块链、人工智能、物联网、新能源等创新性技术，推进两地航运产业链、航运创新链的融合与发展。

(二) 深港以"组合港"参与国际竞争

面对粤港澳大湾区建设与中国特色社会主义先行示范区建设的"双区驱动"发展机遇，深港以"组合港"参与国际竞争无疑是最佳选择。深圳以前海为重要平台，发挥其"自贸区、免税港、特别合作区"三区叠加政策优势，打通前海自贸区与香港间的港口货物通道，对接香港航运规则，加快实现两地航运政策和标准衔接，强化粤港分界线引航方面的服务水平，深化港口功能分工协作，强化航运产业增值服务能力，推进深港在航运领域的组团发展，携手打造具有更高竞争力的国际航运中心。

1. 适应船舶大型化趋势，夯实港口基础设施建设

加快推进和开展现代化港口组合发展战略研究，进一步完善港口布局，提升港口基础设施服务效能。加快推进深港港口总体规划对接，协调深水泊位、深水航道、深水锚地规划设计与投资建设。

2. 完善港口集疏运体系，拓展深港港口内陆腹地

开展江海联运、江河联运、海铁联运、海航联运等新型物联网战略研究，引导企业发展新型联运业务，构建江海联运网络与海铁联运网络的形成。完善珠三角驳船集装箱运输网络建设，加快推进覆盖粤港澳大湾区、辐射泛珠三角区域的港口集疏运体系规划与建设。

3. 建设绿色平安港航，构建和谐港产城关系

强化深港港口的绿色生态发展规划，绿色发展理念，通过对绿色航道、绿色港口、绿色能源、绿色运输推进建设。鼓励航运企业革新运输技术、采用绿色运输模式，控制粤港澳大湾区港口与船舶排放标准，打造国际绿色平安示范港。

4. 实施智慧港口示范工程，提高物流效率

加紧推进智慧港口示范工程实施方案的编制工作，利用互联网、物联网、大数据、人工智能等信息技术，赋能深港港口服务和监管机制的改革创新，实现技术与机制的双重创新与深度融合。推进港口运营管理智能化平台建设，推进港口基础设施的智能化覆盖，建设港航设施和作业操作高度智能化，运营管理和监管机制高度智慧化的一流国际智慧港口示范工程。

5. 促进现代航运服务业发展，构建海运产业生态圈

对照国际规则，规划现代航运服务业顶层设计，利用信息技术和金融服务手段，提升船舶管理和航运服务水平。创新航运金融，打造航运服务总部经济，推动港口物流业转型升级，加快发展邮轮游艇经济，建成功能齐备、服务优质、高效便捷、竞争有序的现代航运服务业体系。

三 深港共同打造国际科技创新中心

深港在科技创新方面具有较强的互补性，这是深港合作共同

打造国际科技创新中心的有利条件。香港的科技创新优势,体现于其基础与原创研究能力的突出,体现于其国际高端要素流通效率高。打造国际科技创新中心要充分借助香港拥有人民币离岸市场、自由贸易港、单独关税区的独特区位与制度优势;依托深圳高新技术产业领先全国其他城市的创新优势。2018年深圳统计年鉴数据显示,深圳2017年战略新兴产业增加值达到9183.6亿元;同年PCT专利申请量达20457件,连续13年位居创新型城市首位;[①] 在全球创新发展活跃城市排名中位居第二名,仅次于日本东京。另外,"深圳+香港"已然跃居全球最佳科技创新城市集群,成为大湾区创新发展的核心引擎。

(一)深港打造国际科技创新中心的价值

习近平总书记在广东自由贸易试验区深圳前海蛇口片区考察时指出,"深圳要扎实推进前海建设,拿出更多务实创新的改革举措,探索更多可复制可推广的经验,深化深港合作,相互借助、相得益彰,在共建'一带一路'、推进粤港澳大湾区建设、高水平参与国际合作方面发挥更大作用"[②],这一重要指示为深化深港合作提供正确的方向指引,而科技创新合作无疑是深化深港合作的重要方面。

随着深港合作全方位的推进,科技创新协同发展也在不断深化,深港于2007年签署的"深港创新圈"合作协议,开启两地科技创新合作。此后双方在建设产业化转化平台、共建前沿创新机构、培养科技青年人才、孵化青年创新创业等方面都进行了扎实合作。至2018年底,香港知名院校在深圳设置和分设的创新平台、研发机构多达110多家,承担和参与国家级、省级、市级科技课题达到1300多项,诸如大疆创新科技等一大批创新型企业不断发展壮大。然而,面对推进粤港澳大湾区建设和先行示范区建设的"双区驱动"

---

① 《深圳市2017年国民经济和社会发展统计公报》,2018年4月17日,深圳市政府在线网站(http://www.sz.gov.cn/zfgb/2018/gb1048/201804/t20180428_11803423.htm)。

② 习近平:《高举新时代改革开放旗帜 把改革开放不断推向深入》,(新华社)2018年10月25日。

发展机遇，合作打造国家科技创新中心的任务任重道远。

第一，加快推进粤港澳大湾区的高质量发展，要求强化深港创新发展的"核心引擎作用"。粤港澳大湾区建设的要点是创新，创新驱动成为粤港澳大湾区建设的最大动能。以国际科技创新中心为牵引龙头，深化深港科技合作是重中之重，打通深港科技创新走廊，促进创新要素自由流通。

第二，以科技创新破解香港发展与繁荣深层次问题，要求进一步提升香港的创新效能。香港是知名的国际大都市，各类要素的国际流通效率高、壁垒低，基础理论和前沿技术研发实力较强。深化深港科技合作，打造国际科技创新中心能够促使香港向更高发展层次迈进，提升其国际竞争力。

第三，建设中国特色社会主义先行示范区，要求深圳加快以科技创新为突破口，实现现代化经济体系构建和打造高质量发展高地。科技创新是深圳的发展名片，深圳以企业为主体、以市场为导向的良好创新营商环境，如果叠加衔接香港科技原创能力，将进一步形成双城科技合作聚合效应，夯实深圳作为国家自主创新示范区的发展基石。

（二）深港打造国际科技创新中心的方略

深港合作打造国际创新中心，要放眼全球格局，紧紧把握基础理论和技术更新的时代浪潮，立足高远谋篇布局。

第一，高质量、高标准开发建设深港科技创新特别合作区。特别合作区选址河套地区，将成为国家自主创新平台、大湾区国际科创中心平台、深化深港紧密合作关系平台"三平台叠加"区域。要在基础设施建设、要素通关制度、双方合作机制、国际规则对接等方面将深港科技创新特别合作区打造成为深港合作和全球科技创新的优良范例。

第二，布局建设科技创新重大基础设施和平台。依托现有基础，瞄准领域，加快建设一批重大科技基础设施、国家级实验室、国家工程研究中心等，以大格局、大平台吸引全球顶尖科研团队，更要为香港科学家加入深港科技合作创造有利条件。

第三，构建深港科技创新要素自由市场体。打破深港科技创新要素流通壁垒，创新让资金、人才、信息、技术在深港自由流通的创新科技体制。

第四，促进现有两地产学研合作基地创新发展。发挥清华大学、北京大学、哈尔滨工业大学、深圳大学、南方科技大学、深圳技术大学、香港科技大学、香港中文大学、香港大学各自在学科优势、人才优势、成果转化优势、国际化交流优势等方面的特长，共同建设科技创新平台。

第五，要强化深港青年创新创业基地的引领作用。采取政策引导、市场主导、两地互动的模式，完善公共科技服务，建设以人为本的创新发展环境，促进深港青年创新创业基地发挥更大作用，引领深港青年加强技术合作、机制创新，使创新创业基地的孵化模式更有实效，注重提升创新创业团队的抗风险能力和市场竞争力。

第六，协同深港开展国际化的科技合作与交流。深港合作的舞台要面向全球，充分发挥香港作为"超级联系人"作用，充分发挥深圳背靠珠三角"世界工厂"的产业创新优势，推动深港合作共建具有国际标准的科技枢纽，提高技术研发成果的跨界转化效率，发展面向全球范围的科技服务贸易。

四 深港共同构建生态共同体

深圳和香港天然地成为密不可分的生态共同体。生态共同体不仅是地理学上的概念，更应该是生态学上的概念。就深圳和香港两地而言，因为地理位置的毗邻而生态相连，但不会因为发展历史、行政区划和社会制度的差异而超越生态共同体的客观性。深港地理生态紧密连接，深圳的整体地形呈现"东西长，南北短"，东西长约81.4公里，南北最窄处仅有10.8公里。香港的整体地形则是呈现北部大、南部小的特征，香港北部的新界总面积达到968平方公里，而南部的香港岛仅78平方公里。深圳和香港两地这种地形特点导致了两地直接接壤，隔河、隔海相连的界线非常长。深港由西至东分别以深圳湾、深圳河、陆地边界和大鹏湾等水域或陆地为临界。其中，深圳河临界全长达到37公里，深港陆地边界达到20公里；深圳的海岸线与香港隔海相望的边界长度也基本达到了230公里。这种地理上的广度毗邻决定深港拥有宏大的共同生态系统，深港任何一方在生态环境与生态资源上出现重大的危害性、破坏性问题，往往会由深港双方共同承担、共同面对，需要深港双方共同进行建设性的修复和维护，因为，仅仅从一方的区域开展生态治理都不可能实现生态发展目标。

（一）深港面对共同的生态问题

1. 深港都因超高的人口密度而承载巨大压力

深圳和香港两地都是全世界相对人口密度最高的城市之一，人多地少、空间严重不足都是两地面临的生态和发展难题，压力日益巨大。

香港方面，根据2019年香港特别行政区统计署的数据显示，香港的土地面积约1095平方公里，人口却已经超过750万，人口密度之高稳居全球前列，尤其是香港市区，人口密度平均超过2.6万人每平方公里，其中香港岛的观塘分区人口密度竟超过6万人每平方公里。深圳方面，根据《深圳统计年鉴2018》的数据显示，深圳的土地面积为1997.47平方公里，但从建市以来的近40年间，深圳的人口却由建市前的30万人迅猛剧增至2017年的1252.83万人，以占全国0.02%的土地面积负担了占全国人口总数的0.92%的发展压力，建成区人口密度尤其福田区、罗湖区等老城区，远远高于全国各大重要的一线、二线城市区域。

城镇人口的聚集度越高密度越大，对于城市生态资源的需求越大，往往造成城市生态账户的缺口也会越大，城市生态系统越容易超负荷运行，生态赤字压力高居不下。然而，这只是就一般城市的情况来讲的，深港两个相互毗邻的城市形势更为严峻，深港同为全球人口密度最大的城市，生态负荷会因为相互毗邻而难以开辟生态缓冲区域，使生态保障更加困难。根据英国《经济学家》发布的2017年全球宜居城市，发现全球大多数宜居城市在人口方面具有的两个特点是：第一，城市大都会区人口总规模不会很高，最高的多伦多也只有558万，阿德莱德就只有130万。第二，除阿德莱德外，这些宜居城市的主城区人口密度都在4000—5000人/平方公里（维也纳、温哥华、多伦多和墨尔本的城市主城区人口密度分别为

4404 人/平方公里、5249 人/平方公里、4150 人/平方公里、4576 人/平方公里）。而对照香港和深圳的人口规模与主城区人口密度数据（见表 5-2 至表 5-4），深港面临的人口密度压力是非常巨大的。

表 5-2　　　　2017 年深圳及各区人口规模与人口密度

地区	土地面积（平方公里）	年末常住人口（万人）	常住户籍人口（万人）	常住非户籍人口（万人）	人口密度（人/平方公里）
全市	1997.47	1252.83	434.72	818.11	6234
福田区	78.66	156.12	103.87	52.25	19847
罗湖区	78.75	102.72	61.33	41.39	13044
盐田区	74.99	23.72	7.49	16.23	3163
南山区	187.53	142.46	89.44	53.02	7597
宝安区	396.61	314.90	53.84	261.06	7940
龙岗区	388.22	227.89	65.31	162.58	5870
龙华区	175.58	160.37	29.20	131.17	9134
坪山区	166.31	42.80	6.49	36.31	2574
光明区	155.44	59.68	7.01	52.67	3839
大鹏新区	295.38	14.61	3.94	10.67	495
深汕特别合作区		7.57	6.81	0.76	

资料来源：《深圳统计年鉴 2018》，中国统计出版社 2018 年版。

表 5-3　　　　　　香港人口总数与构成情况

人口构成	2014（万人）	2018（万人）	2019（万人）
常住居民	701.4	7227.8	7310.1
流动居民	21.6	22.3	21.4
总数	723.0	745.1	752.4

资料来源：香港特别行政区政府—政府统计处（https://www.censtatd.gov.hk/hkstat/hkif/index_tc.jsp）。

表 5-4　　　　2013 年、2018 年香港各地区人口密度

地区	每平方公里人数	
	2013 年	2018 年
香港岛	15990	15670
九龙	46010	48250
新界及离岛	3930	4110
总计	6650	6890
人口密度最高区议会分区	57120（观塘）	60560（观塘）

资料来源：香港特别行政区政府—政府统计处（https://www.censtatd.gov.hk/hk-stat/hkif/index_tc.jsp）。

2. 深港都因自然资源匮乏导致生态负荷沉重

以水资源状况为例，作为人口生存和工业发展的基本资源，深圳和香港两地的水资源状况相比其他地区严重不足。2017 年，深圳全市的水资源总量为 19.5 亿立方米（见图 5-3），折算成人均水资源量不到全国人均水平的 1/3，不到广东省人均水平的 1/4，不到世界人均水平的 1/15，而在用水量方面，1998—2017 年深圳总用水量随生产总值与工业增加值呈总体上升趋势（见图 5-4），深圳近

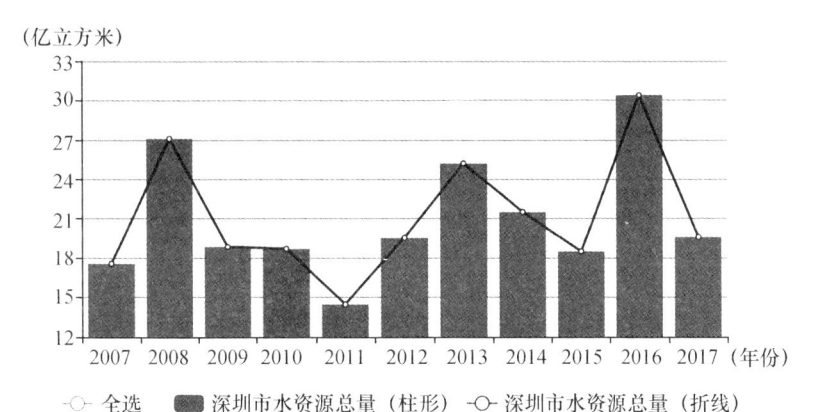

图 5-3　2007—2017 年深圳水资源总量及其变化情况

(亿立方米)

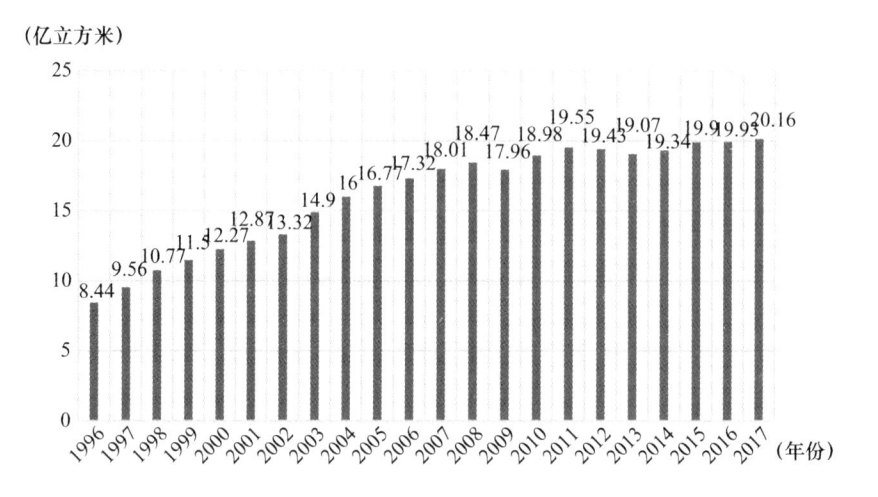

图 5-4 1996—2017 年深圳用水量图

70%的用水需要从市外调剂而来。值得欣慰的是，随着深圳产业结构和技术水平的不断提高，深圳的万元 GDP 用水量和万元工业增加值用水量在不断降低，一定程度上缓解了工业用水的重大缺口（见图 5-5）。香港淡水资源不足的情况更为严重，因为三面环海，且区内缺少重大的水资源保障基础设施，无法稳定保障城市所需用水，导致 20 世纪 60 年代中期以前的香港常常陷入水荒状况。自 1965 年 3 月 1 日后，广东省向香港引水和供水已经有 50 多年的历史。香港长期以来都靠广东省提供用水，每年近 70%—80%的用水由东江水购入（见图 5-6、图 5-7）。由于淡水资源短缺，香港超过 80%的家庭使用海水冲厕。在空气质量和气体排放方面，深圳的大气环境负荷也已逼近红线。2017 年深圳全市化学需氧量、氨氮、二氧化硫和氮氧化物都已经较大超出广东省环保厅核定的排放量，四项指标的超额比分别达到 48.6%、32.2%、26.8%和 13.6%。[①]

---

① 《2017 年度深圳市水资源公报》，《深圳特区报》2018 年 9 月 27 日第 A14 版。

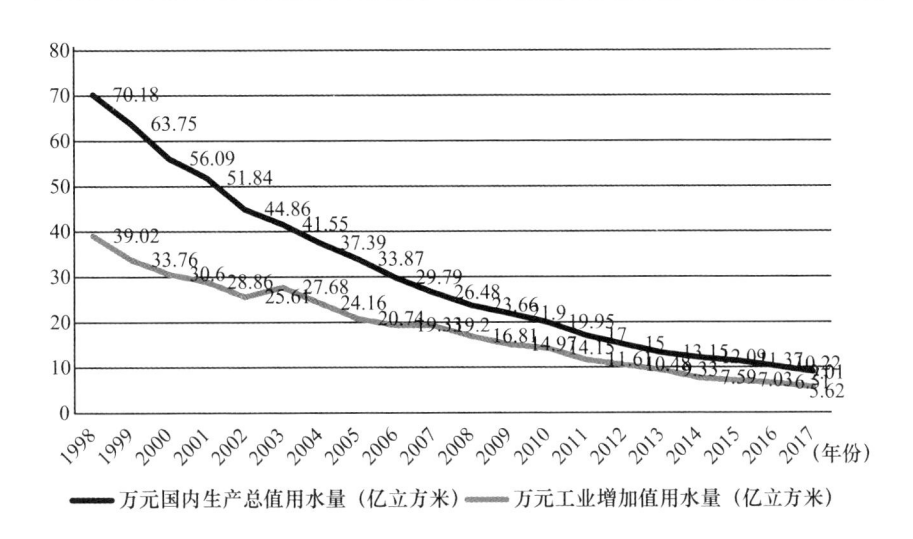

图 5-5　1998—2017 年深圳万元 GDP 用水量和
万元工业增加值用水量曲线图

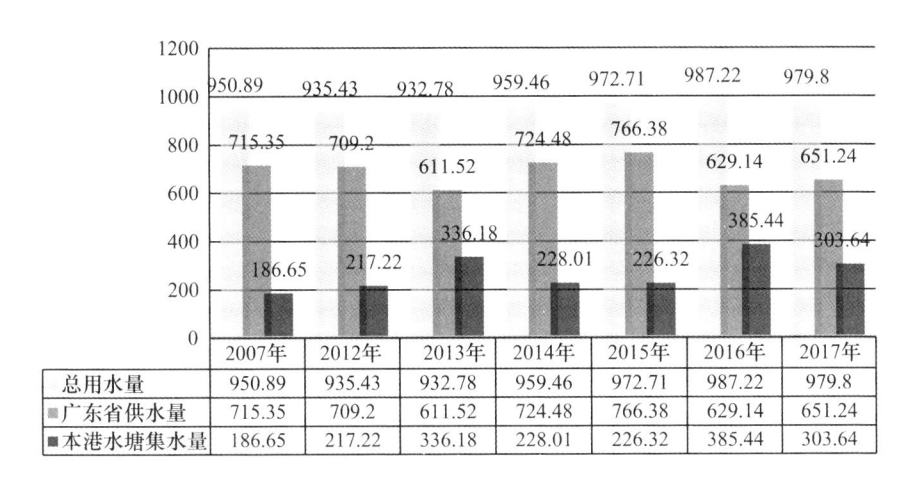

图 5-6　2007—2017 年香港饮用水总量、广东省供水量和
本港水塘集水量①（单位：百万立方米）

	2007年	2012年	2013年	2014年	2015年	2016年	2017年
总用水量	950.89	935.43	932.78	959.46	972.71	987.22	979.8
广东省供水量	715.35	709.2	611.52	724.48	766.38	629.14	651.24
本港水塘集水量	186.65	217.22	336.18	228.01	226.32	385.44	303.64

① 香港特别行政区政府—政府统计处：《香港统计年刊》（2018 年）。

2007	2012	2015	2017
25% / 75%	24% / 76%	23% / 77%	34% / 66%

■ 广东省供水　■ 本港水源

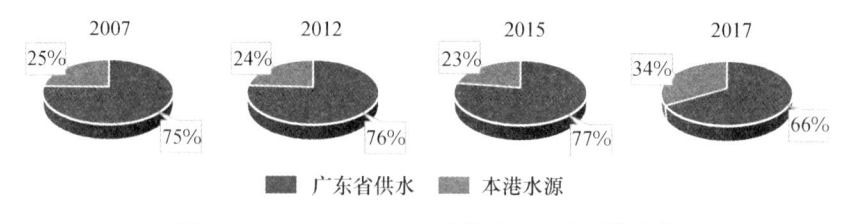

图 5-7　2007—2017 年香港饮用水来源构成①

(二) 深港合作的协同生态方略

1. 深港急需构建促进两地生态优化的共同体

从政策层面来看。香港特区政府对于生态问题制定的政策比深圳要更早落实，政府的环境建设和生态保护行为也更具效率，尤其是香港郊野公园建设得卓有成效。深圳作为经济特区和内地对外开放的窗口城市，生态文明建设相比国内其他城市也较为出色，深圳长期以来都以"生态立市""环境优先"为城市发展的基本原则，虽然取得重要的成果，但与人民群众日益增长的对于美好生态环境的需求还有一定的距离。从民间层面来看，香港市民经历发展过程的生态影响，自 20 世纪 70 年代开始对生态问题高度关注，至今几乎达到"苛刻"与"挑剔"的程度。深圳是一个移民城市，市民中虽然存在多样的文化属性，但随着经济发展，市民的环保意识和生态需求也在不断增强。可以认为，深港市民对于生态问题的需求正随着社会经济的发展水平提升而日益趋同，两地的民间生态环保组织、非营利性组织等都已经进行高度的自发合作，保护生态、享受生态红利的共同需求契合深港构建生态共同体的合作战略。

2. 深港生态共同体构建的基本目标

深港生态共同体构建的基本目标是围绕影响深港共同生态的重点、难点和堵点问题，通过协调深港两地政府、企业及其他民间组织或机构，调动力量、集中优势共同努力有效解决生态问题，满足两地市民的生态需求和经济社会发展需求。深港生态共同体的治理重点目标应该集中于固体废物、垃圾处理、大气污染、边界河流、共有海域、安全水源等跨区域生态焦点问题。

---

① 香港特别行政区政府—政府统计处：《香港统计年刊》（2018 年）。

3. 深港生态共同体发展机制的主要形式

首先，生态规划对接机制。协调深港建立生态环境与资源账户，绘制两地统一的生态红线地图，加强双方生态规划的对接；积极推动深港将生态环境作为城市发展规划、区域设施布局和项目开发与建设的基本出发点。其次，生态监测和数据共享机制。深港双方持续搭建流域、海域、水源及空气监测与合作网络，定期交换、共享监测数据；在一定范围内进行联合监测，统一监测标准和数据口径；强化两地生态科研合作与交流，尤其是人才、技术的交流与研发。然后，完善两地协同的生态灾害管理机制。对生态突发事件实行即时、双向沟通机制，建立政府定期沟通机制，完善生态事件的社会通报机制；强化生态事件的预警与处置机制，以立法手段推进两地生态治理协同。再次，焦点生态问题协同治理机制。对双方共同区域内的河滩、海域、垃圾填埋等重大生态建设项目采取合作与协商方式进行治理，切实解决两地共同面对的现实生态问题，优化生态体系。最后，完善公众参与生态治理机制。积极发挥市场和民间的作用，降低深港两地政府在生态问题上的预算压力；大力支持市场机构和民间组织的生态公益活动，鼓励两地市民积极参与生态保护。

五 深港协同参与全球治理

全球化已经成为我们所处时代的显著标志，各种经济社会问题的跨区域交互越来越频繁、越来越复杂。在国家层面，跨区域治理就是全球治理，中国作为当今世界最大的发展中国家，不仅要积极融入到全球治理体系，更要为全球治理的制度安排做出创造性的贡献。融入全球治理并发挥重要作用，既关系到中国自身发展的根本，也关系到国际社会的长久和平与稳定。

习近平总书记提出："应该加强在重大全球性问题上的沟通和协调，为实现世界和平、稳定、繁荣提供更多公共产品。"[①] 人类文明发展到"地球村"阶段，公共安全与共同利益才是一致诉求，包

---

① 《习近平：中国发展新起点 全球增长新蓝图——在二十国集团工商峰会开幕式上的主旨演讲》，《人民日报》2016 年 9 月 4 日第 3 版。

括广大发展中国家在内的所有的"全球公民"在面对全球性、区域性的公共危机、生态灾难、极端主义、恐怖犯罪时，应该构建面向未来、面向合作、面向共赢的命运共同体。"人类命运共同体的形成和维系离不开全球公共危机治理。"[①] 在深港合作层面，深港相互毗邻，经济、社会和人文发展互为交织，更容易产生两地必须共同面临、共同沟通、共同解决的生态、环境、交通、跨区域犯罪以及社会发展和经济文化交往方面的问题，因此，深港合作的一大重要战略定位就是缓解两地或者全球性公共危机，强化两地的跨区域治理合作，强化两地参与全球治理行动的协同合作。

（一）深港共同应对区域公共危机

跨区域治理的根本目的就是缓解区域性公共危机，无论对公共危机如何界定，无非包含着两重含义：一是公共性，定义危机的发生范围、作用范围和处理主体都存在着个体间的交互性、一致性和普及性；二是危害性，事件或事务的发展演进对于它的影响者们来说，具有明显负面的危害、损伤和破坏，是一种恶的发展结果。公共危机古而有之，来自自然界和来自人类自身的公共危机从未停止发生。按照联合国关于公共危机的分类，主要包含自然灾害、技术灾难、环境恶化这三类公共危机，"（1）自然灾害，又可分为地质方面：地震、火山等，水文气象方面：洪涝等，生物学方面：瘟疫、流行病等；（2）技术灾难，来自技术或工业事故，如爆炸、火灾、污染、辐射、泄漏、公共疫情等导致的丧生、受伤、财产受损或环境恶化；（3）环境恶化，人类行为导致的环境和生物圈的破坏，如森林大火、生物绝种、资源破坏等"[②]，公共危机的公共性揭示它发生影响的范围不再局限于一国一地、一城一池，而是跨越不同区域、不同国家、不同民族和文化的持续作用，更启示公共危机的应对主体之间应该以合作协同的方式共同面对（见表5-5）。

---

① 阙天舒：《公共危机的全球治理——基于公共性的回归》，《国际观察》2016年第2期。
② 张小进、左昌盛：《公共危机全球治理的困境及路径选择》，《经济与社会发展》2008年第7期。

表 5–5　　　　　　　　近 50 年来著名的全球性危机事件①

时间	起源地点	事件及全球性影响
1986 年 4 月	乌克兰普里皮亚季	切尔诺贝利核电站爆炸。这场核电站爆炸灾难总共导致大约 2000 亿美元的直接经济损失（加入通货膨胀的计算），堪称世界近代史以来代价最"沉痛"的核灾难事件
20 世纪 80 年代中期至 90 年代中期	英国	英国疯牛病危机。截至 2004 年，仅英国得到确诊的病牛就多达 17.9 万头，共有 35181 家农场牵涉其中，被迫屠宰、焚烧的病牛数量更是达到 1100 多万头，估计的直接损失超过数百亿英镑。暴发后 20 多年间，疯牛病危机陆续扩散到欧洲、亚洲和南北美洲等 31 个国家和地区，受疯牛病恶劣影响的国家更多达 100 多个
1997 年	泰国	亚洲金融危机。亚洲金融风暴从泰国首发，之后迅速席卷印度尼西亚、马来西亚、菲律宾、新加坡、日本和韩国、中国等地。造成泰国、印度尼西亚、韩国等国家和地区的货币大幅贬值，亚洲主要股票市场的股票价格大幅下跌；冲击东南亚、南亚、东亚各国的外贸企业，造成许多大型企业的倒闭，工人失业，经济萧条
2001 年 9 月 11 日	美国	"9·11"恐怖袭击。"9·11"事件导致全球经济损害可能超过 1 万亿美元。但该事件对美国公民造成的心理影响更加深刻，一定程度上改变美国的国家安全、外交政策，导致美国开放程度的倒退
2002—2003 年	中国广东	SARS 病毒危机。这次危机在中国广东顺德首先暴发，后危及东南亚各国乃至全球，至 2003 年中期 SARS 疫情才基本被控制和消灭。此次危机引起较为严重的社会恐慌，造成一定数量的人员死亡
2004 年	印尼安达曼海	印度洋大地震和海啸。这次危机波及范围远至波斯湾的阿曼、非洲东岸索马里及毛里求斯、留尼汪等国，造成巨大的人员伤亡和财产损失。截至 2005 年 1 月 20 日的统计数据显示，印度洋大地震和海啸造成 22.6 万人死亡，这是世界近 200 多年来死伤最惨重的海啸灾难

---

① 根据互联网资料整理。

续表

时间	起源地点	事件及全球性影响
2008年	美国	美国次贷危机。首发美国，因次级抵押贷款机构破产、投资基金被迫关闭、股市剧烈震荡引起的金融风暴。它致使全球主要金融市场出现流动性不足危机。席卷美国、欧盟和日本等世界主要金融市场
2011年	日本	福岛核电站泄漏事故。2011年3月，里氏9.0级地震引发海啸，冲击日本福岛县两座核电站反应堆并发生故障，其中第一核电站中一座反应堆震后发生异常导致核蒸汽泄漏。此次事件对核电站周边较大面积造成不可逆的核生态危害
2014年	西非	西非埃博拉病毒。截至2014年12月2日，世界卫生组织关于埃博拉疫情报告称，几内亚、利比里亚、塞拉利昂、马里、美国以及已结束疫情的尼日利亚、塞内加尔与西班牙累计出现埃博拉确诊、疑似和可能感染病例17290例，其中6128人死亡。感染人数已经超过一万，死亡人数上升趋势正在减缓

深港基于毗邻的地理位置、特殊的社会制度，不可避免地存在两地之间的公共危机，包括移民问题、走私问题、毒品问题、跨区犯罪、生态难题、传染病疫情乃至两地融合程度逐渐加深带来的居民心理冲击等问题，深港合作必须面对问题，通过跨区域治理，协调深港应对公共危机的信息、人才、技术和制度机制，构建科学预见危机发生发展机制，协力降低危机带来的破坏性、危害性伤害和影响，防止危机复发、再发的可能性。

（二）深港协同参与全球治理行动

实现公共危机跨区域治理的过程，其实就是跨区域规制的建立和协调的过程，需要涉及区域的各类政府组织、非政府组织及个人广泛参与合作。对于深圳和香港两地而言，不论在涉及两地自身的跨区域治理中，还是共同参与对外性全球治理行动中，都应该做到如下两点：

1. 契合深港的共同利益关注点，实现协同治理

跨区域公共危机治理的最大困境是跨区域各主体之间存在的利益调节和多边博弈，高效的跨区域公共危机治理机制的形成和完善，必须建立在所涉及多边主体的共同利益关切得到足够重视的基础之上，同时要求各类主体更多谋求各自权利与义务的最大公约数。在具体的深港合作中，一方面，深港双方应该提高认识，形成合作意识。在区域合作和融合发展日益重要的当下，由单纯一个地区的某一类危机经过逐渐蔓延和传导到其他地区（尤其是毗邻的城市和地区之间），所造成的破坏性作用往往会对全国甚至全球都产生影响，比如1997年的亚洲金融危机虽然始于泰铢本币的疯狂贬值，但由此带来的却是整个亚洲的经济危机、全球金融市场的严重损伤。因而，在各国家和地区关系日益紧密的当下，对于一次爆发于一国一地的公共危机事件的处理和应对，将不再是由这个国家、这一地区独自来承担和面对，国际社会和不同区域的主体都有责任和义务共同参与进来，而这种公共危机的治理模式，首先就要将不同主体的共同利益关切放在首位。另一方面，公共危机要求的公共治理模式，在本质上是契约的扩大化，或者是制度约束的边际扩大化，这个过程中必然带来参与各方原有部分权利的让渡，同时也是各方基于自身利益的重复博弈过程，这就要求各方必须在求同存异的基础上，以互惠互利共赢共进为目标构建和发展合作关系，协同治理危机事件。

2. 构建和创新跨区域公共危机治理机制

跨区域的公共危机往往具备不可预见性、强爆发性、强影响性、强复杂性等一些主要特征，但并不是所有的不同类型的公共危机都需要纳入到公共治理的范围，也不是所有的公共危机都采取同样的处理方式和应对程序。我们应该根据危机本身具备或引致的危害程度、破坏性质、产生机制等不同因素，将公共危机进行分级、分类管理。目前，世界发达国家都建立有完善的危机管理体系，对不同的危机采取分级、分类管理模式。这种管理模式已经在部分发达国家运行，比如美国在对公共危机的分级、分类管理中，就是以红、橙、黄、蓝、绿这五种颜色来表示危机所具有的危害性程度差异

（由高到低的危害程度）。通过将不同危害程度、破坏性质和产生机制的公共危机进行分级和分类，可以更加精准地因地制宜、分类施策、对症下药。从目前的深港合作共同应对跨区域公共危机的管理机制上来看，危机管理的分级分类模式亟须完善，双边标准亟须构建，同时更需要构建一种专门治理深港跨区域公共危机的公共管理平台。

第二节 深港合作的经验启示

进一步创新深圳和香港两地经济一体化合作的模式，构建区域创新体系，提升两地的合作层次与合作水平，拓展两地合作空间，是深港合作共同发展亟待解决的重要问题。实现上述问题的解决有赖于对深港合作长达40年历程的再梳理，要坚持深港合作的双赢原则，走差异化、平等互利、开放共享的合作之路。始终坚持和完善"一国两制"制度体系，始终坚持"优势互补"原则，始终坚持"创新发展"驱动模式，始终坚持促进青年人才的交流与合作。

一 深港合作的双赢原则
（一）差异化原则

深港合作要坚持差异化原则，就是要根据深圳和香港两地的自然禀赋、社会制度和发展历史，在充分发挥各自优势的前提下，弥补自身缺陷和短板，在经济社会发展各方面的合作中，精准定位错位发展，争取资源、要素和制度红利在两地之间形成最优化的配置，争取两地之间既互补弥合又强强联合，各自错位在优势领域做大做强，形成相互促进的差异化格局。

在深港之间，坚持差异化、错位发展的原则来推进和深化两地的合作关系，是尊重两地社会经济发展历史、发展现状和未来走向的根本。可以通过对加快科技创新或者促进民生发展的分析来展示差异化发展原则的合理性，在科技创新方面，香港自20世纪90年代开始的大规模产业转移，香港地区的技术研发和终端制造已经被逐渐弱化，整体科技实力尤其是产业化能力暂时减弱，产业体系出现较为明显的"空心化"趋势。但是，香港在基础理论学科以及部分前端应用学科方面依旧具有较强的实力，比如在生物医药理论研究和技术应用上，是远远高于深圳，这都是基于香港本地科研主体尤其是高等院校的研究力量。比如，香港本地的 8 所大学，就有多达 5 所大学在国际各类大学排行榜上长期排名靠前，而深圳在这方面一直是短板，深圳大学和南方科技大学在发展成为国际一流大学的道路上还有一段距离。目前正在积极推进的深港科技创新特别合作区（落马洲河套地区），就可以成为深圳和香港发挥各自优势进行差异化发展的范例。具体来说，香港的科技创新优势主要在于理论研究的中前端，而深圳的科技创新优势主要在技术研发和应用的中后端，如果能集合深港在整个科技创新链条的前、中、后端优势与河套地区形成一体，这将能够显著提升深圳和香港各自在全国甚至在全球的科技创新竞争力。

在促进民生发展方面，香港具有一个显著的优势和弱势，香港地区完善医疗服务体系相对于深圳高端优质医疗资源稀缺的现状是相对优势，而老龄化严重和人口承载力极其脆弱，相对于深圳的人口年龄构成和土地空间上又是相对弱势，所以在养老服务和医疗产业发展方面，深圳和香港具有非常好的差异化发展基础和前景，将香港优质的、高端的医疗和养老资源尤其是服务水准引入到深圳，打通深港之间在医疗、养老两大产业之间的融合通道，既能一定程度上解决各自的突出民生困境，又能促进经济产业的融合发展，实现质的提升。

（二）互利原则

利益调节机制也是区域合作的基本要素，市场经济发展理论的推进往往交织着利己、利他、互利的价值选择，西方古典经济学将利己作为"经济人"的基本人性假设，视为"理性"，而福利经济学所关注的"极大最优化"原则，则充满全社会利益取向的意味。现实的经济和社会行为中，利己不是人们行为的唯一出发点，更多的利他和互利也是复杂行为动机不可或缺的，尤其在双向或者多向的诸多个体的互动发展中。强调利己之外的利他和互利，对于深港合作同样是根本性的，坚持互利原则是深港合作可持续发展的基础。

在市场经济和合作行为中，利己与利他是辩证统一、相辅相成的有机体，也是构成互利的两个基本方面。一辆自行车分为前轮与后轮，前者把握方向，后者加载动力，利己和利他就好比是自行车的前轮后轮，单靠任何一方面都不能使车子稳定、正常和快速前进。社会发展和市场发展的融合化趋势越来越显著，社会分工和产业链片段分工更加精细的同时，相互之间的交互式发展也越发显著，个体的利益与其他个体利益以及局部性、整体性利益都越来越成为互为依存的系统。也就是说，任何一个利己的行为目标都越来越依靠利他行为而得以达成，并且利己的实现序列往往还处于利他、互利的后方。现代经济体系中，产业链、价值链不同环节和片段上的个体是一个有机的生态整体，相互链接、相互补充、相互依存，只有让整个生态系统得以运行，让各个部分、各个环节、各个要素协同发展，才能使它们都实现利益共享。对于整个系统的构成要素而言，就是利己与利他的同步实现。

"众所周知，竞争是市场经济的精髓，没有竞争市场经济就无从谈起。"[①] 竞争是市场经济的指向，最终交易行为往往是自由竞争的结果状态，良性的竞争意味着单位生产效率的提高，意味着组织方式和生产方式的不断优化，更意味着合作与竞争机制的动态性和整体性，一定范围的合作是为了更大范围的整体竞争。在自然状态下人们通过竞争方式获得自身利益，竞争带来利己，但竞争毕竟只是市场经济这个铜币的一面，通过合作方式实现的利己、利他和互利的兼顾才是市场经济发展到越来越高层次的重要标志，没有合作的利己是低效率的利己，没有利他的合作是其走向消亡的重要原因。合作是社会资源和生产要素在更大边际的整合分发，是比较优势充分发挥并形成更大整体竞争优势的良好机制。

深港合作在价值论上首先是利他主义的，是着眼于两地互利的，深港近40年的合作发展，深圳的高速发展离不开香港的贡献，香港

---

① 人民日报理论部：《思想纵横（2017年卷人民日报思想言论文集）》，中国方正出版社2018年版，第11—12页。

的繁荣稳定也需要深圳和内地的深度支持,深港两地发展休戚相关,两地的区域竞争力日益强大。尤其近年来的深港合作中,深圳对香港的纵深支撑力度不断加强,为深港合作构建互利共赢的可持续机制提供基础条件。香港的发展必须背靠内地,其金融市场的内外牵引力都是以内地为核心的,其国际贸易的输入输出方向都以内地为最重要的一端,其优良的国际化服务体系都以内地为重要服务对象。深圳在内地与香港之间发挥的作用,实际上也类似于香港之于内地的窗口作用,香港的文化旅游也很大程度上依靠内地市场的注入,只有依靠内地游客的逐年增多,香港各类与消费密切相关的酒店业、饮食业、零售业、文化娱乐产业等才能长期稳定发展,从而推动整个香港经济的进步。香港对于内地、对于深圳的发展同样具有非常积极、非常必要和不可替代的重要作用。通过香港这扇窗口,内地尤其是深圳,能够获得更多的国际资源和国际要素,包括资本、人才、先进产品以及国际化的管理理念、制度规则等。在香港回归之后的2003年香港与中央政府签署"更紧密经贸关系安排(CEPA)",就在次年即2004年,深圳市政府与香港特区政府签署的《深港政府合作备忘录》及其相关协议(称为"1+8"协议),标志着深港合作发展迈入新的阶段。

(三) 平等原则

平等原则从经济学视角来看更注重于对利己行为的约束,是一种本质上的利益关系原则。不论单个的人与人之间发生的交易,还是地区与地区间、国家与国家间的贸易和投资往来,都必须以市场经济为导向建立起人与人、地区与地区、国家与国家之间的平等经济利益关系。深港合作中的平等原则不是狭义的平等,而是双方互利出发点的共同性,通过合作来互补、联合、整合,达到相互利益的共同增进,深港合作更应该着力于长远的、稳固的、可持续关系的构建。这是完全立足深圳和香港关系的现状,也是完全符合深港共同利益的必然选择。在深港两地之间,以及在香港与内地之间,都要各自基于自身禀赋,基于历史与现状发展,找准相互之间可以持续深化的合作切合点,精准定位,面向未来,协同发展。维护多方发展的根本需求,这样的深港合作发展才能充分满足互利性,充分满足平等性的可持续共赢。

坚持深港合作的平等原则是指在合作中互相视为"合作伙伴"，聚合双方力量共同创建深港国际大都会圈。早在 2007 年初，香港提出要与深圳建立战略伙伴关系，两地要携手打造国际化大都会的战略构想，力争向纽约、伦敦、东京等全球知名城市圈看齐。总体目标是借鉴区域一体化合作和城市集聚化的国际经验，以增进中国经济国际竞争力、提高深港人民的福祉为宗旨，积极探索"一国两制"条件下区域合作的新形式，以产业合作为主体，加快各种要素的双向流动，拓展两地城际协同合作。

深港共建国际化大都会的战略构想对于深港合作的综合战略定位非常清晰明确，是对深港合作发展历程的重大凝练，更对深港合作的未来深化提出总体方向，表达深港两地政府、市民以及全世界关切深港两地合作发展的有识之士的一致心愿，具有极为重要的标志性意义，推动着深港合作向着互利平等、共荣共赢的新阶段前进。在平等互利的原则基础上，加强深港更紧密合作关系的基本理念是：相互学习、相互促进、相互协调、服务各自战略发展，促进深港两地共同繁荣。未来深港更紧密合作关系的定位是：深港建立稳固的战略合作伙伴关系，共同建设世界级大都会，把深港都会圈建设成连接中国经济体系与世界经济体系的中心枢纽。

（四）开放原则

开放在现代语境中是与"壁垒""封闭"相对来讲的，开放是积极性的、能动性的，而不是适应性的、被动性的开放。开放原则要求一个地区、一个城市、一个国家积极主动参与、融合到全球化一体化发展趋势，推动所在区域和国家全方位地消除壁垒，降低封闭性。"从系统理论的角度来看，只有开放系统才能与外界进行物质和能量的交换，才有可能从外界流入足够大的负熵流，才能降低自身的熵值，保证系统的有序性，增强系统的功能。"[1] 对于一个有限大的封闭系统来说，如果不与外界要素发生关联，其演化总过程是从有序到无序，最终演变成近于死寂的状态。虽然"自组织"是

---

[1] 王亮：《区域创新系统资源配置效率的演进规律与创新机制研究》，博士学位论文，吉林大学，2008 年，第 56 页。

系统演化过程中的重要力量，但仅靠"自组织"的作用并不能保证系统朝着高层次的繁荣方向发展，开放是经济系统不断向前发展的外部要求。在系统涨落的推动下，通过与外部的产品交换、信息交换、技术交换和人才交流，作为内部作用机制的"自组织"才会推动经济系统不断优化资源配置，使得经济系统上升到更高水平的繁荣。

世界经济和人口发展趋势表明，城市化及其高级形态的国际化都市圈、大都市群的发展，已经越来越成为带动一个国家和地区的可持续发展的重要牵引力，成为提升一个国家和地区综合竞争力的重要因素。随着中国的综合国力主要是经济发展总量占据全世界比重的不断上升，中国也越来越需要培育和建设起一定数量的国际化都市圈或都市群，来不断提升中国的国际影响力，持续牵引中国经济的转型升级。中国的区域化都市圈、都市群发展战略适应了这一趋势，粤港澳大湾区建设、长江三角洲区域一体化发展、京津冀协同发展等国家战略，实际上都是以都市圈或都市群作为承载核心的。在这样的重要背景下，深港共建国际大都会，就是积极呼应国家都市群发展战略。同时，也对深港合作提出更高的开放性要求，不仅是深圳和香港两地之间的互相开放，更是深港组合与全球市场之间的开放性要求。

深港的区域性合作，既可以是综合性的利益调整与整合，也可以是以区域性经济合作促进共同经贸繁荣和要素流通。在制度学说的语境中，开放就是各类产品、资金、人力资源、制度与非正式制度的相互嵌入，就是交易成本消除与交易边界的消灭。在现有体制背景和竞合态势下，不断打破深港两地间的贸易壁垒、科技壁垒、制度壁垒等，需要深港两地敞开胸怀、敞开门户、敞开眼光，最大限度避免从自身利益出发的封闭性策略。在发挥政府作用方面，要求政府组织形式的开放创新，政策运行与覆盖区域的开放创新，公共服务目标的开放创新，以及社会治理体系的开放创新。同时，需要市场机制的有效开放，从价格、流通、主体地位、市场环境、监管规则等方面坚持开放性原则，赋予市场更高的流通性、灵活性和透明性。深港建立开放性合作格局，要在两地间不断营造公平化、法治化、国际化的营商环境。以粤港澳大湾区建设为契机，形成面向全球的贸易、投融资、生产、服务网络，在多边体制下，通过合作共赢推动数字经济建设；优化区域产业布局，推动传统产业升级，大力发展和培育新兴产业，推动探索新型产业集聚形成的空间和地理配置的新模式。

（五）共享原则

共享原则既是发展成果的共同享有，也是发展过程中的资源、设备、工具、数据、信息、经验和制度的共同分享，共同探讨。其本质是以共同使用相关资源实现共同目的，共同享有合作发展带来的美好成果。深港合作的共享原则可从《"深港创新圈"合作协议》的相关内容进行分析，这份文件是2007年深港两地政府签署并实施的，双方在17个方面达成共识，充满深港两地优势互补、资源共享的合作理念。

《"深港创新圈"合作协议》能够折射共享原则的内容主要包括：一是共同创建深港创新与科技合作督导会议机制，下设若干专门工作小组；二是两地共同尽快制定和出台"深港创新圈"的实施方案，强化"深港创新圈"的战略部署；三是两地共同促进创新要素（资金、人才、信息、设备）的交流与合作机制，建设统一的科技创新信息数据库；四是强化两地科技创新与研发力量的整个发展，加强高等院校、科研单位、企业组织的科技合作；五是两地政府共同出资加强对于科技研发项目的支持、扶持力度，促进重点领域的突破发展；六是强化科技创新产业化载体的整合集聚发展，加强各类科技产业园区的合作交流；七是引导、支持和鼓励双方现有科研公共服务机构和组织在异地设置分支机构，强化科技服务系统的合作建设；八是强化深港两地的知识产权保护体制建设，在知识产权立法、知识产权管理运营、知识产权产业发展等方面建立合作机制；九是加强两地在科技创新成果的国际化推介和技术扩散方面的合作，强化科技会展业务的联合发展；十是共同建设有利于科技创新发展的营商环境，促进法治化、市场化、国际化的营商环境建设；等等。

正是基于上述内容，近年来深港在科研机构合作发展、新型技术成果转化、科技人才引进与培养、青年科技合作交流等方面实施全面合作。单就科技创新与教育资源共享而言，到2018年底，香港的知名高等院校已经有44个创新载体、72家科研机构在深圳落地生根，累计承担研发的各级科技项目达到1300余项，造就了一大批科技创新型优秀企业在深圳的发展壮大，为深圳的创新驱动发展战略做出了重要贡献。

二 深港合作的重要经验启示

（一）始终坚持"一国两制"制度实现香港长期繁荣稳定

"一国两制"是深港合作的重要制度，必须长期坚持和完善"一国两制"制度体系。党的十八大以来，以习近平同志为核心的党中央在全面准确贯彻"一国两制"制度中，始终牢牢坚持和把握宪法和基本法赋予的中央对香港全面管治权，不断深化内地和香港之间的合作发展，不断推动"一国两制"事业开创新局面、取得新进展。"尤其是中央谋划和推进国家整体发展战略，始终重视发挥'一国两制'的制度优势，鼓励和支持香港找准定位、发挥所长，积极对接国家发展规划，努力实现长期繁荣稳定。"①

香港回归以来，中央政府与香港在《内地与香港关于建立更紧密经贸关系的安排》（CEPA）框架下签署经贸合作协议，"沪港通""深港通""债券通"等金融市场互联互通机制先后实施，香港离岸人民币业务稳步增长，深港间的高铁将双城工作生活的空间距离进一步拉近。香港与内地经济、文化与社会治理等方面的合作关系不断深化，深港可持续合作机制得到进一步的发展，香港在充分参与珠江三角洲地区和内地的产业化和现代化进程，在国家发展新型制造业、服务业，扩大并形成全新的对外开放格局等领域发挥了重要作用，同时也为香港本身的发展赢得了良好环境。当前，粤港澳大湾区内各城市都在积极推进产业结构优化升级、增长方式和增长动能的转型升级，香港也需要进一步拓展经济发展纵深、融入粤港澳大湾区并强化区域竞争力。在这样的大环境下，深港两地深化交流

---

① 蒋建国：《"一国两制"是保持香港、澳门长期繁荣稳定的最佳制度》，《人民日报》2018年1月10日。

合作、携手共赢发展的内生动力将得到不断的增强。

在粤港双方共同努力下,前海深港现代服务业合作区作为新时期香港与内地合作的崭新平台于2004年应运而生。截至2018年,深圳前海合作区已累计注册港企达到8031家,注册资本8937.26亿元。① 深港青年交流合作领域为深港两地青年实习、创业、就业、生活等各方面提供精细化、精准化、精益化的配套服务,前海深港青年梦工场等平台和载体累计引进香港创业团队176家,融资额度超过15亿元;持续4年实施并完成粤港澳大湾区青年实习计划,累计提供2000余个实习岗位,接待2万多名香港青年学生来深圳交流学习;② 连续2年举办粤港澳青年创新创业大赛、深港青年创新创业交流日、深港青年文化交流艺术季等品牌活动,让香港青年增进了解中国文化及历史与现状,深刻感受到香港的未来前途与祖国的发展息息相关,增强香港青年对国家的认同感和向心力,促进香港青年积极融入国家发展大局。

(二)始终坚持"优势互补"原则实现创新要素自由流通

任何完善的区域合作机制系统,首先要保障的就是系统内外资源与要素的自由流通,输入输出机制的畅通高效才能不断将区域整合与协同配置功能充分发挥出来。深港之间的区域合作也要始终保障资源与要素的自由流通,两地创新资源虽具有很强的互补性,但两地分别实行差异化的经贸发展制度,处于两个关税区,边境管理仍然适用于深港之间,一定程度上导致深港创新要素和资源难以更加自由地高效流通,科技研发前端与产业制造后端的产业链互补优势不能完全发挥出来。

1. 逐渐消除深港人才流动的限制

区域合作的全面深化,首先是人才的交流合作,各类人才在不同区域"人尽其才",需要积极的流动机制。深港两地间的人才流动限制已经在不断降低门槛,但由于历史发展与体制的限制,两地的区域人才流通尚存在不对称流动问题。深圳居民因公赴港的滞港时间、通关便利仍然存在限制。到目前为止,香港人才到深圳就

---

① 深圳前海蛇口自贸片区管委会,2019年3月12日,qh.sz.gov.cn/。
② 同上。

业、学习、居住等多方面限制较少,甚至基本没有限制,深圳人才或者内地人才到香港工作就业则需要通过特别的引进程序,香港"输入优秀人才计划"等程序;两地科技研发人才(特别是高科技企业)往来的审批程序相对较为严格,限制较大;香港的高等院校教师、研发人才到深圳开展短期研学及交流合作活动仍然备受高额纳税的成本困扰。香港高层次人才在深圳工作需要缴纳的个人所得税相对偏高,例如,这种状况将不利于深港两地区域性人力资源的全方位、多层次整合,不利于深化深港合作。

2. 破除深港之间的物流通关障碍

物流畅通是区域合作与创新体系的物质基础,物流通关的便利化、高效化也是降低深港合作交易成本的重要内容。但由于深港属于两个不同的关税区,不同的物流与通关政策往往使得两地之间的实物往来存在各类障碍,两地的进出口岸目前也采用不同的政策、规则和标准。尤其是在科技创新与研发方面,比如香港研发人员携带某类技术设备到深圳开展研发活动,在口岸通关时必须参照进口二手设备的相关规定和政策执行通关检验和通关程序,缴纳与之相应的税费。香港在深圳设立的科研机构在进口相关设备、装备和器械时,也不能享受到与内地高校科研机构同等的免税、减税优惠,只能以注册企业的转换方式享受约70%的免税待遇或优惠。用于技术创新的相关产品、设备、样品、材料、零配件等进入深圳境内,除要经过香港海关的检验检疫之外,还必须经过内地海关的检验检疫。深圳的相关产品、设备、样品、材料、零配件进入香港同样需要香港海关与内地海关的双重检验检疫。这种多次检验检疫很容易给科研设备尤其是部分高尖精的科学仪器、实验设备造成运输成本和使用损伤两方面的不利影响。

3. 疏通深港之间的资金融通不畅

两地的经济与科技合作是重点,经济与科技发展离不开资本市场的支撑,深港合作的资本流动樊篱成为深化深港合作的重要领域。打通用于扶持科技创新活动、项目、人才团队的资金在深港的异地流动限制较大。香港设立在深圳的科研机构,其运作经费多数来自在港高校的拨款,这些拨款属于外资,同时这类研究机构多数为事业单位而不是企业，按照相关资金管制的政策和规定，这些研究机构在接收款项上存在困境；而同样由深圳资金在香港设立的科研机构也受限制，它们的科研收入和其他收益回缴高校本部的通道不畅。于是为规避上述限制，香港高校在深的研发机构往往采取委托企业接收和汇出的方式，这导致存在一定的政策和金融风险，同时也导致这些机构在深圳开展科技合作的积极性不足。

目前，大湾区正在推进粤港澳三地的人流、物流、信息流和资金流的"四通"工程，虽然资金流受到一些政策约束和限定，但深港两地的金融机构都在加大力度进行机制创新，国家政策鼓励先行先试，推动深港合作资本融通问题的解决。

(三) 始终坚持"创新发展"驱动实现深港高质量发展

"发展是解决我国一切问题的基础和关键，发展必须是科学发展，必须坚定不移贯彻创新、协调、绿色、开放、共享的发展理念。"[1] 深港合作演进和变化，其归根结底的基本目标是促进深港社会、经济、文化等多方面更高、更快、更好发展。创新发展理念在深港合作中，具有强大的生命力。创新发展是驱动力，创新发展是方法论。

除经济发展中技术革新已经成为一个城市、一个地区、一个国家甚至一个社会最大的内生动力外，社会发展中的制度创新也成为促进深港高质量发展的必然路径。深圳和香港在生态文明建设、社会治理建设、城市文化建设、基础设施建设等公共服务已经超出两地的地理和行政界限，解决外部性问题成为两地合作发展的重要逻辑，共同治理和协同发展成为必然选择。制度创新与技术创新两手都要抓，"制度创新是解决外部性问题、将外部利益内部化的主要的和有效的手段"[2]。尽管深港两地在解决外部性问题上的协同创新积极主动，也取得了卓富成效的进展，但是与深港战略合作的现实目标还有一定的距离。比如，尽管深港地理毗邻，但在通信方面两

---

[1] 《习近平：决胜全面建成小康社会 夺取新时代中国特色社会主义伟大胜利——在中国共产党第十九次全国代表大会上的报告》，2017年10月27日，新华网（http://www.xinhuanet.com/politics/19cpcnc/2017-10/27/c_1121867529.htm）。

[2] 盛洪：《外部性问题和制度创新》，《管理世界》1995年第2期。

地的电信业务是分网运行的，连基本通话都仍然属于国际长途。再如，在深圳使用移动支付在香港并不是那么的普遍，香港更多采用传统信用卡支付模式。此外，深港两地的社会保障制度不一样，妨碍异地就业、创业、置业和养老。目前来深圳投资发展的港资企业及员工日益增多，随之需要解决的子女入学教育问题也日益突出。在基础设施建设方面，由于此前深港城市的规划建设互不对接，城市资源缺乏有效整合，存在着定位趋同、结构趋同的无序竞争状况。这种状态在航运物流方面尤为突出，如深圳为提高航运能力，拟新建一条航道，原设计的最优路线需经香港4公里，但长期协调未果，最后只好绕道而行，为此不仅多支付几亿元建设投资，也增加维护费用。再如，深港的机场合作，双方都有合作共识，但是由于没有利益共享机制，合作缺乏创新，因此没有得到妥善解决。值得期待的是，"1+8"协议签署以来，深港两地政府建立定期沟通交流机制，彼此加强环境治理、社会服务、两地产业规划等的沟通和讨论，很多事关深港的重大问题提到了政府的议事日程，并为此做了大量的工作，公共服务环境显著改善。

（四）始终坚持加强青年人才工作促进两地青年合作交流

"青年兴则国家兴，青年强则国家强。广大港澳青年不仅是香港、澳门的希望和未来，也是建设国家的新鲜血液。港澳青年发展得好，香港、澳门就会发展得好，国家就会发展得好"[1]，进一步深化深港两地青年交流合作是深港合作发展互利共赢、互通共荣的重要组成部分，有助于推动深港在"一带一路"和"大湾区"发展中保持可持续发展后劲。

虽然深港仅有一河之隔，但是香港青少年对深圳并不熟悉，部分香港青年甚至没有来过深圳。尽管深港定期会组织两地青年开展各种交流活动，如夏令营、冬令营、训练营、友谊比赛，为两地青年提供交流与学习的平台，创造机会使香港青年更多更深地了解内地发展的历史与现状，但是目前两地青年的互动交流仍然存在一些问题，其中主要的问题在于两地青年交流形式有待于进一步创新，

---

[1] 习近平：《会见香港澳门各界庆祝国家改革开放40周年访问团时的讲话》，《人民日报》2018年11月12日第2版。

领域有待于拓宽。2016年10月18日全国双创周在深圳闭幕,在创新、创业最为丰富多彩的时代,微创业深受深港青年追捧。如果能够通过科技手段把深圳独特的区位优势、香港多元化与国际化开放优势叠加起来,两种制度、两套文化在交融中一定能够产生巨大的能量,双城的固化边界也能够在越来越多的交流和互通之中逐渐变得具有弹性。

1. 促进深港青年交流的举措

不断完善政策体系,为深港青年创新创业提供政策护航。深圳毗邻港澳,是港澳青年赴内地成长发展的重要阶梯,也是港澳青年创新创业的前沿阵地。近年来,深圳在鼓励和促进深港青少年创新创业方面开展各项工作,取得了一定成效。2012年,深圳印发《关于促进科技型企业孵化载体发展的若干措施》,2015年又制定《深圳关于促进创客发展的若干措施(试行)》,不断在深港青年创新创业孵化体系中发挥作用,促进各类孵化平台拓展创客空间、完善金融支撑、衔接智力与市场链条,形成围绕孵化企业全生命周期的成长促进链,引导建设一批低成本、便利化、开放式、多层次的青年创客空间,满足不同层次领域创新创业团队的空间、资金和智力需求。

积极搭建各类载体为两地青年创新创业提供物理空间保障。一是为香港高校在深圳设立创新创业机构创造政策条件,吸引香港青年到深圳发展并提供创新要素支撑。目前已经有6所香港高校先后在深圳设立研究机构,并且包括香港科技大学、香港中文大学、香港城市大学、香港理工大学4所高校在深圳建立产学研基地。6所香港高校已经累计设立了在深科研机构和平台60余家,研发项目和转化成果及技术服务均在不断增进中。例如位于深圳龙岗的星河博文创客空间与香港中文大学开展战略合作,共同建设创新创业基地,目前已吸纳400多名香港青年注册会员。二是积极推进深港青年创新创业基地建设,为香港青年开辟优质的创业空间。"南山云谷"创新科技产业园作为首个深港青年创新创业基地于2013年正式公开运营,通过南山区科技创业服务中心的对口帮扶,该基地已经能够为企业提供投融资、智力链接、物理空间、国际合作等全方位的孵化配套服务，孵化对象的产品覆盖测量技术、运动 APP、职业社交网等领域。2014 年，前海管理局联合深圳青年联合会、香港青年协会共同发起并建设前海深港青年梦工场，同年 12 月正式对外运营，被共青团中央授予全国唯一"青年创新创业跨境合作示范区"，得到了社会各界的广泛关注。截至 2019 年 6 月，"梦工场"已累计孵化创业团队共计 388 家，其中港澳及国际团队 176 家。从事移动互联网行业 174 家，占 45%；智能硬件行业 128 家，占 30%；文化创意领域 39 家，占 10%；其他专业服务领域 39 家，占 10%。① 此外，深圳有关部门正积极推进南山智园深港青年创新创业基地建设工程，将扩大香港创新创业团队容量，加大基地宣传力度，进一步完善基地建设，促进深港创新创业资源整合集聚。

大力支持创客交流活动为深港两地青年创新创业搭建交流平台。深圳大力支持各类机构在市内开展创新创业交流与合作，引导和鼓励全球创新创业团队在深圳举办成果展、项目路演和跳蚤市场等多种形式的宣传推广和交流合作，对符合条件的活动最高给予 300 万元的资助。深圳自 2015 年起开始举办国际创客周，吸引了大量的国际创客集聚深圳，反响强烈，其中的"前海深港青年创客营"已成为两地青年创客交流的重要平台。前海梦工场自运营以来，平均每天接待 10 批次以上，上万名香港大中学生到访参观。

2. 香港促进两地青年交流的举措

2018 年，香港民政事务局与香港青年联会合作，鼓励香港青年创业者落户三个位于深圳的青年双创基地。

2019 年 3 月，青年发展委员会在"青年发展基金"下推出两个鼓励青年创新创业的全新资助计划："粤港澳大湾区青年创业资助计划"和"粤港澳大湾区创新创业基地体验资助计划"。

深港正在加强合作，共同推动香港青年在深圳创业，拓展香港青年发展空间，支持和鼓励香港青年积极参与粤港澳大湾区建设。

香港特区政府规划成立"大湾区香港青年创新创业基地联盟"，搭建以非政府机构及大湾区青年创新创业基地为核心的一站式信

---

① 深圳市前海深港现代服务业合作区管理局网站，2019 年 3 月 12 日，qh.sz.gov.cn/。

息、宣传及交流平台。此外,继续通过"青年内地实习资助计划"和"青年内地交流资助计划",资助非政府组织安排香港青年到内地实习和交流。2018—2019年度,两地分别资助约450名和约1500名香港青年到深圳实习和交流。

3. 强化国民教育与去殖民化教育

党的十九届四中全会提出"坚持和完善'一国两制'制度体系"的重要目标,港澳青年教育上升为值得关注的问题,要求"进行教育改革,强化爱国主义教育,强化宪法和基本法教育,强化国情教育,强化中国传统文化教育,强化国家意识和爱国精神"[1]。

香港深层次问题具有一定的历史复杂性,香港青年问题与香港基础教育、高等教育的国民教育缺失关联较大,这也导致"香港的国民教育与国家认同面临着国家认同与本土认同并存相冲、道德文化认同较高而政治认同偏低、本土分离主义蔓延、国民教育推行受阻等现实困境"[2]。香港回归后,"我是香港人"的城市身份放在首位,城市意识大于国家意识。另外,香港经济社会发展进入"滞缓"期,青年就业难,薪酬低。对比一河之隔的内地改革开放40多年的持续高速发展,香港少数青年容易产生心理失落感,"对于香港青年而言,两地经济发展水平的逆转,更多地使他们感受到自卑与不安,有部分青年将这种失落感投射到内地与香港的关系上,对国家认同提出挑战"[3]。

第三节 深港合作的当代价值

坚持和完善"一国两制"制度体系,强化粤港澳大湾区发展的

---

[1] 2019年11月1日,中国共产党十九届四中全会新闻发布会上全国人大常委会法工委主任、港澳基本法委主任沈春耀答记者问中,关于坚持和完善"一国两制"制度体系的中央部署和要求。

[2] 康玉梅:《"一国两制"下香港特别行政区的国民教育与国家认同》,《环球法律评论》2018年第2期。

[3] 傅承哲、杨爱平:《香港青年国家认同的心理融合机制》,《当代青年研究》2018年第6期。

"深港引擎",维护香港特别行政区的长期繁荣稳定,引领深圳建设中国特色社会主义先行示范区,这是深港合作的当代价值。

一 "一国两制"制度实现祖国和平统一

深港合作的重要制度基础是"一国两制",深化两地合作本质上就是坚持和完善"一国两制",推动"一国两制"重大创新实践,在中华民族伟大复兴层面,"一国两制"是实现祖国和平统一的制度保障。

(一)香港更加重视与深圳的多维度合作

香港面临着内地其他大城市的竞争压力,如上海、北京和广州。因此,香港越来越依靠深港合作打造一个跨区域超级大都会。这种越发重视的态势主要反映在香港特区政府的层面,香港特首梁振英对于加强与深圳的合作非常看好,他认为香港和深圳过去合作成果非常好,今后合作空间也非常大,香港将与深圳一道共同推动前海以及河套地区的发展,为香港提供新的平台和载体,同时推动两地合作上升到新的水平。并且认为深港合作完全可以上升为自由贸易区合作。2013年9月16日,粤港合作联席会议第十六次会议正式研究了建立粤港澳自由贸易区的问题。时任广东省省长朱小丹表示,建立这个自由贸易区,目的在于更好地发挥香港的优势,带动珠三角区域经济发展。梁振英用"积极参与、共同谋划、互惠互利"来形容筹建中的粤港澳自由贸易区。目前,广东已将设立南沙、前海、横琴自由贸易区的申请提交国务院审批,这三个独立的区域合称为粤港澳自由贸易区。随着粤港澳自由贸易区的建立,深圳和香港之间将掀起新一轮的合作机制创新浪潮。

深港合作会议作为深港两地政府的长效合作机制,已经持续16年,会议商谈的合作领域越来越宽、合作模式越来越灵活、合作频率越来越高。实际上,作为"邻居",深港互动频繁、合作颇多,每年一次的"深港合作会议"依然是重中之重。深港签署落马洲河套地区发展、前海深港现代服务业合作区等一系列重磅协议都是在深港合作会议上签署的。可以说它既是记载深港合作多年的备忘录，也是深港两地政府重点工作的风向标。

(二) 深圳建设中国特色社会主义先行示范区

2019年8月18日，《中共中央 国务院关于支持深圳建设中国特色社会主义先行示范区的意见》正式发布，深圳再次被赋予新的历史使命，以深圳的改革创新实践服务国家发展大局，深圳不仅迎来了续写自身发展奇迹的重大历史机遇，也将以其全方位、全过程的示范作用，探索全面建设社会主义现代化强国的新路径，为完善和发展中国特色社会主义、推动国家治理体系和治理能力现代化积累经验。建设深圳先行示范区，提高城市环境质量，全面提升城市品位和功能，不断提升对港澳开放水平，推进在深圳工作和生活的港澳居民民生方面享有"市民待遇"，不断增强港澳同胞的认同感和凝聚力。这些举措将促进人员、资金、技术和信息等要素高效便捷流动，有利于将深圳打造成全国乃至全球创新型金融中心，有利于粤港澳大湾区建设实现突破。建设深圳先行示范区，将丰富"一国两制"发展新实践，为实现中华民族伟大复兴的中国梦提供有力支撑。建设深圳先行示范区具有全局意义，还表现在构建高质量发展高地方面。就经济发展质量而言，深圳在一线城市中保持领先地位，深圳是中国最接近现代化城市，其创新发展能力已成为中国高科技产业发展的一面旗帜。

深圳40年的发展，充分显示了中国特色社会主义的制度优越性。所谓中国特色社会主义的最大特点，就是在坚持社会主义共同富裕目标的基础上，吸取部分资本主义经济体制的合理因素，从而既不走政府全盘主导的计划经济老路，也不走放任自流的市场经济旧路。深圳正站在关键的历史时点上，深圳未来的发展要避免两个极端，根据时代的要求，探索政府机制和市场机制、国有企业和民营企业之间的动态平衡，推动中国特色社会主义在深圳创新发展。

二 强化"发展引擎"推动粤港澳大湾区建设

(一) 国家大力支持深港合作

前海深港现代合作服务区是国家大力支持深港合作的重要平台

阵地。习近平总书记多次到广东和深圳视察，几乎每一次到深圳都十分关注深港合作，2012年12月，习近平总书记在深圳前海深港现代合作服务区视察时，就深港合作问题与前海发展提出三点重要指示：一是要依托香港。香港的优势在于服务业，尤其是高端服务业，而这恰恰是我们的短板。二是要服务内地。当前全国正在着力调结构、促转型，需要通过扩大内需来推动服务业的发展，而前海恰恰既是粤港合作区，又是服务业创新区。三是要面向世界。以国际的视野和胸怀，吸取国际上先进的管理、科技等方面的经验把前海合作区建设好。他希望，特区人要充分发挥"敢为天下先"的精神，"既然授权给你们了，就要大胆地往前走"。习近平总书记对于深港合作的高度关注和大力支持是对深港合作巨大成果的肯定，也是对深港合作美好前景的殷切期望。

2019年2月，中共中央、国务院正式印发《粤港澳大湾区发展规划纲要》，这是中央对于粤港澳大湾区发展的重要战略谋划，明确阐述"构建极点带动、轴带支撑"的网络化大湾区牵引格局的重点是"发挥香港—深圳、广州—佛山、澳门—珠海强强联合的引领带动作用，深化港深、澳珠合作"，"引领粤港澳大湾区深度参与国际合作"，促进深圳和香港在粤港澳大湾区背景下的深度融合。

2019年8月18日，《中共中央 国务院关于支持深圳建设中国特色社会主义先行示范区的意见》（以下简称《意见》）已正式公布。这份文件与《粤港澳大湾区发展规划纲要》相隔近半年时间，从内容来看，两个重要文件虽各有侧重，粤港澳大湾区建设过程中香港、深圳的角色及彼此间的关系是《意见》与《规划》共同关注点。深港加速合作实现"强强联手"，被广泛认为将构成粤港澳大湾区内最重要的"发展引擎"之一。

（二）深化深港合作助力大湾区

打造国际一流湾区、世界级城市群是粤港澳大湾区的重要基本目标，要使粤港澳大湾区发展成为"一带一路"、人民币国际化的重要功能承载区。实现粤港澳大湾区建设基本目标需要强化粤港澳合作，提升粤港澳城市群的发展水平，提升粤港澳城市群的协同效能。香港作为粤港澳大湾区最重要的国际化都市，深圳作为大湾区创新型发展优势最显著的城市，两者的合作创新对于推进粤港澳大湾区的高质量发展具有重要的意义。另外，深港需要抓牢大湾区发展和先行示范区建设的双重机遇，应对各自发展中面临的结构性问题和新挑战。在这个意义上来说，粤港澳大湾区建设为深港两地进一步拓宽合作空间创造了条件。

从香港的角度来看，融入粤港澳大湾区发展，能够解决香港自身资源消耗压力大，新产业链和产业发展乏力等问题。加强深港合作就是香港参与粤港澳大湾区发展的关键一步。深港在经济社会各方面既有较高的互补性，又有"强强联合"的叠加效应。大湾区建设作为综合性的发展战略，主要涵盖湾区基础设施互联互通、市场经济现代化建设、科技创新与人文发展、生态文明建设与环境保护、对外开放重要窗口等，上述任务需要首先在深港之间的推进完成，这将为其他城市起到示范效应。值得指出的是，在涉及深港两地重要的社会民生事务的合作中，深港同样具有广阔的合作空间，这是深港两个城市天然的、独特的地理、人文缘由所决定的，也是大湾区其他城市没法替代的，从战略发展高度评估深港的协同性，深港两地的合作发展势必成为粤港澳大湾区发展的核心引擎。

1. 深港合作能促进大湾区发展轴心快速成型

改革开放，不仅推动内地经济发展的巨变，而且推动香港经济和产业发展的巨变。20世纪70年代末香港劳动密集型产业转移深圳、东莞和广州佛山，逐渐形成了沿广深高速和107国道的广州、深圳、香港发展轴心，进而带动了整个珠三角地区的快速发展。近年来随着粤港澳大湾区交通运输、物流、电子信息等基础设施建设，大湾区协同发展的格局逐渐化清晰深港正好是粤港澳大湾区发展的重要节点城市。

2. 深港合作能提升大湾区整体效益惠及各方

粤港澳大湾区9+2城市体系之间的合作发展与利益协调都是以市场为主导的机制，市场经济体制是保障大湾区发展的根本动力，这符合全球三大著名湾区的发展规律。香港既是高度自由的国际化自由港口，也是重量级的国际金融中心和货物贸易中心。深圳通过改革开放40年来的长足发展，市场经济高度发展。"深圳+香港"的合作发展模式契合全球著名湾区"金融+科技"的发展模式。所以，深化深圳和香港的合作，对于提升粤港澳大湾区的整体发展效益具有非常重要的意义。

3. 深港合作能加快大湾区发展高地的异军凸起

高质量发展不是以资源消耗和空间占用为主要驱动的，更换发展动能和提升发展效能是必然路径。深港依托粤港澳大湾区，积极对接粤港澳大湾区的整体发展规划，将是促进粤港澳大湾区高质量发展的重要举措。

三 促进深港产业链融合

(一) 现代服务业产业融合发展

香港现代服务业具有国际化水准，现代服务业是深港合作的重要领域。为努力促进深圳的现代服务业融合发展，深圳曾多次组团到香港进行考察，并通过签署合作协议的方式推动深度合作。经过多年的磨合，深港两地构建更加高效的现代服务业合作机制的时机和条件已经成熟。

在一系列的深港合作制度框架之下，以深港两地政府间的协同为先导，重点围绕现代服务业开展深度合作，探索创新国际金融、现代物流业、信息服务业、科技服务业、文化创意产业等现代高端服务业态发展新的管理体制。构建高层次、开放型现代服务业国际化交流合作平台必然要求，强化深港两地在法律界、金融界、咨询服务界等业内的交流与合作，积极引进香港高端现代服务机构和平台落地深圳。

深圳利用香港的国际化优势，引进跨国性服务业企业在深圳设立区域总部，推动深圳参与国家与东盟、国家与"一带一路"沿线国家和地区的合作，加快推进服务贸易尤其是科技服务贸易、文化服务贸易的发展。

充分利用深圳作为粤港澳大湾区的生产性服务业枢纽中心优势，积极牵引和促进大湾区内各城市的产业结构调整与升级，加快推进大湾区区域内产业链衔接。对内与国内重点城市群和区域发展中心开展现代服务业有效链接和融合互动,拓宽合作领域、加深合作精度。

(二) 都市圈产业发展驱动转型

香港正面临着"双转型",第一个转型就是香港要从单一的城市向城市群、都市圈转型,香港本身市场狭小,要提升自身竞争力就需要拓展市场空间,因此必须向周边城市扩展。第二个转型就是传统的金融中心向金融+科技转型,纽约、伦敦、东京、新加坡等大都市,不仅金融产业发展较好,科技创新创业也发展较好。香港第一个转型在于融入粤港澳大湾区的协同发展,融入深港都市圈的交互合作,这既是地理宽度的拓展,也是机制衔接的深化。香港第二个转型就是主导产业的转型,创新推动"金融+科技"发展模式,是新的经济内生发展动力(见图5-8)。

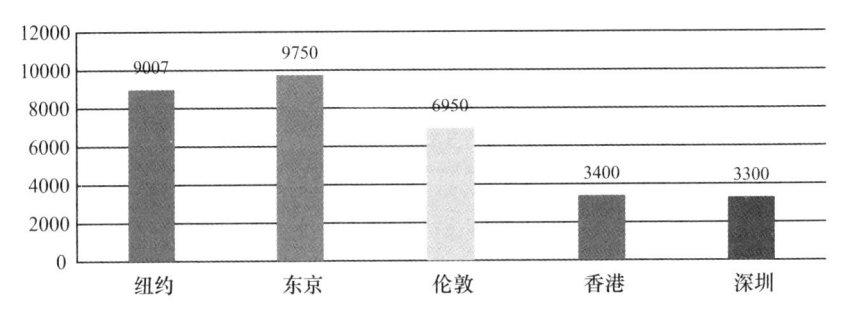

图5-8 2017年深圳、香港与世界三大都市GDP大致对比图(亿美元)[①]

深圳正面临着两个"优势转换"的问题,第一个优势转换即将政府与制度优势转换成为科技创新产品的国际化优势。深圳高质量发展的特征明显。2017年深圳的GDP总量为22438.39亿元,居亚洲城市前五(与全球顶级城市仍有较大差距,见图5-8),其中,战略新兴产业占40%,金融业占12.7%。深圳经济主要表现为不靠投资拉动,固定资产投资规模占GDP的比值从2008年开始低于

---

① 根据互联网数据整理。

20%，2018年为20.6%。2018年深圳全社会研发投入占GDP比重提高到4.2%，居全国领先水平。根据经济合作与发展组织最新数据，全球这一比例最高的经济体依次是以色列（4.4%）、芬兰（3.9%）、韩国（3.7%）、瑞典（3.4%）、日本（3.3%）、美国（2.8%）等国家（见图5-9）。

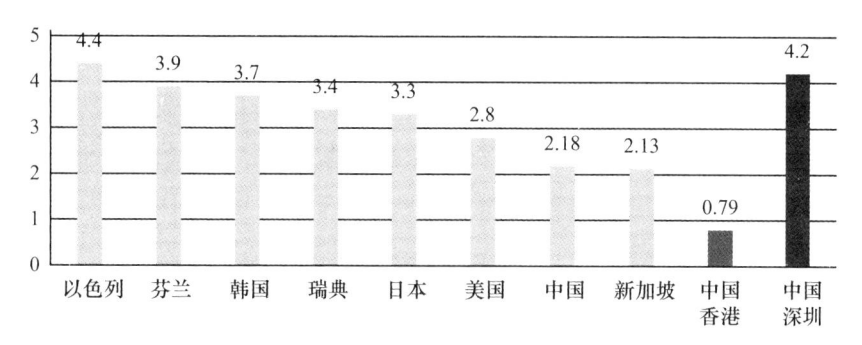

图5-9　2018年全球研发投入占GDP较高国家与深圳、香港对比（%）[①]

注：中国香港和新加坡为2016年数据。

另外，深圳应借助香港的国际化市场优势完成科技创新和科技产品的输出。发挥深圳科技创新型企业、载体和人才的存量优势，谋求国际化金融支撑，推动深圳第二个优势转换。香港作为全球第三大金融中心、全球最大的人民币离岸市场有助于推动深圳两个优势转换。

（三）深港携手推动全球化战略

国际化一直是衡量一个城市发展的重要指标，为了加快城市自身在国际化发展道路的进程，国内累计已经超过100多座城市都提出了国际化发展的相关策略和实施举措。北京将国际化发展目标定位为"世界城市"建设，上海提出"国际经济中心城市"建设，成都直接出台了"国际化城市"行动纲要，南京提出建设"区域性国际化城市"策略，在城市的国际化方面，北京、上海、广州、深圳

[①] 新加坡、香港数据来自《香港统计年刊》（2018年）、《新加坡统计年鉴2018》（英文版），其余数据来自经济合作与发展组织。

需要向香港学习取经。

香港的国际化体系是根据其城市自身优势一步一步建立起来的，香港产业结构中服务业占比非常高，如果以地区服务业出口总量来计算，香港的服务业占比在亚洲仅仅低于日本东京。其中香港的会展业在亚洲处于领先地位，是名副其实的"全球最佳会议中心"。香港在全球银行中心、黄金市场、外汇交易市场、股票交易市场等金融中心方面全都位列前茅，为全球第三大国际金融中心。香港曾经长期位居全球航运港口的首位或者次位，香港港目前仍然是全球最繁忙的货运港口。香港在营商环境、法治程度、自由贸易制度、市场化竞争机制、高端服务机制和高素质劳动人口方面都具有高度的国际化水准。

改革开放以来，深圳一直是内地改革开放的"窗口"。深圳依托毗邻香港这个国际化大都市的区位优势，更好地促进深圳国际化发展。例如，要检验某些国际规则，就可以率先在深港先行先试。

"优化国际布局，加强与欧美国家的有效合作，构建对外开放的优质平台，以此带动城市持续创新发展"，这是 2016 年 7 月公布的《深圳"十三五"时期外事工作发展规划（2016—2020 年）》中深圳国际化发展战略，其中，重点支持与北美在互联网、新一代信息技术以及与欧洲在高端智造、节能环保和创意文化等领域合作，深圳国际化发展布局，通过建立"走出去"支持服务体系，实施"提升竞争力"等一系列政策，已取得长足发展。2016 年，深圳对外直接投资实现跨越式发展，企业实际对外直接投资额超过 90 亿美元，同比增幅达到 82%，首次大幅超过实际利用外资，且在信息通信、生物医药、消费电子等创新经济领域，形成了遍布全球、优势明显的产业链条，在全球价值链中地位不断提升。

国家"十三五"规划提出建设深圳国际航空枢纽，"十三五"开局之年，深圳开通了 12 条国际航线，包含悉尼、洛杉矶、法兰克福、西雅图、奥克兰 5 条洲际航线，始发国际航线已达到 23 条，覆盖亚洲通达欧美澳。2017 年，深圳鼓励引导航空公司新开国际航线 5 条以上，推动与"一带一路"沿线国家直航，持续提升深圳机场的国际竞争力。2020年，国际航线达到48条，推动72小时过境免签政策在深实施。

四 打造新的区域增长极

(一) 深港合作对接东盟

深港加强合作将助推与东盟合作。香港作为全球金融中心，自然是面向东盟的重要金融中心，香港也一直是东南亚商贸网络上重要的一环。深圳从20世纪90年代初就开始与东盟各成员国建立了经贸合作关系，双方的经贸合作从最早的航运、仓储、船舶租赁发展到电子设备、数码产品、建筑材料、有色金属、服装等各个领域。2011年中国—东盟自由贸易区建立后，当年深圳与东盟贸易总额达到386.6亿美元，占中国对东盟贸易总额的13.2%。2011年，深圳对东盟进出口总额合计439.3亿美元，增长13.6%，比2010年放缓2.2个百分点，出口179.1亿美元，增长12.8%；进口260.2亿美元，增长14.2%，贸易逆差为81.1亿美元，扩大17.2%。[①] 东盟已成为深圳的第四大出口市场和第一大进口市场。

(二) 深港合作应对挑战

面对国际贸易日益严峻的挑战形势，深港合作有助于在应对国际贸易争端、消除国际贸易壁垒方面增加谈判砝码。

第一，有助于增加对美贸易谈判的筹码。

深圳和香港都把美国作为重要的贸易伙伴。目前，深圳的经济总量、产业结构优化程度、外向型经济的竞争力、金融市场体系完善程度、企业的创新能力等均位于全国大中城市前列，香港是亚太地区主要的国际金融、贸易、航运、旅游和信息中心以及国际空港，如果深港联合起来的开放香港与深圳金融市场平衡对美贸易顺差，将有助于推动美回到谈判桌。

第二，有助于为区域贸易投资提供跨境金融服务。

相比人民币对美元的升值，其他发展中国家的货币对美元不断

---

① 中国自由贸易区服务网（www.fta.mofcom.gov.cn.），2019年3月12日。

贬值，使我国商品的出口竞争力下滑。但是，深圳的财政实力居全国大中城市前列，是全国第三个地方财政收入超过千亿元的城市。香港金融业发达，香港的自由度指数和中央地方财政比例指数均排名世界前茅。深港加强金融业合作，完善人民币跨境支付渠道，丰富人民币跨境融资和投资产品，为贸易投资提供完善、安全、快捷的跨境金融服务。

第三，有助于应对劳工标准和绿色环境标准贸易壁垒。

未来中国企业在面向TPP，将面临劳工标准和绿色环境标准的冲击。深圳具有民营企业发达的基础优势，近年来新兴战略产业发展推动深圳企业产业结构正在从劳动、资本密集型向知识密集、绿色低碳型转化。香港的法治化程度很高，对于知识产权、劳工权益、环境保护都有非常严格的标准，一些标准甚至超过了TPP制定的标准。深港合作有助于打破TPP对我国的排挤。

第六章 深港合作的新态势、新动向及展望

日出唤醒清晨
大地光彩重生
让和风拂出的音响
谱成生命的乐章
唱出你的热情
伸出你双手
让我拥抱着你的梦
让我拥有你真心的面孔
让我们的笑容充满着青春的骄傲
让我们期待明天会更好

——《明天会更好》，罗大佑等作词，罗大佑作曲

40年，砥砺奋进，深圳有了天翻地覆的变化。不论是在中华民族的历史上，还是在世界的历史上，这都可以称为一部感天动地的奋斗史诗。深圳作为经济特区，只有40年的历程，却是共和国发展史中不可缺少的篇章。深圳的发展史是高举改革开放旗帜、大变局中把握航向中流击水的奋斗史。深港合作不仅是区域经济合作与构建对外开放新一代格局的成功典范，而且是"一国两制"伟大构想从理论到实践并在实践中不断丰富的探索史。

中国特色社会主义迈入新时代，意味着改革开放和"一国两制"事业迈入新时代，深港合作迈入新时代。进入新时代的深港关系，深圳依然不会忘记"学习香港，服务香港"的初心；但是，深港合作的内容以及层次必然会发生重大的变化。40年前深港合作是

在香港回归祖国的大趋势下起步的，40年后深港合作是在香港成功实践"一国两制"20多年的发展态势下继续深化的。"一国两制"是香港最大的优势，也是深港合作的重要基石。只有把"一国两制"放在国家改革开放的大舞台上，才能发挥出巨大的发展效应；香港只有主动对接国家的发展规划，抓住"粤港澳大湾区"的新机遇，才能培育新优势，发挥新作用，实现新突破。

中国特色社会主义进入新时代。香港正处在发展关键时期，挑战与机遇并存，风险与希望同在。深圳踏上了中国特色社会主义现代化建设"先行示范区"突破变革之路。繁荣的粤港澳大湾区将为深港合作提供巨大的消费市场、雄厚的产业基础，以及众多的升学和就业机会。发展的春潮越来越汹涌，奋进的鼓点越来截止急促，你感受到了吗？深港合作的澎湃之心在跳动。

第一节 新时代深港合作面对的新态势

新时代下深港合作需要主动调整发展思路。首先，任何城市的发展都会经历由易到难的过程。在发展初期，发展的目标单一且集中，那就是发展经济，解决就业，提高生活水平；在发展达到中等收入的阶段，随着解决温饱问题，民众增加对经济发展以外的目标与诉求，发展目标要从单一经济发展转向"五位一体"全面布局；发展手段从"摸着石头过河"转向"顶层设计"。

一 百年未有之大变局下深港合作新态势

香港，是中西文化交流的桥梁；深圳，是改革开放的"南风窗"。经济与金融市场的变化，乃至经济危机、金融危机、地缘政治冲突会首先波及、传导到深港。

和平与发展是战后70多年的主旋律，世界潮流浩浩荡荡，顺之者昌，逆之者亡。世界向前迈进的方向不会改变，但是，并不是说发展的道路是平坦的。当今世界，各种矛盾集中爆发。

（一）全球化与逆全球化

全球化，彰显世界政治发展的总趋势。全球化虽然不是所有国

图 6-1　大潮起珠江（赵玲　摄）

家同时享受经济发展的福利，但一定是所有国家最终共同享受全球发展成果。美苏两国冷战结束后，国际格局从"两极格局"向"多极格局"进行演化。

全球化，是一把"双刃剑"。一方面，全球化可以让发达国家利益最大化。资本需要寻找市场与劳动力，需要一个资本自由进出的"地球村"，因此，西方是全球化的"始作俑者"，也是主要推手。另一方面，全球化对发达国家又提出不少的挑战。正是因为全球化，把所有国家与地区推入资本主义世界经济体系中，全球化为发展中国家"弯道超车"提供条件。按照全球产业的雁行模式，随着资金、技术、产业链转移到新兴经济体，如果这个新兴经济体具备较强的"学习能力"与"自我创新能力"，便可以借助全球化来加速推动本国的经济发展。

全球化，以及国际政治向"多极化"演进的道路并不平坦。值得注意的是，世界"多极化"的阻力不是来自小国，而是来自大国。当今世界，单边主义与霸权主义四处横行，唯我独尊与极限施压越来越嚣张。民粹主义、右翼势力，文明冲突论、文明优越论，以及散布对殖民宗主国怀恋的社会思潮相互交织，本质上体现全球化与逆全球化的矛盾，也体现单边主义与多边主义的矛盾。

全球化与逆全球化的矛盾，必然会干扰深港合作常态，突发事件随时在深港合作中爆发。其实，出现问题并不可怕。可怕的是看不清问题的本质，找不准解决问题的办法。面对问题，首先，要泰然处之，以不变应万变；其次，要进行伟大斗争，坚决反对单边主义与霸权主义，坚决做现有国际秩序的维护者。

（二）自由贸易与贸易保护主义

自由贸易为世界经济发展的总体要求。自由贸易能够推动世界经济整体发展，能让更多发展中国家享受全球化的福利，也是发达国家长期保持低通胀与高福利，并在全球产业链中发挥"领头羊"效果的关键因素。

自由贸易为资本主义一贯的全球贸易政策；但是，美国却出现反自由贸易的特朗普现象。需要注意的是，特朗普的贸易保护主义不仅仅针对中国，他的贸易保护主义是针对世界上所有和美国有贸易关系的国家，特朗普的高关税政策和贸易保护政策不仅是针对中国，也针对他的盟友，比如欧盟、日本、韩国，甚至邻国加拿大和墨西哥。

香港作为独立关税区，以及全球重要的转口贸易港，深港合作是自由贸易的坚决捍卫者；肆意妄为的贸易保护主义必然冲击深港经济，冲击深港合作，因此，必须进行伟大斗争。首先，高举自由贸易旗帜，用开放政策与市场力量吸引全球资本，推动中国全产业链与其他国家产业链融合发展，瓦解贸易保护主义。其次，借助世界贸易组织的力量,巩固多边贸易体制,强调贸易自由与金融循序渐进开放相向而行,这不仅可以同时获得发展中国家和发达国家的认可,还可以提高发达国家内部对中国主张的认同比例。最后,有助于深港合作防范金融风险的加强。自1997年的亚洲金融风暴,到2008年的国际金融海啸,当今世界经济危机更多是以金融危机的形式出现。在当前的大背景下——外部环境更趋复杂与国内经济下行压力有所加大,金融风险也在增加,外部输入风险容易传导到国内消费领域,导致影响居民消费水平的肉类蔬果涨价。在党的十九大报告中,"防范化解重大风险"被列入全面建成小康社会必须坚决打好的三大攻坚战之一,"防止发生系统性金融风险"是金融工作长期而艰巨的重任。

二 经济结构转型下深港合作新态势

(一) CEPA对香港经济效应递减

CEPA为香港发展打开更广阔的市场,但是,CEPA对香港的作用却呈现边际效应递减的趋势。

CEPA对香港GDP的作用是显著的,但是,边际效应呈递减趋势。从CEPA实施(2004年)到2007年期间,香港GDP按年增长率超过6.5%。值得注意的是:香港按年增长率却呈现递减趋势——从8.7%递减到6.5%。2008—2009年国际金融海啸对香港经济的冲击暂且不列入比较,在CEPA实施后的前后两个时间段中,即2004—2007年与2010—2012年,香港的GDP按年变动率均呈递减趋势(见图6-2)。

CEPA对香港金融的贡献大于其他行业。2004年1月1日CEPA开始实施,内地企业加快赴港上市的步伐,建设银行、中国银行、工商银行、腾讯控股等中国企业接连赴香港联交所上市,香港掀起内地企业上市潮。内地企业在香港上市,不仅有利于巩固港交所的地位,为港交所贡献内地优质企业,而且也为香港的律师所、投资银行、会计所等金融专业服务机构带去新的商机。

由于香港生产企业已经外迁,本港工业几乎为零,因此,即便CEPA对港产品"零关税",也无多少港产品可供出口。香港进出口

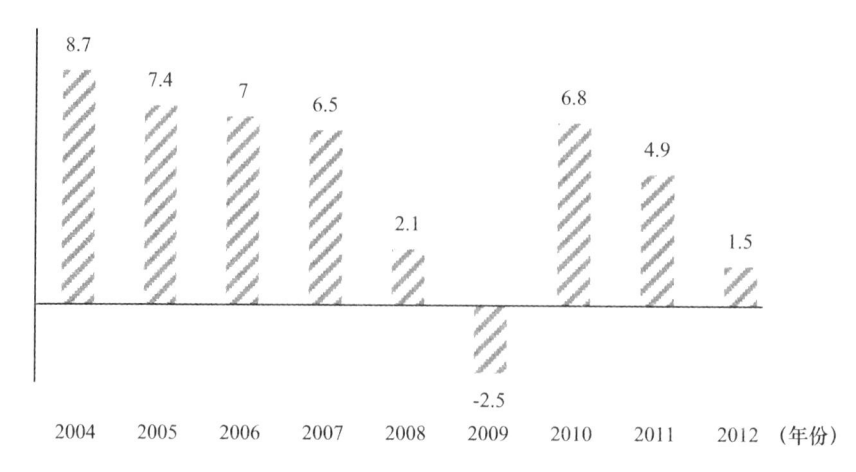

图 6-2　香港 GDP 按年变动率（2004—2012 年）（单位:%）

根据资料整理：香港统计署表030：本地生产总值内含平减物价指数，以及按人口平均计算的本地生产总值。

主要贸易方式依靠的一直是转口贸易。同时，随着内地经济的发展，集装箱货柜码头的兴建，香港转口贸易增幅有明显的下跌，香港集装箱码头吞吐量的增长远远落后于泛珠三角地区进出口货物额的增长，这就说明更多内地进出口货物选择通过内地港口。

内地货柜码头不仅分流经港出口的货物量，而且由于收费更低，更具有吸引力，间接拉低香港转口贸易利润率。根据图 6-3 的走势显示，自 2004 年到 2012 年，经香港转向内地的转口贸易毛利率呈递减趋势。转口贸易毛利率在 2004 年达 11.7%，到 2011 年降为 9.9%，到 2012 年进一步降为 7.4%。

CEPA 对香港的效应呈递减趋势，换一个角度表述即香港在 CEPA 中获得的利益在减少。这并非 CEPA 本身的错，而是香港经济结构无法"消化"与"享受"CDPA 的"福利"。这种趋势不仅对于香港经济发展有影响，而且对于深港合作有影响。

因此，需要针对香港经济效应在 CEPA 中出现递减趋势，思考推动深港合作的方略。

第一，深港如何实现双赢。随着深圳货柜码头及现代服务业的发展，对于既有创新产业又有现代服务业的深圳，与仅有现代服务业的香港，如何通过合作实现"1+1>2"。

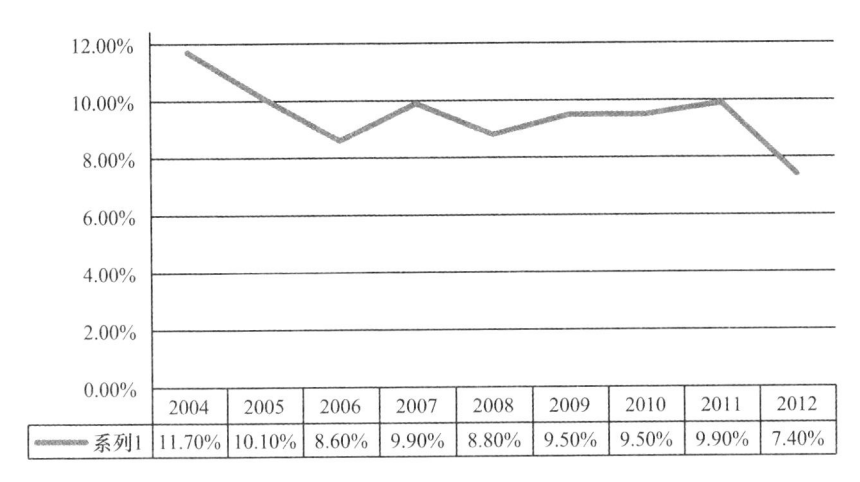

	2004	2005	2006	2007	2008	2009	2010	2011	2012
系列1	11.70%	10.10%	8.60%	9.90%	8.80%	9.50%	9.50%	9.90%	7.40%

图6-3 经香港转向内地的转口贸易毛利率（2004—2012年）

根据资料整理：香港统计署。

第二，如何更好发挥出香港既有优势。香港金融中心、航运中心、商贸中心的现代服务业优势如何借道CEPA在内地发挥新优势。

（二）深港合作的新态势

深港合作的总体趋势是空间更大、范围更广、领域更宽；但是，当前深港合作的新态势是：由于深港经济体量相当，深港合作面对如何消除"恶性竞争"，增加产业互补，优势互补，实现双赢的问题。

2018年深圳GDP总额超2.4万亿元人民币，世界500强企业、独角兽、新经济上市公司以及创业公司的数量位居珠三角城市榜首。从深圳走出的华为、腾讯、平安、万科、恒大、大疆……不仅成为各自所在行业的顶端企业，也成为世界级企业。数据显示，2018年，深圳1000人以上大公司提供的岗位数量同样位居珠三角城市的首位，深圳吸纳的应届毕业生数量全球排名第一。另外，深圳城市服务、城市道路与公交系统、商贸中心、居住环境已经达到大都市的水平。

2018年香港GDP折合人民币为24000.98亿元，① 香港是一座高度繁荣的自由港和国际大都市，是全球第三大金融中心，重要的国际金融、贸易、航运中心和国际创新科技中心，也是全球最自由经济体和最具竞争力城市之一。"纽伦港"指的就是纽约、伦敦、香港的并称，香港在世界享有极高声誉，有"东方之珠""美食天堂"和"购物天堂"等美誉。

深港关系已经不是一个小渔村与一个大都市的关系，而是两个大都市的关系。因此，必然需要正视的一个问题是：深港关系是合作关系，还是竞争关系？

首先，深港关系不是"你输我赢"的恶性竞争关系，而是"竞合关系"。"从产业互补的角度来说，深圳和香港竞争占20%，合作占80%。如果说两地营商环境接近，对于香港人来创业就更方便了。"②

其次，深港"合作"大于"竞争"的"竞合关系"基于经济学理论、合作的"初心"以及发展的战略：第一是产业内贸易理论，该理论支持经济结构与产业结构相似的深港继续合作；第二是深圳始终坚持"学习香港，服务香港"的初心不变；第三是深港要通过加强沟通而采用产业差异化发展战略，从而令深港80%的合作不断递增，20%的竞争不断递减，从而深化深港合作关系。

1. 深港合作新态势之一：实现产业"竞合"

深港GDP体量相似，在金融、航运、物流、商贸等多个产业重叠，存在竞争，因此，深港合作新态势之一，就是消除双方的恶性竞争，实现"竞合"双赢。

以金融为例，按照蒙代尔—弗莱明模型，香港与深圳可以各自发展为金融中心，且存在互补。但是，如果深圳提出建成中环的目标，显然会令香港有所警惕。又以跨境基建为例，珠三角东西两岸的融合发展是趋势，港珠澳大桥即便采用"单Y"，那么也无法阻止另一方修建另一座跨越珠江口连接东西两翼的大桥。

---

① 折算汇率：人民币兑港币平均汇率为1.1855。
② 《深圳建先行示范区　专家称深港合作大于竞争》，2019年8月23日，南方都市报（http://epaper.oeeee.com/epaper/A/html/2019-08/23/content_34087.htm）。

要实现"竞合"双赢,就要坚持两个原则:第一,坚持"差异化"发展原则,构建深港主要产业与领域的合作新态势;第二,加强区域经济合作与协同发展,加强深港交流沟通,相互协调深港的产业发展与经济发展。

(1)金融中心的"竞合"

现代大都市的标配是金融中心,深圳已成为中国的区域金融中心之一。前海自贸区与河套开发区都曾提出打造金融中心。这种提法没有考虑深港金融差异化发展,动了香港经济的奶酪——金融中心,因此,并不会得到香港的积极响应。

河套开发区放弃建边境金融中心的提法,改为建创新研发中心,因此,得到香港的积极响应,正在顺利推进中。

前海当初的规划是以高端服务业为主,建金融中心,推动两地产业互补、经济一体的发展局面。而事实上,香港方面的反应非常冷淡,香港不愿意在香港之外打造另一个"中环",形成与香港金融中心竞争的局面。在接受《中国新闻周刊》采访时,香港前财政司长梁锦松坦言:"香港对于前海的参与度真的不是很高,因为很多人把它看成是一个房地产项目。"[①]

因此,深圳前海自贸区需要放弃建成金融中心这类高大上的目标,重新确定发展方略,找准深港金融合作的市场需求,寻找出深港之间没有竞争并且存在互补的金融领域开展合作,例如,允许香港保险业,以及再保险在前海试点,面向内地提供服务。

深港金融合作,关键要找准深港金融的定位,推动差异化发展。首先,香港拥有港交所,以及独立的货币制度、最大的人民币离岸中心,这是同样拥有交易所的深圳所不具备的,深港金融的差异化定位决定两地金融合作多于竞争。其次,正是具有金融定位的差异化,深港金融产品也会具有差异化,这种差异化发展会为双方的合作创造更多的机会。深圳更多的发展为创新、实体经济、民生、绿色发展等提供融资的金融体系,发挥好包括深圳在内的金融体系对企业,特别是对科创企业的扶持。香港则面向国际金融市场发挥好

---

① 《香港回归20年:"超级联系人"的角色变迁》,2017年6月29日,中国新闻网(http://www.chinanews.com/ga/2017/06 - 29/8264916.shtml)。

金融制度的禀赋，力求提供多元化金融投资产品。

（2）港口与空港的"竞合"

香港的港口与航运曾经傲视亚洲，香港一度垄断珠三角绝大部分远洋货运。当前，香港港口的绝对垄断局面已经被打破。目前香港货柜码头吞吐量世界排行第五，落在深圳港的后面。造成这种结果的原因不仅在于内地经济的发展，深圳盐田港、赤湾港的崛起；而且在于香港对于货柜码头的建设与发展一直持保守态度。这体现在香港迟迟不兴建10号货柜码头，也从来不正视解决香港货柜码头没有铁路接驳的问题。

香港的港口没有铁路连接，货柜车依然是码头的主要陆上交通工具，货柜车的成本与运载量限制内地货物选用香港码头。上海、北京、广州在区域交通枢纽度排名上分别位列前三，而深圳仅排在全国第15位。作为未来粤港澳大湾区龙头城市之一的深圳，铁路网络的辐射力明显欠缺。目前，深圳通过铁路与187个城市实现连通，北、上、广三个城市的连通城市数量分别比深圳多出49%、30%和22%。

在空港规划与发展方面，深港宜加强协调与发展。香港航空港的情况好过货柜码头。香港国际机场为全球最繁荣的航空港之一，拥有完善的货运设施，空运货站每年能够处理的货物达300万吨以上。但是，香港航空港存在的问题与香港货柜码头相同，增长乏力。随着珠三角地区的机场扩建，已经在广州白云和深圳机场设立地区枢纽的跨国物流企业有可能减少香港业务，香港航空港如果继续增长乏力，成本不减，情况堪忧。

深圳空港运载能力快速提升，在惠州规划兴建的深圳第二机场，必将令深港空港的竞争加速。如何将深港空港的竞争转变为合作是一盘大的棋局。

当前，摆在深港面前的不是回避竞争，而是加强协商，深港不应把对方作为竞争者，而宜通过合作提高深港港口与航运在珠三角地区，乃至亚太地区的竞争力。深圳可以更多地承担一些贸易和运输，香港则更多转向与航运中心相关的服务职能，即围绕国际航运中心地位，提供高端服务。如果按照这个方向，深港在港口与航运上的合作必将大于竞争。

相关链接：香港放弃兴建十号货柜码头

2014年12月1日，香港运输及房屋局正式宣布，搁置兴建位于青衣西南的十号货柜码头。根据《香港港口发展策略2030研究报告》（由香港特区政府发布）指出，香港港口货运增长有放缓迹象，若仍以609亿元（港元）兴建十号货柜码头，将难以在50年内回本。另外，报告还称，通过提升现有货柜码头已可应付未来每年1.5%的货运增长量，不建议于2030年前进行规划十号货柜码头。

香港特区政府表示，虽然根据"可行性研究报告"分析，在青衣西南部兴建十号货柜码头，在技术上是可行的，但兴建十号货柜码头在财务及经济角度均不具成本效益，主要原因是预测香港货运增长较缓慢，加上七成半的港口吞吐量都来自转口，经济收益比进出口货运为低。

---

2. 深港合作新态势之二

（1）发挥作为独立关税区的优势

作为独立关税区的香港，依托CEPA，发挥独立关税区的功能，探索与其他地区，以及区域组织合作。香港在这方面的探索与国家推进国际区域合作的方向一致，同时，又充分发挥"一国两制"的优势。如果香港在国际区域合作领域有所建树，更能体现与发挥香港在国家现代化进程中的积极作用。

（2）深港探索制度差异下的机制合作

关于医疗合作。香港医疗发展水平高，但是，市场狭窄，向深圳发展成为香港医院的最优选择。香港在深圳已经开办大型医院，这一政策更有利于拥有医院的大资本。而深圳放宽对香港医师的执业限制，将令更多拥有执业资格的港人医师受惠。对于港人而言，虽然能够享受香港的优质医疗服务，但是，深圳丰富的医疗资源为其提供另一个选择，深港应该首先在医疗服务方面将国家给予港人的国民待遇落实在深圳。

关于教育合作。香港拥有优质高校，但是，市场狭窄，在深圳设立校区已成为香港高校拓展内地教育市场的第一步。深港未来教育合作的方向应该从单向变为双向，即除香港在深圳设立校区之外，深圳也可以探索在香港建立校区。深港河套开发区提供深港教育合作的实验区。

关于旅游合作。旅游业是香港就业的支柱产业，内地游客自由行是香港旅游与经济发展的重要推动力，内地游客香港游成为常态，体现深港人员往来的频密。内地游客香港游对香港经济发展的正面效应却往往因某个个体的"不文明"行为，而成为社会舆论关注的焦点，且在网络传播过程中被夸大、被扭曲，最终发酵成为负效应事件。而这些并不能真实地反映"香港游"对香港发展的贡献。

第二节 粤港澳大湾区背景下深港合作新动向

2019年，与深港合作有关的两个重要文件闪亮面世。第一个文件，是由中共中央、国务院于2019年2月18日印发的《粤港澳大湾区发展规划纲要》（以下简称《纲要》）。

新中国70年，深港合作面临新的机遇。经过40年的发展，深港合作已经从当年"摸着石头过河"的阶段，发展到"顶层设计"阶段。深港合作面对新的空间、新的机遇、新的突破。深港合作的机遇大于风险，并不是说深港合作的新机遇会"天上掉馅饼"。即便发展新机遇如同雨点般向深港扑来，这也需要深港携手合作，共同迎接新机遇。

粤港澳大湾区土地面积占全国不足1%，人口数目占全国不足5%，但是，经济总量却占全国的13%。2018年公布的各省市GDP"成绩单"中，广东省GDP逼近10万亿元，连续第30年排名全国第一。

第一,粤港澳大湾区为香港的发展带来新机遇。这是因为香港有不可替代的作用和优势。粤港澳大湾区的发展离不开香港,用好香港是粤港澳大湾区建设关键的一步。这一方面需要让合作惠及香港及香港普通民众,创新架构两地合作的制度框架;另一方面需要解决香港人的身份认知问题,虽然香港的身份认知以及对粤港澳大湾区的认识需要一个过程,但是,从中长期看,粤港澳大湾区为香港拓展内地经济腹地提供了方便,粤港澳大湾区的发展需求可以直接转化为推动以现代服务业核心的香港经济增长。粤港澳大湾区成为香港新经济增长点,也是助力推进香港经济转型升级的核心动力。

第二,粤港澳大湾区为深港合作创造新的机遇。粤港澳大湾区下一步要上三个台阶:第一个台阶是实现先进制造和现代服务的深度融合,人均GDP从2.17万美元提升到4.23万美元,达到东京湾区的水平;第二个台阶是重点发展现代金融和高端服务,人均GDP从4.23万美元上升到8.46万美元,达到纽约湾区的水平;第三个台阶是发展科技和创新,人均GDP从8.46万美元上升到10.7万美元,达到旧金山湾区的水平。粤港澳大湾区要上这三个台阶,深港合作是关键,深港有40年的合作基础与经验,可以在架构创新合作机制与制度层面先行先试。

一 深港在粤港澳大湾区的发展定位

粤港澳大湾区规划中,深港有着特殊的重要地位。

之所以说深港的地位重要,是因为深港两个城市无论从经济体量,还是城市功能方面而言,都是其他城市所无法取代的。仅以金融为例,香港是国际金融中心,也是人民币离岸中心,通过粤港澳大湾区合作机制,一方面可以将香港金融后援基地转移至大湾区,另一方面可以将香港金融服务范围扩大到大湾区,扩展金融服务业务。作为区域金融中心的深圳,一方面可以通过深交所与港交所的紧密合作,在股票市场、私募股权市场、债券市场、期货期权市场、保险市场进行既融合又有所侧重的市场菲宁宫,为科创企业提供全方位的金融服务，推动由高科技引领的新技术革命产业化；另一方面深圳可以成为香港金融服务在内地结算，以及提供服务的第一站。

之所以说深港的地位特殊，是因为深港两个城市是在"一国两制"制度下探索合作，建立合作新机制，构建合作新模式。因此，《纲要》中关于深港合作，没有提"一体化""同城化"，即深港合作的最终目标并不是从两个城市融合为一个城市，从两种制度融合为一种制度，而是要探索两个大都市如何建立大都市合作圈，两种不同制度如何在"一国两制"制度下相得益彰，携手发展。

（一）粤港澳大湾区的发展定位

深港的发展定位，不仅是要确定当前深港之间的定位，而且要确定深港在粤港澳大湾区发展中的定位，即要确定深港与其他处于粤港澳大湾区的城市之间的关系。

要精准把握深港的发展定位，就要把深港关系放在粤港澳大湾区发展的宏观视角下分析，在粤港澳大湾区的发展定位中，找准深港的发展定位。《纲要》公布打造世界级大湾区与构建世界级都市圈的战略规划，粤港澳大湾区不仅将探索高科技引领产业链转型升级的发展之路，而且将探索"一国两制"制度下提升区域合作能力与完善区域合作治理体系；粤港澳大湾区发展瞄准的将不单单是GDP的增加，而且还有建立新的合作机制和新的创新驱动制度。

1. "一国两制"湾区

中国的沿海到处都是"湾区"，唯有粤港澳大湾区与众不同，因为它是独有的"一国两制"湾区。

在与世界其他湾区的比较中，"一国两制"也是粤港澳大湾区显著的特色。两种制度能否在一个国家中实现，香港与澳门的顺利回归已经回答这个问题。两种制度在一国范围内如何相得益彰，粤港澳大湾区的发展将回答这个问题。因此，粤港澳大湾区的发展，不仅关乎湾区城市的繁荣与稳定，而且关乎祖国统一的大业。

2. 多中心城市湾区

与世界三大湾区比较，粤港澳大湾区具有自身的特点。三大世界湾区——美国纽约湾区、旧金山湾区和日本东京湾区，均是一个中心城市主导的湾区，而粤港澳大湾区则由多个中心城市构成。对于单一中心湾区，资源配置围绕中心区域而展开。对于多中心湾区而言，资源合理配置对多中心城市之间的合作提出更高要求，即如何分工与合作成为多中心湾区成败的关键。穗深港是粤港澳大湾区的三大中心城市，其中，深港合作既要协调深港之间的关系，也需要协调其他城市与深港之间的关系，这就是深港在粤港澳大湾区中拥有独特定位的原因。在《纲要》中提出，粤港澳大湾区的战略定位是：打造科技创新高地，打造金融创新高地，打造先进制造业和服务业中心，打造国际物流中心，打造国际经贸中心，打造优质生活圈。

（二）深港合作在大湾区的发展定位

《纲要》对香港的定位是"强化香港的全球离岸人民币业务枢纽地位，巩固提升香港国际金融、航运、贸易中心地位"。《纲要》对深圳的定位是"发挥作为经济特区、全国性经济中心城市和国家创新型城市的引领作用，加快建成现代化国际化城市，努力成为具有世界影响力的创新创意之都"。《纲要》确定深港要实现产业分工与优势互补，强化城市社会公共服务功能对接，从机制与制度层面推动要素流动，以创新为核心，引领湾区经济发展。深港发展定位的表述有如下两个特点：

1. 对标国际性城市

这个定位确定深港要志存高远，大胆开拓，创新发展，做好"顶层设计"，制定战略规划。深港合作的"顶层设计"一方面包括跨境基建项目，口岸通关能力的提升，河套开发区，前海自贸区，以及其他具有战略影响力的大型项目合作；另一方面包括建立更紧密的深港合作与协调机制，以及深圳为港人在深圳就业、就医、求学、社会保障等方面做好服务，提供方便，制定一系列配套且可以落地的制度安排。

2. 强化"金融+科技"优势

全球经济发展的制高点是金融与高科技。香港充分发挥"一国两制"的制度优势，利用香港国际金融中心地位助推人民币国际化。深圳要充分发挥在科技创新的优势，建成具有世界影响力的创新创意之都。值得注意的是，《纲要》在强调深港在金融与高科技的引领发展之外，也强调深港要形成自身的产业生态圈，以及与周边城市的协调合作发展。《纲要》把香港提升巩固国际航运、贸易中心地位与国际金融地位并列，推动香港全产业链发展。这是因为一方面国际航运、贸易中心地位可以消化更多就业人口，扩大就业；另一方面航运与贸易的发展是金融服务的基础。在全球，任何一个金融中心都是以所属国家、所在地区的经济实力为后盾的。没有强大的产业基础与实体经济，就没有航运与贸易的发展；没有航运与贸易的发展，就没有对金融服务的需求与金融市场，就不可能成为金融中心。香港若无法巩固提升国际航运和贸易中心的地位，国际金融中心地位迟早将会丧失。

二 深港"内生合作"模式在大湾区的升级版

粤港澳大湾区为深港合作模式注入新鲜血液，打开想象空间，展示广阔的发展前景。

不同时期，深港有不同的合作模式。深港合作模式先后经历了三个阶段，形成三种模式：20世纪80年代为"前店后厂"模式，90年代为"外向型"合作模式，21世纪逐步开始以2008年国际金融海啸为起点的"内生增长"合作模式。

深港合作三个阶段、三种模式，不仅体现深港经济结构的发展变化，而且体现全球经济发展及结构变化。外贸曾经是中国经济增长的"三驾马车"，"三来一补"加工工业及外贸业务也是深港合作的主要内容；但是，外向型经济一方面因为产业结构的变化不可能长期持续下去，另一方面这种发展与合作模式也容易受到全球经济危机与金融危机的冲击。"2008年以来，受次贷危机影响，全球经济放缓，各国对外贸易发展均面临巨大压力，广东也不例外……利用外资和国内廉价劳动力的出口导向型增长模式变得不可持续，拉动内需成为推动省内经济增长的重要手段，广东省政府实施扩大内需稳外贸、环保倒逼等措施以应对金融危机的冲击，产业结构转型、经济发展方式的转变被提上日程。"①

内生增长的核心思想是认为经济不依赖外力推动实现持续增长，而是通过发展高科技、推动技术进步、建立高端制造业、促使产业转型升级，以及建立不断完善社会保障制度、扩大内需等方式，实现以内生的技术进步为核心的经济增长。选择"内生增长"模式让广东省成功规避2008年国际金融海啸的冲击，深港也通过扩大旅游、科技等方面的合作而探索"内生增长"的合作模式。

但是，面向粤港澳大湾区的深港合作，不会是"内生增长"合作模式的简单重复，而是深港"内生增长"合作的升级版。

(一) 深港"内生增长"合作模式科技化

"内生增长"合作模式科技化意味着高科技与创新发展是深港合作的主要内容之一。早在2017年1月3日，深港两地政府在签署的《关于深港推进落马洲河套地区共同发展的合作备忘录》中就提出"打造深港创新及科技园"的战略规划，强化关键核心技术攻关，打造高水平科技创新载体和平台。《纲要》提出"粤港澳大湾区建设国家科技创新中心"，支持"深港科技创新合作区建设"。深港"内生增长"合作模式科技化具有如下几个特点：

1. 创新基础建设

深港要加快推进重大创新平台建设，重点开展基础研究和应用基础研究，提升原始创新能力。同时也要打造重大原始创新的重要策源地，共建综合性国家科学中心，以及争取国家支持共建国家实验室。

2. 创新体制构建

构建符合科技创新规律的体制机制，是加强创新基础能力建设的关键。首先，构建推动创新的人事制度：推动构建引进人才机制与培育人才机制，打破高校、科研机构用人制度上的"铁饭碗"，取消事业编制，改革职称评审制度，推进"放管服"，促使大湾区中人才、资本、信息、技术等创新要素的高效便捷流动。其次，构建推动创新的奖励制度：筹集深港创新专项资金，推动重大科研项目合作，支持

---

① 国世平：《粤港澳大湾区规划和全球定位》，广东人民出版社2018年版，第174页。

相关资金在大湾区中跨境使用。最后,构建推动创新的税收制度:对在大湾区内地工作、符合一定条件的境外(含港澳台)紧缺人才的高端人才,配合国家推出个人所得税税负差额补贴政策措施。

深港"内生增长"合作模式科技化将推动深港共建综合性国家科学中心、国际科技信息中心、制造业创新中心、知识产权和科技成果产权交易中心、数字经济创新发展试验区。

(二)深港"内生增长"合作模式"双联通"

深港"内生增长"合作模式"双联通"意味着跨境服务的制度安排与跨境大型基建项目是深港合作的主要内容之一。深港合作要围绕口岸、高铁、高速路、信息高速路、清洁能源等跨境基础设施建设,形成内联外通、高效衔接的基础设施网络,建设智能化、便捷化的深港跨境基础设施体系,携手构建深港"硬联通"与"软联通"。深港"内生增长"合作模式"双联通"具有如下几个特点:

1. 便捷式通关口岸

深港双向人员往来频密,现有口岸通关效率在节假日及繁忙时段依然不高,这一方面取决于通关的制度安排,另一方面取决于口岸设计能力。以罗湖口岸为例,在所有深港口岸中,罗湖口岸是最早开通的,也是最繁忙的口岸之一。皇岗口岸24小时通关方便两地人员往来,那么,罗湖口岸是否也可以实施24小时通关?由于罗湖口岸接驳的是铁路,如果24小时通关,24小时运行的铁路势必对沿线居民造成噪声滋扰,也会令从罗湖到红磡沿线的各站24小时都要运行,这会造成极大的资源投入,罗湖24小时通关并不是一个最优方案。如果罗湖不能24小时通关,是否可以将罗湖口岸附近的文锦渡口岸开辟为第二个24小时通关口岸?总之,围绕提高口岸通关能力与效率关乎两地居民切身利益,也是打造"深港1小时交通圈"的关键。方案的选择需要深港两地政府协商推进。在口岸规划与基建基础上,自然会形成口岸经济,口岸商贸圈的形成是深港合作及都市化的独特现象。

2. 现代化城市服务体系

首先,深港合作构建现代服务业体系,以航运物流、旅游服务、人力资源服务、会议展览、文化创意及其他专业服务等为重点,构建错位发展、优势互补、协作配套的现代服务业体系，推动同步建设基础设置"硬件"与制度"软件"。其次，深圳要致力于与香港打造优势互补、互惠共赢的港口、物流、航运和配套服务体系，增强深港港口群的整体国际竞争力；同时，推进深港在航运支付结算、融资、保险、法律、租赁服务等方面实现服务规则方面的对接，增强港口航运服务国际化水平。最后，深港要致力于建设世界级机场群，并提高深圳机场国际枢纽的竞争力，以及强化与香港机场的合作，共同塑造国际航空枢纽；推进高速铁路、城际铁路、城市轨道和高速公路接驳深港机场，打造机场经济带与商贸圈，培育和建设一批特色的空港小镇。

（三）深港"内生增长"合作模式产业化

"内生增长"合作模式产业化意味着实体经济是深港合作的主要内容之一。一个城市如果只有服务业而没有产业经济，就会缺乏可持续发展能力。新加坡注重发展现代服务业，但它也从来没有忽略产业经济的发展。高科技产业、电子产业、炼油、石化一直是新加坡经济的支柱产业。经济中心转向现代服务业的香港，面对增长的压力，不是重走传统工业的旧路，也不是构建门类齐全产业链的老路，香港最佳的发展道路是加强深港合作，在共建粤港澳大湾区中将大湾区的产业视作自己的产业，将香港现代服务业的范围扩大到深圳，乃至粤港澳大湾区所有城市，构建现代服务业与产业经济跨界交叉融合发展的新格局。深港"内生增长"合作模式产业化具有如下几个特点。

1. 先进制造业集群

《纲要》提出"支持香港物流及供应链管理应用技术、纺织及成衣、资讯及通信技术、汽车零部件、纳米及先进材料等五大研发中心，以及香港科学园、香港数码港建设"。深港合作聚焦新一代战略性新兴产业，包括信息技术、高端装备制造、生物医药、数字经济、绿色低碳、新材料、海洋经济等，加快打造机器人、电子信息、智能家电等世界级先进制造业产业集群，以"芯、屏、机、核"为重点，联手东莞强化珠江东岸的电子信息产业，在新一代通信技术、新一代显示技术、高端芯片等关键技术上取得突破，以及在氢能源电池、新能源汽车电池、智能网联技术上取得突破，加快打造电子信息技术产业集群。

2."互联网+"生态圈

深港要加速推动互联网、大数据、人工智能和实体经济深度融合，联合建设制造业创新中心、技术创新中心和新兴产业创新中心。建设国家级工业互联网创新中心，推动工业企业通过使用工业互联网新技术实施数字化转型。同时要大力发展绿色制造，培育和壮大节能环保、新能源等产业，推动在氢能源电池、新能源汽车电池、智能网联技术上取得突破，加快建设电子信息技术产业集群与智能汽车产业集群。

（四）深港"内生增长"合作模式金融化

"内生增长"合作模式金融化意味着金融服务依然是深港合作的主要内容之一。深港跨境基建、产业经济、创新科技的发展都无法离开金融的支持。坚持金融服务实体经济，一方面能够有效抵御外来金融风险的冲击，另一方面能够夯实金融发展的基础。深港"内生增长"合作模式金融化具有如下几个特点：

1. 深港国际金融中心

深港金融业错位发展、优势互补是深港共建国际金融中心与枢纽的要点。首先，推进深港金融市场互联互通，重点发展金融支持科技提升。《纲要》提出"推动深圳依规发展以深圳证券交易所为核心的资本市场，争取国家支持扩大'深港通'每日额度，建设科技产权交易中心、创新资本形成中心"。其次，在保险与再保险业务上尝试创新发展。《纲要》提出"支持在前海开展再保险产品和制度创新，研究推出巨灾债券，创新发展航运保险、物流保险、融资租赁保险、邮轮游艇保险、跨境电商保险等业务"。"支持符合条件的港澳银行、保险机构在深圳前海、广州南沙、珠海横琴设立经营机构。"最后，提高投融资模式创新能力，积极探索 REITS 等创新类金融产品。

2. 深港金融沟通机制

金融监管协调沟通机制，仅有深港合作是不够的，必须粤港澳大湾区各城市间共同参与，除金融部门之间的合作，还需要多个部门的相互配合。

何谓共建金融监管协调沟通机制？其主要内容是：推动打造大湾区的金融监管协调沟通机制，建立系统性风险预警体系，完善粤港澳反洗钱、金融反恐的监管合作和信息交流机制。

（五）深港"内生增长"合作模式低碳化

"内生增长"合作模式低碳化，意味着生态文明建设成为深港合作的主要内容之一。《纲要》提出"牢固树立和践行绿水青山就是金山银山的理念，把生态保护放在优先位置"。生态文明建设的核心为绿色发展，绿色发展的核心为低碳经济。低碳经济，根据碳排放标准而形成的不同经济发展类型与发展模式中，凡是碳排放量低的发展类型与发展模式，就称为低碳经济。推动发展思路绿色转型的核心是将发展指标与低碳指标挂钩，将"碳排放"数据纳入政府政绩考核之中，通过税收及经济手段等对企业和个人进行调控与引导。鼓励"低碳超市""低碳校园""低碳建筑""低碳交通""低碳社区""低碳城市""低碳社会"。深港"内生增长"合作模式生态化具有如下几个特点：

1. 深港绿色发展模式

深港要培育绿色文化，发展共享经济，推动发展思路绿色转型；要发展生态利用型产业、低碳清洁型产业、循环高效型产业、环境治理型产业，推动生产方式绿色转型；要鼓励绿色出行、绿色居住、绿色消费，推动生活方式绿色转型。其中，推动生活方式绿色转型的核心是推动能源绿色转型，提高清洁能源使用比率。

《纲要》提出"推广深圳东部、东莞国家生态文明先行示范区建设经验，推进广州、深圳、中山等国家低碳城市试点"，"推动粤港澳碳标签互认机制研究与应用示范"，"推进粤港清洁生产伙伴计划"，"加快建设'一带一路'环境技术交流与转移中心（深圳）"，"加快推进绿色建筑发展"，"倡导绿色出行，加强绿道、古驿道与公共交通的衔接，培育慢行交通网络"等具体措施。

2. 深港优质生活圈

深港优质生活圈需要加强深港旅游、创业、教育、文化、医疗、社会保障等领域的合作，积极引进香港优质公共服务，完善便利香港同胞在深圳及大湾区生活、居住、就业的配套政策，构建与国际接轨的完善的公共服务体系。

第一，打造教育高地。引进世界知名大学和特色学院，推进世界一流大学和一流学科建设，探索建设国际化大学城园区，打造大湾区国际教育示范区。争取国家支持，推动高起点创建大湾区大学，成立高水平应用型本科高校。

第二，共建人文湾区。发挥深港地域相近、文脉相亲的优势，优化深港公共文化服务体系。加强深港在演艺人才交流、广播影视生产等方面的合作，探索中外合作摄制电影片相关审批绿色通道，推动建设影视文化和音乐产业基地。

第三，构筑休闲湾区。打造养生保健、休闲度假、邮轮游艇等多元旅游产品体系，构建多元旅游平台，建设深港世界级旅游目的地。比如，加快建设深圳大鹏半岛等一批滨海旅游度假区，加快建设一批产业、旅游、文化"三位一体"的滨海特色风情小镇，探索以旅游等服务业为主体功能的无居民海岛整岛开发方式。深圳太子湾与香港启德港邮轮母港集群共建邮轮中心，探索内地邮轮旅客如何以过境的方式，赴港参与全部邮轮航程。探索开通香港—深圳—惠州—汕尾海上旅游航线。

第四，塑造健康湾区。争取国家放宽大湾区内地医疗领域的限制，加强食品安全合作，促进优质卫生资源紧密合作，打造健康湾区。率先支持香港医疗卫生服务提供主体，以独资、合资或合作等方式在深圳设立医疗机构。深港合作，打造国际化的医疗技术人员、管理人员培训基地，以及打造区域医疗联合体和区域医疗中心。深港共同探索建立公共医疗卫生防疫体系，共同防范重大公共疫情，共同研发疫苗，以及共同参与区域与国际公共防疫合作。

第三节 "先行示范区"背景下深港合作新动向

2019年，国家公布与深港合作有关的两个重要文件，其中一个是《关于支持深圳建设中国特色社会主义先行示范区的意见》（以下简称《意见》）。

2018年10月，习近平总书记考察广东期间赋予深圳新的历史使命，深圳发展目标聚焦"先行示范区"。

这种变化，意味着中央对深圳有了更高的要求。

第一，深圳要办好自己的事情，不仅要先行先试，而且要将先行先试的成功经验向其他城市与地区推广，要发挥出"示范区"功能。

第二，深圳作为衔接一国两制最前沿的区域，国家这次赋予它一个重任就是，在一些要素的跨境流动和规则对接上，通过率先开放或率先突破的办法，解决一国两制下的衔接问题，从而为香港创造更大的腹地，更好地服务香港。"坚持和完善'一国两制'制度体系，推进祖国和平统一。"①

根据《意见》，深圳将建成高质量发展示范区，民主法制环境的示范区，城市文明示范区，民生幸福标杆示范区，可持续发展示范区。深圳建设中国特色社会主义先行示范区这个总体目标，将分为三步骤：第一步，到2025年，建成现代化国际化创新型城市，深圳经济实力、发展质量跻身全球城市前列，研发投入强度、产业创新能力达到世界一流水准，文化软实力大幅提高，公共服务水平和生态环境质量达到国际先进水平；第二步，到2035年，建成社会主义现代化强国的城市；第三步，到21世纪中叶，建成全球标杆城市。

一 "先行示范区"对深港合作提出的要求

（一）高质量发展示范区

《意见》要求以深圳为主阵地。建设综合性国家科学中心，在粤港澳大湾区国际科技创新中心建设中发挥关键作用；支持深圳实行更加开放便利的境外人才引进和出入境管理制度，允许取得永久

---

① 《中共中央关于坚持和完善中国特色社会主义制度、推进国家治理体系和治理能力现代化若干重大问题的决定》，2019年10月31日，人民网（http://cpc.people.com.cn/n1/2019/1031/c164113-31431657.html）。

居留资格的国际人才在深圳创办科技型企业、担任科研机构法人代表;支持在深圳展开数字货币研究与移动支付等创新应用。促进与港澳金融市场互联互通和金融(基金)产品互认;进一步深化前海深港现代服务业合作区改革开放,以制度创新为核心,不断提升对港澳开放水平。

根据《意见》要求,围绕高质量发展示范区建设,深港将在如下领域加强重点合作:

第一,重点建设国家级科研中心:建设综合性国家科学中心,在大湾区国际科技创新中心建设中发挥重要作用。

第二,合力推动科技体制改革:深港将以制度创新为核心,创新科技管理机制,实行更加开放便利的境外人才引进和出入境管理制度。

第三,紧扣"科技 + 金融"做文章:深港将通过推动数字货币、移动支付、区块链技术的研发,推动金融创新,加强金融监管,巩固金融中心地位。

(二)法治城市示范区

《意见》要求深圳全面提升民主法治建设水平;在党的领导下扩大人民有序政治参与,坚持和完善人民代表大会制度,加强社会主义协商民主制度建设。用足用好经济特区立法权,在遵循宪法和法律、行政法规基本原则前提下,允许深圳立足改革创新实践需要,根据授权对法律、行政法规、地方性法规作变通规定;优化政府管理和服务;打造法治化营商环境。深化"放管服"改革,全面推行权力清单、责任清单、负面清单制度,推进"数字政府"改革建设;加快建设智慧城市,支持深圳建设粤港澳大湾区大数据中心。

根据《意见》要求,围绕法治城市示范区建设,深港将在如下领域加强重点合作:

第一,依法治市不断改善营商环境:充分用好特区立法权,深化"放管服"改革,在社会主义市场经济基础上打造法制化营商环境。

第二,借力高科技打造智慧城市:加快建设智慧城市,加快社会信用体系建设，完善数据保护与隐私保护机制，建设粤港澳大湾区数据中心。

（三）城市文明示范区

《意见》要求深圳进一步弘扬开放多元、兼容并蓄的城市文化和敢闯敢试、敢为人先、埋头苦干的特区精神，大力弘扬粤港澳大湾区人文精神；把社会主义核心价值观融入社会发展各方面，加快建设区域文化中心城市和彰显国家文化软实力的现代文明之城；推进公共文化服务创新发展，率先建成普惠性、高质量、可持续的城市公共文化服务体系；鼓励香港与深圳联合举办多种形式的文化艺术活动，开展跨界重大文化遗产保护，涵养同宗同源的文化底蕴，不断增强港澳同胞的认同感和凝聚力；加强粤港澳数字创意产业合作，支持深圳建设创新创意设计学院，引进世界高端创意设计资源，设立面向全球的创意设计大奖，打造一批国际性的中国文化品牌；用好香港会展资源和行业优势，组织举办大型文创展览。

根据《意见》要求，围绕城市文明示范区建设，深港将在如下领域加强重点合作：

第一，助力建设现代化文明都市群：深圳一方面要加快建设区域文化中心城市，彰显国家文化软实力的现代文明之城；另一方面要通过深港文化产业在教育、会展、文创、旅游、邮轮港等领域的合作，推动粤港澳大湾区建成现代文明湾区。

第二，提升促进港澳同胞国民身份认同与文化认同：深港开展跨界重大文化遗产保护工作，涵养同宗同源的文化底蕴，不断增强港澳同胞的认同感、凝聚力。

（四）民生幸福标杆示范区

《意见》要求深圳提升教育医疗事业发展水平；加快构建国际一流的整合型优质医疗服务体系和以促进健康为导向的创新型医保制度；为港资澳资医疗机构发展提供便利，探索建立与国际接轨的医学人才培养、医院评审认证标准体系，放宽境外医师到内地执业限制；完善社会保障体系。实施科学合理、积极有效的人口政策，逐步实现常住人口基本公共服务均等化；健全多层次养老保险制度体系，形成以社会保险卡为载体的"一卡通"服务管理模式；推进在深圳工作和生活的港澳居民民生方面享有"市民待遇"。

根据《意见》要求,围绕民生幸福标杆建设,深港将在如下领域加强重点合作:

第一,对香港医疗机构开放内地市场:为港资医疗机构的发展提供方便,放宽境外医师到内地执业的限制。

第二,为港人在深圳提供"市民待遇":落实在深圳工作和生活的香港居民在民生方面享有"市民待遇",这不仅是一个原则,而且需要深圳围绕此原则制定执行的细则,保障港澳居民在深圳工作,以及享受社保与医保等民生方面的"市民待遇"落到实处,具有可操作性。

(五)可持续发展示范区

《意见》要求深圳完善生态文明制度;构建城市绿色发展新格局;加快建立绿色低碳循环发展的经济体系,构建以市场为导向的绿色技术创新体系;加强陆海统筹,严守生态红线,保护自然岸线;实施重要生态系统保护和修复重大工程,强化区域生态环境联防共治,推进重点海域污染物排海总量控制试点;提升城市灾害防御能力,加强粤港澳大湾区应急管理合作。

根据《意见》要求,围绕可持续发展示范区建设,深港将在如下领域加强重点合作:

第一,构建城市绿色发展的新格局:建立绿色低碳循环发展的经济体系,提高清洁能源使用比重,率先建立碳排放交易所,建设粤港澳低碳湾区。

第二,构建公共卫生防疫体系:深港要加强环境治理、灾害防御,以及公共卫生防疫体系建设与应急管理的合作。

二 "先行示范区"推动深港合作创新突破

香港与深圳相邻,又是多年的紧密合作伙伴,深圳成为示范区,也有利于香港探索更多解决发展问题的路径,深度融入国家发展大局。

《意见》开篇有这么一段话:支持深圳建设中国特色社会主义先行示范区,有利于更好实施粤港澳大湾区战略,丰富"一国两制"事业发展新实践。另外,《意见》多处提及"粤港澳""深港""香港"的字眼。《意见》充分体现立足深圳、瞄准粤港澳大湾区、推动香港发展的良苦用心,足见中央是将深圳建设中国特色社会主义先行示范区,放在"一国两制"基本国策下进行通盘考虑的。

(一) 国家治理体系现代化的创新突破

把深圳建设成为中国特色社会主义先行示范区,让这座城市又一次迎来重大历史机遇。这标志着深圳发展进入全新的历史阶段,也意味着深圳将在更高起点、更高层次、更高目标上进行改革开放,形成全面深化改革和扩大开放的新格局,强化在粤港澳大湾区战略中的核心引擎功能。《意见》强调:"支持深圳建设中国特色社会主义先行示范区,要牢记党中央创办经济特区的战略意图,坚定不移走中国特色社会主义道路,坚持改革开放,践行高质量发展要求,深入实施创新驱动发展战略,抓住粤港澳大湾区建设重要机遇,努力创建社会主义现代化国家的城市范例。"

《意见》要求深圳围绕现代化城市治理体系,在多个领域进行大胆探索和实践。包括:探索、实践建立适应社会主义市场经济体制的社会制度环境、运行规制和法律体系建立的方式;探索、实践深化行政体制机制改革、构筑全民普惠共享的社会保障体系、营建体现激励和效率的社会创新机制的途径;探索、实践在全面建成小康社会、加快创新型国家建设、加快完善社会主义市场经济体制、推动形成全面开放新格局、全面实现现代化的新举措等。这也正是社会主义现代化国家的基本内涵。

对深圳来说,《意见》含金量非常高。因为它改变的不仅是深圳的城市面貌,而且是城市发展理念与治理理念;推动的不仅是深圳的发展,而且通过推动深圳变化带动粤港澳大湾区的发展,推动深港合作,服务香港发展。《意见》一方面有利于继续推动粤港澳大湾区跻身"充满活力的世界级城市群";另一方面也有利于在发展中解决前期城市经济社会所遗留的问题。

(二) 科学社会主义理论的创新突破

《意见》的提出反映中央深化改革的战略部署,是对深圳在中国改革开放40年历史进程中地位、功能、使命的肯定,是对以率先改革开放而著称的深圳这座年轻城市的厚重希冀，是对中国最成功的经济特区的新时代新使命的郑重赋予，是中国道路又一伟大实践的时代性开启。

《意见》与创办经济特区的"初心"叠加在一起显示，深圳经济特区绝不只是一座城市，它是营建中国社会主义市场经济体系的先行者，是中国特色社会主义道路的探索者。经济特区成功的实践表明，人类社会发展不只有一条道路，中国实践了马克思的科学社会主义，科学社会主义在中国就是中国特色社会主义，中国特色社会主义是马克思科学社会主义中国化在当代的发展。中国提供了有别于西方发展模式的另一条发展道路，中国道路推动经济发展，创造巨大财富，维护社会和谐，提升人民生活水平，从而赢得更广大人民对改革开放的认可与支持。

中央提出深圳建成"先行示范区"，彰显深圳经济特区的历史使命依然没有完成，创办深圳经济特区不是一种权宜之计。它已经完成它的探索使命——由计划经济向市场经济转型；同时，它正在迎来新的历史使命——探索新时代中国特色社会主义现代化建设的新道路。在迈向中华民族伟大复兴中国梦的道路上，不积跬步无以至千里。深圳的发展就是先试的"跬步"，通过搭建深港合作、粤港澳大湾区等一系列重要平台，在面对百年未有之大变局的环境下，探索创新驱动发展、绿色引领发展的深圳模式，在新一轮全球科技发展浪潮中实现创新突破，通过城市发展形成"集聚效应"，并随着深圳发展形成"扩散效应"，将深圳这一"点"的发展格局，扩展为粤港澳大湾区这一"片"的发展格局。

作为中国最成功的经济特区，深圳从"先行先试"迈向"先行示范区"，面向未来，勇当先锋，继续践行中央创办经济特区的"初心"，并将继续肩负时代赋予的光荣与梦想。

第四节　深港合作展望

深港合作的明天是今天深港合作的延续，对深港合作展望，既需要立足现在与过去,更需要打开想象力的空间,仰望星空。如果不会仰望星空,那么,不仅无法准确把握深港合作未来发展之路,而且也无法理解深港合作40年嬗变成长史。

1980年,邓小平在中国的南海边画了一个圈,如果缺乏天马行空的想象力,没有太多人能够想象出一个小渔村在短短40年后能够发展成为国际大都市。2019年,习近平总书记在中国的南海边画了一个更大的圈,那就是粤港澳大湾区。展望深港合作的未来,能够没有天马行空的想象力吗?

40年风雨兼程,40年血浓于水,深港合作40年,创造了经济发展史上的奇迹,也创造了世界城市发展史上的奇迹。

一 深港合作的今天

深港合作,不是偶然的,一定是历史发展的必然。

深港合作,既是增进利益的纽带,又是联系人心的桥梁。

深港合作,既存在于不同经济发展水平的两个城市之间的合作,又存在于经济发展水平相似的两个城市之间的合作。

深港合作,不是"单赢"的结局,一定是"双赢"的结果。

"双赢"的实质是平衡而利益均沾的合作。短期深港获得利益有高低之分,长期一定是双方利益均沾,保持均衡。

香港是国际金融中心,国际商贸中心,国际航运中心,是一座高度繁荣的自由港与国际大都市,与纽约、伦敦并称为"纽伦港"。

香港是中西方文化交融之地,以廉洁的政府、自由的经济体系及完善的法治而闻名于世,素有"东方之珠""美食天堂"和"购物天堂"等美誉。

香港自古以来就是中国的领土。1997年7月1日,中国政府对香港恢复行使主权,香港特别行政区成立。香港保持原有的资本主义制度长期不变,以"香港"的名义参加众多国际组织和国际会议。

中央拥有对香港的全面管治权,中国政府维护国家主权、安全、发展利益的决心坚定不移,贯彻"一国两制"方针的决心坚定不移,反对任何外部势力干涉香港事务的决心坚定不移。

深圳是中国特色社会主义先行示范区，粤港澳大湾区四大中心城市之一，中国三大全国性金融中心之一，国际科技产业创新中心。

深圳是中国拥有口岸数量最多、出入境人员最多、车流量最大的口岸城市。

深圳正在继续发挥作为经济特区、全国性经济中心城市和国家创新型城市的引领作用，加快建成现代化国际化城市，努力成为具有世界影响力的创新创意之都。

不可否认，1980年，深港是一个小渔村与一个国际大都市之间的关系，2020年，深港的关系是一个国际大都市与另一个国际大都市之间的关系。

但是，那种认为深港之间只有竞争而没有合作的观点，实质上陷入了零和博弈的泥潭。不可否认，深港之间存在竞争，而且竞争一直存在；但是，恰因有了竞争，深港才有了活力。深港之间的竞争是推动经济转型升级的动力。

经济转型升级仅有竞争是不够的。深港合作的推动力不会自动转化为各自经济转型升级的动力。经济转型升级需要一个系统，这个系统就是利用一切可以利用的因素，并将其转化为经济内生发展的机制。

自开埠以来，香港建立推动经济内生发展的机制，即资本主义私有产权保护制度、自由经济体系、自由港、低税制，以及挂钩美元的联系汇率制。

香港这套经济内生发展机制凝结着资本主义自由发展阶段的精华，也即这套经济内生发展机制在资本主义处于自由发展阶段能够发挥显著效应。

当今资本主义世界已经从自由资本主义转向垄断资本主义发展阶段。香港也不例外。在垄断资本主义发展阶段，加强宏观调控、建立福利制度、颁布《反垄断法》……这些都是政策组合拳可供选择的法宝。然而，处于垄断资本主义阶段的香港依然奉行自由资本主义阶段的政策——

所有发达经济体都有《反垄断法》，唯独香港没有。

所有发达经济体都重视政府对高端制造业与高科技发展的倾斜，唯独香港没有。

所有发达经济体都善用利率等经济手段调节经济运行，唯独香港在联系汇率机制下，失去了货币调控功能。

所有发达经济体都重视通过建立商品房与福利房的合理配搭而缓和贫富矛盾，唯独香港商品房价一路狂奔，公屋与居屋建设严重滞后。

40年来，深港在机会面前是平等的。香港甚至远超深圳洞悉世界经济发展与科技发展的方向——

香港率先使用公交八达通，建立公交小额电子支付系统。

香港率先提出"数码港"规划，可惜执行走样，最终变成一个地产项目。

香港率先提出"中药港"规划，可惜瞻前顾后，最终成为邻家发展的项目。

香港葵青货柜码头曾经遥遥领先于周边港口，可惜拒绝建设接驳港口的铁路，也拒绝扩容降费，最终原地踏步不前。

香港空港无论运载能力与国际航班密度均傲视周边空港，可惜规划20多年的第三条跑道不久才启动建设工期。

反观深圳，在加入全球化的时间虽然晚了香港一百多年，但是，晚起步并不一定晚达到目标。正如伊索寓言中的龟兔赛跑。要保持可持续发展，关键在持之以恒。40年深圳的发展特点鲜明——

深圳发展40年，是坚持改革开放的40年。

深圳发展40年，是坚持社会主义市场经济的40年。

深圳发展40年，是坚持中国特色社会主义道路的40年。

深圳发展40年，是学习香港、服务香港的40年。

改革开放是深圳发展的关键一招！

40年前，深圳是一个小渔村；170年前，香港也是一个小渔村。深港的发展说明，发展提"硬"道理，繁荣是"干"出来的。深港合作的价值体现在——

深港合作展示改革开放的伟大意义。没有改革开放，就没有深圳经济特区的创立，也就没有当代意义的深港合作。深圳直接受益于改革开放，改革开放能够将一个小渔村发展成为国际大都市，这不是变魔术，而是政策的力量，是中国特色社会主义的力量。香港也是改革开放的受益方。改革开放为港资北上设厂提供了客观条件，这不仅令港产品在国际竞争中始终保持竞争优势，而且成功推动香港经济转型升级，香港从一个以加工工业为主要特色经济体发展成为现代服务业中心，成为世界三大金融中心之一。

深港合作展示"一国两制"的伟大意义。"一国两制"是中国共产党人的伟大智慧，是实现祖国统一大业的根本之法。撒切尔夫人在回忆录中不得不承认"一国两制"是天才的伟大构想。深圳的发展证明，中国特色社会主义制度是发展的决定性因素。香港的发展证明，香港开埠之初发展成为转口贸易港的关键性因素，正因为背靠祖国，有着庞大的内陆腹地经济的支撑。祖国是香港稳定的基石，也是香港可持续发展与保持繁荣的保障。

"一国两制"制度是香港繁荣稳定的根本制度。"一国"是"两制"的基础，没有"一国"，就没有"两制"，只有在坚持"一国"的制度基础上，才能发挥"两制"的优势。"一国两制"是祖国实现和平统一之路，也是香港繁荣稳定之路。必须坚持与完善"一国两制"。

不可否认，香港第三次经济转型并不成功。

香港第一次经济转型在20世纪50年代，香港经济结构从单一转口贸易港转变为加工工业。香港的第二次经济转型在80年代，香港经济结构从加工工业转变为现代服务业。香港的第三次经济转型在90年代末，香港第三次经济转型恰与香港回归，以及亚洲金融风暴在时间上叠加。

香港第三次经济转型是香港第一任特首董建华拉开的序幕。董建华在施政报告中提出"数码港"，规划香港高科技的发展蓝图。可惜一场亚洲金融风暴打乱了香港经济第三次转型的步伐，打断香港高科技发展的规划。

香港第二次经济转型（1985—1996年）与香港第三经济转型（1997—2011年）两个阶段香港GDP按年变动率进行比较分析（见图6-4）显示，在1985—1996年期间，香港GDP按年平均变动率为 13.9%，在 1997—2012 年期间则大幅度跌至 3.3%。香港第三次经济转型时期的 GDP 增幅低于第二次经济转型时期的 GDP 增幅，香港第三次经济转型并未取得应有的效果。

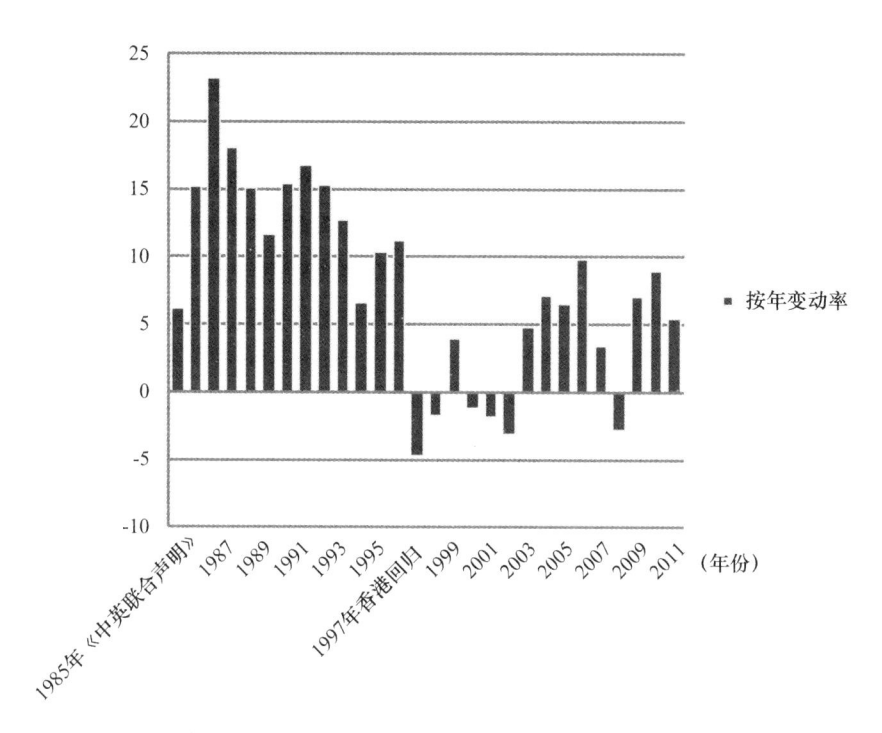

图 6-4　香港 GDP 按年变动率（1985—2012 年）

香港错失 21 世纪全球高科技突飞猛进发展期，原因是多方面的。亚洲金融风暴冲击固然是一个原因，而更为直接的原因是香港资本主义与全球资本主义的冲突，这种冲突体现于经济发展阶段与经济调控手段的"搭错车"。也即在垄断资本主义阶段政府已经开始强化对宏观经济进行调控与引导，而香港依然固守放任自由的发展理念，香港只有一只手——"市场无形的手"。对于香港第三次经济转型不成功的反思，不应该是归咎外因，而应该从自身机制与体制上寻找症结。

二 深港合作的明天

香港的明天更美好,深港合作的明天更美好!

在1980年,深圳经济特区创办之初,深港合作从"点"开始,从"自发"开始,从"企业"开始,从"经贸"开始……几乎没有多少人能够想象出经过40年,深港进入全面合作阶段。

同样道理,今日展望未来的深港合作,更多的是雾里看花。不识庐山真面目,只缘身在此山中。展望深港合作的未来,只有"跳出深港合作,才能看清深港合作"。

将深港合作与粤港澳大湾区联系起来,会看到深港合作的空间扩大,深港合作的内陆腹地延伸。

将深港合作与"一带一路"倡议联系起来,会看到深港合作踏上携手扩大海外市场、寻找海外商机的共同需求与利益之路。

从2019年开始,再过30年,也即2049年,深港未来30年的合作恰与两个"一百年"的第二个一百年重叠。中国将建成富强民主文明和谐美丽的社会主义现代化强国。

因此,展望深港合作的逻辑是——

要与粤港澳大湾区结合起来展望深港合作。

要与国家发展规划结合起来,展望深港合作。

1980年,深港GDP存在巨大差距,深港有合作的动力,那么,今日深港GDP差距缩小,深港还有合作动力吗?

固然,香港经济跑在深圳前面是深港合作的推动力,但是,不能反过来讲,深圳经济发展之后,深港合作就失去动力。

深港合作之所以前景继续看好,这是因为——

第一,深港合作顺应区域经济合作的基本方向。

按照产业内贸易理论,贸易不仅存在于不同发展水平的经济体之间,而且存在于经济发展水平相若的经济体之间。第二次世界大战之后,发达经济体之间的贸易不是减少,而是增加,这就是产业内贸易理论的实践基础。

未来深港合作并不会因两个城市GDP相若而丧失合作的动力,反而会因深港合作对接粤港澳大湾区,对接"一带一路",对接两个"一百年",深港合作的空间打开,深港合作的平台提升,深港合作的范围扩大,未来深港合作将比过往任何时候都更具有澎湃向上的动力。

比较图6-5与图6-6,可以发现深港经济结构依然存在差异,第一,在1980—2014年期间,香港第一产业——农业几乎可以忽略不计,1995年占比仅为0.1,香港第二产业——制造业占比持续减少,第三产业——服务业占比不断扩大,现代服务业是香港经济结构的主要特点。第二,在1980—2014年期间,深圳的第三产业增加值占比有所扩大,但是,第二产业并没有萎缩,这显示深圳高附加值的高新技术产业代替低附加值的加工工业,成为深圳经济持续发展的主要动力。

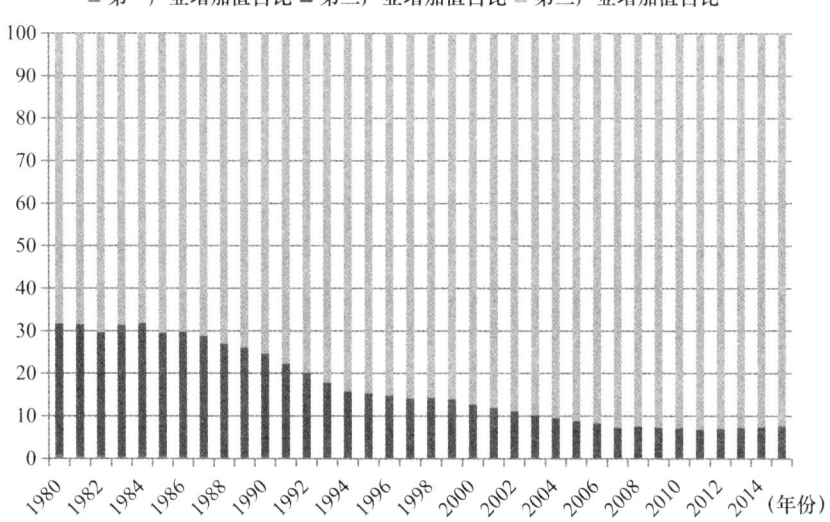

图6-5 香港三产业增加值占比按年变动率(1980—2014年)

资料来源:香港统计署。

第二,深港合作是"一国两制"制度的创新实践。

深港合作的价值在经济,但是,经济价值不是深港合作的唯一标准。因此,深港合作并不会因其中一个城市GDP超越另一个城市而放缓合作的步伐。那种仅凭GDP多寡去判断一个城市价值的思路更是短视。香港的价值,不单单体现于GDP,而在于其具备内地任

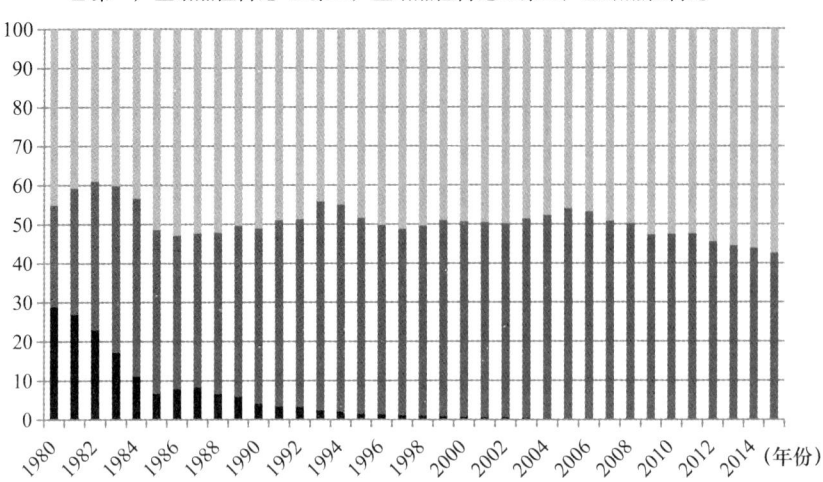

■ 第一产业增加值占比 ■ 第二产业增加值占比 第三产业增加值占比

图6-6　深圳三产业增加值占比按年变动率（1980—2014年）

资料来源：深圳统计局。

何城市无法拥有的独特性。香港在近现代史上发挥着任何一个内地城市所无法发挥的重要作用，这就注定香港在未来依旧将发挥重要的作用。深港合作就是一个国家两种不同制度的合作，深港合作的价值就体现"一国两制"制度的成功实践。推动与完善深港合作机制，就是坚持与完善"一国两制"。

历史上，任何发展都不是一条直线，而是沿着"蛇形"路线左右摇摆着前进。深港合作也不例外，对于深港合作，始终存在认识的不同，始终存在步调不一致，始终存在不同的评价，这是一种正常的现象。

实践是检验真理的标准，检验真理需要时间。时间可以消除短视，可以协调步调，可以化解分歧。深港合作虽然有摇摆，但最终是向前的，深港合作拾级而上是双赢的选择。

深港合作是经贸合作，是基建合作，是金融合作，是科技合作，是旅游合作，是文化合作，是教育合作……归根结底，深港合作还需要人心相通，亲情相连。

展望深港合作——

深港合作与国家命运相连，与时代发展同步。深港合作将进一步对接国家发展规划。深港合作的机会在粤港澳大湾区中,在两个"一百年"中。

深港合作与人民币国际化进程同向。香港已经是最大的人民币离岸中心,人民币离岸中心巩固香港金融中心的地位,为香港创造巨大的商机。在人民币国际化进程中,不仅香港受益,深圳也能够利用国家赋予自贸区的政策优势,加强与香港的合作,创造性地发展人民币离岸结算业务,向香港金融机构开放保险与人民币结算业务。

深港合作将以非对称性合作形态展开。所谓非对称性合作,即合作双方的一方给予另一方更多优惠,通过提高合作效率从而实现双方共同利益更大化的合作。深圳将推出一系列惠及港人的政策,包括细化港人国民待遇,打破深港之间的"民生瓶颈",研究推出港人在深圳安居乐业、就业就医、领取内地社保、享受香港综援等具体"惠民措施"。

深港合作将搭建"金融+科技"发展平台。金融与科技是现代经济的两个龙头。深港分别有两个交易所。两个交易所的合作是深港金融与科技融合发展与合作的主渠道,港交所与深交所共同搭建金融投资平台,推出金融投资产品,建立创投制度,助推高科技的发展。高科技的发展又必将反过来夯实金融中心地位。

深港合作将搭建"金融+商贸"平台。金融业无法独立支撑香港经济发展,与商贸、物流、旅游等服务业比较,后者对于就业的贡献远远高于金融业。因此,要在发展金融中心的同时,重视商贸中心与航运中心的发展,大力推动物流业、转口贸易、旅游业发展,深港共同推动物流大型跨境基建、组建大宗商品交易市场、搭建商品期货交易平台。

深港合作将搭建"前海""河套",乃至更多跨境合作区域,而跨境合作从"点"到"线",在深港的边界线上必将跃起一条新的深港合作带。这条合作带是未来深港合作的空间平台。

展望深港合作现有的机制与平台,有充分的理由相信——中国特色社会主义先行示范区将为深港合作创造制度优势。深港跨境民生、跨境基建、跨境金融、跨境科创,以及跨境文化教育的交流与合作将呈现以规模化、具体化、重民生为特点的跨越式发展。

CEPA将持续推出更为开放、更为"惠港"的政策。港资、港产品、港服务、港专才在深圳将赢得更多的发展空间与商机。

粤港澳大湾区庞大的市场潜力、丰裕的资源配置等待作为国际金融中心、国际商贸中心、国际航运中心的香港发挥龙头作用，"发展才是硬道理"，40年以来是这个道理，40年之后也是这个道理，在这个地球的任何地方都是这个道理。

深港未来将缔造哪种新合作模式？

对深港未来合作模式的探索，那是属于深港合作实践者、推动者、探索者的工作，我们在这里不妄下结论。

马克思在《〈黑格尔法哲学批判〉导言》中指出："批判的武器当然不能代替武器的批判，物质力量只能用物质力量来摧毁，但是理论一经掌握群众，也会变成物质力量。理论只要说服人，就能掌握群众；而理论只要彻底，就能说服人。所谓彻底，就是抓住事物的根本，但人的根本就是人本身。"

尽管我们对深港未来合作模式不做任何预测，但是，我们却有充足的理由相信，深港未来合作的本质将是人的合作。抓住事物的根本，抓住人本身，抓住人心，就抓住深港未来合作的本质。

展望深港合作——

"惠民"将成为深港合作的主旋律，坚持以人民为中心的合作必将是可持续的、共赢的合作。

"一国两制"制度在新时代将不断完善和丰富，深港将共同打造融合"一国两制"优势的国际化开放创新平台。

深港将携手构建粤港澳大湾区创新驱动主引擎，共建大湾区合作重要一极。

深港是国家治理体系和治理能力现代化的"先行先试"，将为"中国之治"贡献"城市合作范例与样本"。

展望深港合作——

需要的不仅仅是形式逻辑，更需要辩证逻辑。

需要的不仅仅是物质的力量，更需要精神的力量与想象力。

仰望浩瀚星空，远眺蔚蓝的南中国海，打开想象力的空间……

参考文献

一 著作

[1] 乌兰察夫、张显未、方浩文：《粤港澳大湾区生态环境协同发展：深港合作的实践与探索》，社会科学文献出版社2019年版。

[2] 陶一桃、伍凤兰、闫振坤：《广东经济特区改革发展40年》，中山大学出版社2018年版。

[3] 李浩然：《"一国两制"下的香港法治和管治研究》，香港三联书店2019年版。

[4] 陈少兵、谢志岿：《深圳社会建设之路》，中国社会科学出版社2018年版。

[5] 国世平：《粤港澳大湾区规划和全球定位》，广东人民出版社2018年版。

[6] 斯培森：《我们深圳四十年》，江苏人民出版社2018年版。

[7] 魏达志：《深港共建全球性文化创意中心研究》，东方出版中心2017年版。

[8] 赖明明：《香港转口贸易》，经济日报出版社2016年版。

[9] 顾敏康：《理解中国公司法》，香港大学出版社2016年版。

[10] 魏达志：《深港都市圈内涵新构》，中国城市出版社2016年版。

[11] 梁美芬：《香港基本法：从理论到实践》，法律出版社2015年版。

[12] 王义桅：《"一带一路"：机遇与挑战》，人民出版社2015年版。

[13] 赵江林：《21世纪海上丝绸之路：目标构想、实施基础与对

策研究》，社会科学文献出版社2015年版。
［14］谢志岿：《弹簧上的行政——中国土地行政运作的制度分析》，商务印书馆2015年版。
［15］陈友华、吕程：《香港房地产神话》，中国发展出版社2014年版。
［16］孙扬：《无果而终（战后中英香港问题交涉1945—1949）》，社会科学文献出版社2014年版。
［17］强世功：《香港》，生活·读书·新知三联书店2014年版。
［18］邹平学：《香港基本法实践问题研究》，社会科学文献出版社2014年版。
［19］张春生、许煜：《周南解密港澳回归——中英及中葡谈判台前幕后》，新华出版社2013年版。
［20］［英］爱德华·吉本：《罗马帝国衰亡史》，黄宜思等译，商务印书馆2013年版。
［21］［英］尼尔·弗格森：《文明》，曾贤明、唐颖华等译，中信出版社2013年版。
［22］陈敦德：《废约：中英香港问题谈判始末》，中国青年出版社2013年版。
［23］黄卫平、丁凯、赖明明：《全球化时代的中国经济——双赢的未来》，中国人民大学出版社2012年版。
［24］高望来：《大国谈判谋略：中英香港谈判内幕》，时事出版社2012年版。
［25］陈佐洱：《交接香港：亲历中英谈判最后1208天》，湖南文艺出版社2012年版。
［26］陈秀珍：《香港与内地经济一体化研究中国》，经济出版社2011年版。
［27］梁庆寅、陈广汉：《粤港澳区域合作与发展报告》，社会科学文献出版社2011年版。
［28］［英］尼尔·弗格森：《金钱关系》，唐颖华译，中信出版社2012年版。
［29］［美］克鲁格曼、奥伯斯法尔德：《国际经济学理论与政策》

（第八版），黄卫平等译，中国人民大学出版社 2011 年版。
[30] 林满红：《银线（19 世纪的世界与中国）》，詹庆华等译，江苏人民出版社 2011 年版。
[31] 周运源：《粤港澳经济非均衡发展趋向一体化研究》，中国社会科学出版社 2011 年版。
[32] 张晓辉：《近代香港与内地华资联号研究》，广西师范大学出版社 2011 年版。
[33] ［美］塞缪尔·亨廷顿：《文明的冲突与世界秩序的重建》，周棋等译，新华出版社 2010 年版。
[34] 汤山文：《深港经济合作的理论与实践——深圳改革开放研究丛书》，人民出版社 2010 年版。
[35] 陶一桃：《深港粤公共经济制度比较研究——深圳改革开放研究丛书》，人民出版社 2010 年版。
[36] 胡振国：《深港合作新趋势》，中国经济出版社 2005 年版。
[37] 姜安：《国际政治关系的历史逻辑与人文理念》，东北师范大学出版社 2001 年版。

二　论文

[1] 曹龙骐：《深港金融合作：理念、定位和路径》，《当代港澳研究》2009 年第 1 期。
[2] 顾敏康：《〈宪法〉与〈基本法〉共同构成香港特别行政区的宪制基础》，《港澳研究》2018 年第 1 期。
[3] 顾敏康：《香港与内地公司法对股东利益保护和对董事之诉的比较研究》，《法学家》1999 年第 4 期。
[4] 国家发展改革委、外交部、商务部经国务院授权发布：《推动共建丝绸之路经济带和 21 世纪海上丝绸之路的愿景与行动》，《中国产经》2015 年第 4 期。
[5] 江社安：《深港合作与深圳高科技城市建设》，《特区实践与理论》2001 年第 4 期。
[6] 陆佳：《基于区域空间协调的城市总体规划作用再思考——以深圳城市总体规划修编为例》，《规划师》2009 年第 25 卷第

2 期。
［7］李永清：《深港合作进程及未来新突破》，《特区实践与理论》2007 年第 3 期。
［8］李勋：《前海深港现代服务业合作区金融业发展的法律研究》，《暨南学报》（哲学社会科学版）2011 年第 33 卷第 5 期。
［9］赖明明、张方波：《泛珠三角经济增长背景下深港物流业合作机制研究》，《科技与企业》2013 年第 2 期。
［10］龙建辉：《香港融入国家开放发展的路径与协同策略研究》，《广东社会科学》2018 年第 4 期。
［11］刘涛、谷青勇：《粤港澳大湾区国家战略下如何全面深化深港合作》，《中国发展观察》2018 年第 15 期。
［12］莫世祥：《深港合作的回顾与前瞻》，《深圳大学学报》（人文社会科学版）1999 年第 3 期。
［13］倪元辂、魏达志、陈秉安：《深化深港经济合作共建国际大都会》，《特区实践与理论》2007 年第 1 期。
［14］曲建、彭坚：《深港西部通道飞架南北，粤港共荣——"一国两制"下深港大型跨境基建合作的成功先例》，《中国工程咨询》2019 年第 7 期。
［15］任一方：《CEPA 对香港经济影响研究》，《科技经济导刊》2018 年第 26 卷第 29 期。
［16］孙仕祺：《政府竞合的政治经济学分析——以深港合作为例》，《河南科技大学学报》（社会科学版）2005 年第 1 期。
［17］沈杰：《学习借鉴香港经验共续深港合作篇章——庆祝香港回归祖国十周年"香港经验与经济特区发展"研讨会综述》，《特区实践与理论》2007 年第 4 期。
［18］深圳市人民政府：《深圳国民经济和社会发展第十二个五年规划纲要》，《深圳经济特区报》2011 年 3 月 30 日。
［19］谭刚：《共创繁荣——深港经济合作述评》，《特区实践与理论》2006 年第 1 期。
［20］谭刚：《世界级大都市，深港合作目标》，《开放导报》2007 年第 1 期。

［21］谭刚：《深港合作的发展历程与总体评述》，《中央社会主义学院学报》2008 年第 2 期。

［22］谭刚：《港深国际大都会，深港合作的总体目标与主导策略》，《特区实践与理论》2008 年第 1 期。

［23］唐国兴、段杰：《深港生产性服务业合作发展》，《经济地理》2008 年第 4 期。

［24］吴燕妮：《以法治创新推进粤港澳大湾区战略下的深港融合》，《深圳经济特区报》，2019 年 6 月 25 日第 B06 版。

［25］吴燕妮：《以自贸区法治创新推进深港深度合作》，《开放导报》2017 年第 4 期。

［26］吴思康：《深圳发展湾区经济的几点思考》，《人民论坛》2015 年第 6 期。

［27］王书成、顾敏康：《香港立法会调查权限分析》，《环球法律评论》2010 年第 6 期。

［28］魏达志：《"共同市场"与港澳珠三角前景构划》，《世界经济研究》2004 年第 5 期。

［29］许鲁光：《在粤港澳大湾区建设中深化深港合作创新》，《开放导报》2017 年第 4 期。

［30］许勤：《加快发展湾区经济服务"一带一路"战略》，《人民论坛》2015 年第 6 期。

［31］谢慧敏：《创新是深圳企业家精神的核心》，《经理人》2017 年第 12 期。

［32］叶伟华、黄汝钦：《前海深港现代服务业合作区规划体系探索与创新》，《规划师》2014 年第 30 卷第 5 期。

［33］余滢：《试论深港合作的体制机制构建》，《特区实践与理论》2010 年第 5 期。

［34］邹平学：《"一国两制"实践再现华章》，《今日中国》2018 年第 1 期。

［35］邹平学：《共识与分歧，香港〈基本法〉解释问题的初步检视》，《中国法律评论》2017 年第 1 期。

［36］邹平学：《特别行政区制度研究专题》，《江汉大学学报》（社

会科学版）2014 年第 3 期。
［37］邹平学：《论香港特别行政区制度的设计原则和宪法价值》，《江汉大学学报》（社会科学版）2014 年第 31 卷第 3 期。
［38］邹兵、陆佳、周铭：《深港国际都会的战略构想与空间对策》，《城市规划》2011 年第 35 卷第 8 期。
［39］张克科：《十年一剑，深港合作的新篇章》，《特区实践与理论》2007 年第 4 期。
［40］张玉阁：《深港合作：粤港澳大湾区建设的关键》，《开放导报》2017 年第 4 期。
［41］张玉阁：《推进海上丝绸之路战略下的深港合作》，《开放导报》2015 年第 5 期。
［42］张燕生：《"十三五"时期国家用好香港优势的路径与选择》，《港澳研究》2015 年第 3 期。
［43］朱惠斌、李贵才：《深港联合跨界合作与同城化协作研究》，《经济地理》2013 年第 33 卷第 7 期。
［44］陈婧：《深港区域金融合作研究》，博士学位论文，吉林大学，2013 年。
［45］陈昊：《前海深港现代服务业合作区金融创新的法律研究》，硕士学位论文，南京财经大学，2014 年。
［46］程宏璞：《深圳和香港的合作机制及其改进》，博士学位论文，复旦大学，2013 年。
［47］房冰：《前海蛇口自贸区金融功能创新研究》，硕士学位论文，云南大学，2016 年。
［48］高峰：《深圳建设离岸金融中心的研究》，硕士学位论文，广西大学，2011 年。
［49］胡振国：《深港经济合作研究》，博士学位论文，武汉大学，2005 年。
［50］刘创：《制度视角的粤港经济合作模式研究》，硕士学位论文，沈阳师范大学，2018 年。
［51］汤山文：《论深港经济合作的寻优选择》，博士学位论文，四川大学，2007 年。

[52] 邱宣:《深港区域创新体系研究》,博士学位论文,吉林大学,2011年。
[53] 王阅微:《深港金融合作研究》,博士学位论文,吉林大学,2011年。

三 参考网站

[1] 国务院港澳办(http://www.hmo.gov.cn/)。
[2] 香港中联办(http://www.locpg.hk/)。
[3] 全国港澳研究会(http://www.cAhkms.org/index.html)。
[4] 广东省港澳办(http://hmo.gd.gov.cn/)。

后 记

2020年是深圳经济特区建立40周年。1980年8月26日这一天被称为"深圳生日",深圳经济特区登上了历史舞台,深港合作揭开了序幕。

深港合作是改革开放历程与"一国两制"实践的重要组成部分。十八大以来,习近平总书记多次谈及港澳问题。他指出,"我们要继续坚定不移全面准确贯彻'一国两制'方针,严格依照宪法和香港特别行政区基本法办事,更好推动香港各项事业发展。希望广大香港同胞与全国人民一道携手同心、开拓创新,把握国家发展机遇,推进'一国两制'在香港的实践,为保持香港长期繁荣稳定、创造香港更加美好的明天,为实现'两个一百年'奋斗目标和中华民族伟大复兴的中国梦而努力奋斗。"因此,深港合作研究具有理论价值与实践意义。

本书以习近平新时代中国特色社会主义思想为指导,坚持唯物史观与唯物辩证法的基本观点,坚持论从史出的实事求是研究作风,系统梳理深港合作40年的不平凡发展历程,分析深港合作内在推动力,展望深港合作的发展前景。

《深港合作40年》是深圳市社会科学院(深圳市社会科学联合会)编撰《深圳经济特区建立40周年改革创新研究特辑》系列丛书的一本,得到了深圳市委的高度重视与直接指导。

《深港合作40年》由经济学博士、深圳技术大学赖明明副教授,对外经济贸易大学深圳研究院特聘研究员陈能军博士后联合撰写。一批从事深港理论研究的优秀青年学者参与撰写工作。章节具体分工为:赖明明、王颖(第一章),赖明明、陈舒琦(第二章),陈能军、房瑕瑜(第三章),陈能军、李友燕(第四章),高洪波(第五章),赖明明(第六章)。赖明明负责书稿统稿,赵玲、陈舒琦负责校对，赖任飞负责统计数据。

由于本书所涉及的知识面较为广泛，讨论的问题宏大，在编写过程中，我们广泛听取和采纳了多位专家学者的意见和建议，他们从研究的角度、思路等方面提出了宝贵的意见。

本书凝聚着众人的智慧，我们要特别感谢多位专家学者的指导，首先要特别感谢深圳市社会科学院（深圳市社会科学联合会）党组书记、院长吴定海，二级巡视员陈少兵，副院长王为理、谢志岿，一级调研员罗思给予的亲自指导。感谢中国社会科学出版社社长赵剑英先生、副总编辑王茵女士的指导和帮助。感谢深圳市委党校（社会主义学院）巡视员、副院长谭刚教授，坪山区委党校梅中伟副校长，中山大学岳经纶教授，湘潭大学顾敏康教授，深圳大学姜安教授、邹平学教授、魏达志教授，深圳技术大学钟玲教授、阎评教授，谷志远老师、江雪铭老师、尚莹莹老师、谢馥蔓老师、王放老师，《香港商报》原总编辑陈锡添、李颖编辑，香港中华书局于克凌编辑，澳门大学刘锦屏，汕头大学杨佳佳。本书撰写吸收了中央党校董振华教授，中国人民大学黄卫平教授、关雪凌教授，原市委政研室（改革办）副主任、巡视员肖中舟，深圳市体制改革研究会南岭会长，郑永国、陈德真、伍兆缘、张介岭、黄剑博士的宝贵意见。深圳技术大学对于课题研究与书籍撰写给予了全面支持，在此一并予以感谢。

深圳市社会科学院原副院长黄发玉、莫大喜处长精心组织课题研讨，刘婉华博士对撰写提出许多建设性意见，直接推动了本书的顺利完成。

当本书画上句号时，经历了40年的深港合作又站在了"双区"驱动发展的新起点。深港合作见证了改革开放的荣光，也必将见证实现中华民族伟大复兴的"中国梦"，深港合作属于这个伟大国家、伟大时代的光荣与梦想。我们诚恳地指出，本书作为一本研究深港合作的著作，涉及方面广泛，需要相当深厚的理论功底和坚实的实践认知作为支撑，而我们的水平和能力有限，不当之处在所难免，恳请读者和专家不吝指教！

赖明明
2020年深圳技术大学